أساسيات التنمية الإدارية والإقتصادية
في الوطن العربي

(نظرياً و تطبيقاً)

تأليــف

الدكتور/ أحمـد يوسـف دوديـن
جامعة الزرقاء - قسم ادارة الأعمال

الأكاديميون للنشر والتوزيع
Academic For Publishing & Distributing Co.

الأكاديميون للنشر والتوزيع

المملكة الأردنية الهاشمية

عمان – مقابل البوابة الرئيسية للجامعة الأردنية

تلفاكس: 0096265330508

جـوال : 00962795699711

E-mail: academpub@yahoo.com

رقم الإيداع لدى المكتبة الوطنية

2010/11/4260

رقم التصنيف: 338,9

المؤلف ومن في حكمه:

أحمد يوسف دودين

الناشر

الأكاديميون للنشر والتوزيع

عمان – الأردن

عنوان الكتاب:

أساسيات التنمية الإدارية والاقتصادية في الوطن العربي (نظريا وتطبيقيا)

الواصفات: التنمية الاقتصادية // التنمية الإدارية // التنمية الاجتماعية// البلدان العربية

ISBN :978-9957-449-28-5

الإهداء

أهدي هذا الكتاب إلى أحبائي طلبة العلم، وإلى أعضاء هيئة التدريس
والباحثين في كافة جامعات الوطن العربي الكبير

المقدمة

أضحى موضوع التنمية الادارية والاقتصادية من المواضيع المهمة على المستويين العام والخاص، ويدل الى مصطلحات شائعة مثل: التطوير، الاصلاح، التحديث، التغيير الاداري والتنظيمي، ولتبسيط اكثر لا بد من معرفة مفهوم التنمية بشكل عام.

نقصد بالتنمية العملية المساعدة على الانتقال بالمجتمعات من حالة ومستوى أدنى إلى حالة ومستوى أفضل، ومن نمط تقليدي إلى نمط آخر متقدم كماً ونوعاً، وتعد حلاّ لا بد منه في مواجهة المتطلبات الوطنية في ميدان الإنتاج والخدمات. وعلى ذلك فالتنمية الادارية مفهوم نظامي شمولي يتكون من عدد من الجوانب الوظيفية والاجرائية والهيكلية والانسانية والتشريعية، وكذلك بالنسبة للتنمية الاقتصادية التي تدل على كامل الاجهزة وتحسين جودة الخدمات .

كما لا بد من معرفة أهمية هذا على الوطن العربي ومدى تطبيقها، حيث أن تطبيق سياسات متكاملة لحد من الفقر ورفع مستوى التأهيل المهني وايجاد فرص العمل المناسبة للمواطن العربي وتعزيز التكافل الاجتماعي، وتطبيق اسليب الادارة المتكاملة للموارد المتاحة، ووضع سياسات اقتصادية وبيئية للمحافظة على مصادرها وترشيد استغلالها، وتشجيع الاستثمار واستقطاب رؤوس الاموال الى المنطقة العربية، وتحديث القوانين والتشريعات ودعم منطقة التجارة الحرة العربية الكبرى، وادخال التحسينات على البنية التحتية والمؤسسية؛ يتطلب بذل جهود جبارة وايجاد المزيد من الفرص للدول النامية والاتفاق على اليات جديدة للحكمة السليمة.

تم تقسيم كتاب ((اساسيات التنمية الادارية والاقتصادية في الـوطن العربي- نظرياً و تطبيقاً)) الى ثلاث ابواب على النحو التالي:

الباب الاول: التنمية الادارية (نظرياً)

ويشتمل على الفصول التالية:

- الفصل الاول: تنمية الإدارة.

- الفصل الثاني: إدارة التنمية.

- الفصل الثالث: التخطيط الشامل للتنمية وأهم نظرياته الإدارية.

- الفصل الرابع: التغيير والتنمية الادارية.

- الفصل الخامس: التنمية والإصلاح الإداري في الوطن العربي.

الباب الثاني: التنمية الاقتصادية (نظرياً)

ويشتمل على الفصول التالية:

- الفصل الاول: المدخل الى علم الاقتصاد.

- الفصل الثاني: النمو والتحليل الاقتصادي.

- الفصل الثالث: التنمية الاقتصادية.

- الفصل الرابع: التغيرات الاقتصادية وأهمية الاصلاح الجيد في الوطن العربي.

الباب الثالث: التنمية الادارية والاقتصادية (تطبيقاً)

ويشتمل على الفصول التالية:

- الفصل الاول: تطبيقات في علم الادارة.

- الفصل الثاني: تنمية وتطوير مهارات الاتصال تطبيقاً.

- الفصل الثالث: تطبيق مداخل التنمية الإدارية.

- الفصل الرابع: التنمية البشرية (الادارية) والاقتصادية.
- الفصل الخامس: الشفافية و كيفية تطبيقها في الوطن العربي.
- الفصل السادس: الخصخصة ودورها في التنمية الادارية والاقتصادية في الوطن العربي.

وفي النهاية لا بد من الاشارة الى المراجع التي تـزوت بهـا لتكملـة هـذا الكتاب، من أهمها المراجع العربية والاجنبية، بالاضافة الى شبكة الانترنت التي أثرت عليه بالاحداث الحديثة والمتسارعة المهمة، وأخيراً أشكر كل من ساعدني في اتمامه، لما لهو من فائدة كبرى لدى القارئ والمهتم.

الباب الاول
التنمية الادارية (نظرياً)

الفصل الاول
تنمية الإدارة

تنمية الإدارة

تمهيد

ظهـر مفهـوم التنميـة ومـا يتصـل بـه كمصطلح استخدمه البـاحثون والمحللون نتيجة التغيرات التي ظهرت في العـالم عمومـاً، فمنـذ بدايـة عصر ـ الاستعمار نظرت البلاد الغربية المتطورة إلى البلاد الأخرى نظرة استعلائية، وكان من الأساليب التي استخدمتها هذه البلاد المستعمِرة إدعاء رغبتها بتطوير وتنمية البلاد التي طمعت بخيراتها وأرادت السيطرة عليها. وقـد بـرز هـذا بصورة واضحة وجلية منذ الحرب العالمية الثانية، وكان من الطبيعي أن تحـدد البلاد الغربية المستعمِرة المعايير التي تفرّق بين التقدم والتحضّر وبين مـا هـو متخلف وما هو حضاري، بسبب سيطرتها وتغلّبها. وكان من أهم المعايير التـي وضعت للتمييز بين البلاد المتخلفة والبلاد المتحضرة مدى الازدهار الاقتصادي والسياسي والعلمي، والذي ينعكس عـلى الوضـع المجتمعـي والمعاشي للأفـراد، والذي يحدد مدى قوة الدولة وتأثيرها في الأحداث العالمية.

خطوات عملية تنمية الإدارة (1)

1- تحديـد الاحتياجـات الإداريـة (عـدد المـديرين المطلـوبين وصفاتهم وتخصصاتهم وقدراتهم ونوعية تدريبهم).

2- تخطيط عملية البحث عن الأفراد الذين تتوفر فيهم الشروط المطلوبة

3- الاختبار والمفاضلة بينهم.

4- تخطيط التدريب.

5- تخطيط التثقيف.

6- تخطيط الإشراف والتوجيه.

توفير المناخ الصالح لتنمية الإدارة

إن نجاح عملية التنمية الإدارية لا يتوقف فقط على تنفيذ مراحل التنمية المختلفة، ولكنه يتطلب أيضا التعرف على المعوقات التي قد تقلل من فاعلية عملية التنمية، والعمل على إزالة تلك المعوقات وتوفير المناخ الإداري الصالح للعمل بشكل سليم .

والمقصود بالمناخ الإداري : طبيعة التنظيم الذي يعمل به المدير، والبيئة العامة التي يعيش بها وما تحتويه من أنظمة اقتصادية وسياسية واجتماعية وتكنولوجية.

تطور الاهتمام بدور العامل الإداري في التنمية

حتى نهاية الحرب العالمية الثانية، ظل اهتمام الاقتصاديين منصباً على قضايا التنمية من منظور اقتصادي صرف، ولم يكن للبعد الإداري وقضاياها أي نصيب في تلك الاهتمامات، وحتى عندما تحدث الاقتصادي جوزيف شومبيتر (1883-1950) عن أهمية دور الرائد أو المنظم (Entrepreneur)، فقد تناوله في الإطار التحليلي الجزئي، باعتباره أحد مدخلات الرئيسية للعملية الإنتاجية، وكعنصر يتولى مهمة جمع عناصر الإنتاج الأخرى من قوى عاملة ومواد خام ورأسمال مع بعضها البعض، ولم يمتد هذا التحليل الى الإطار الكلي أي دور الإدارة في تنفيذ الأهداف العامة للدولة وبرامج التنمية الاقتصادية والاجتماعية.

وقد أثبت التاريخ الاقتصادي أن هناك الكثير من الدول الغنية بالموارد الطبيعية التي تعاني من حالة التخلف الاقتصادي بسبب سوء إدارتها لتلك الموارد، وتعد الدول النفطية المثال الأبرز بهذا الصدد، فهذه الدول

تعاني من استمرار الاختناقات التي تصل في بعض الأحيان الى مرحلة الأزمات .

وترتبط معظم هذه الاختناقات بالنقص الحاد في المهارات والكفاءات الإدارية والفنية والتنظيمية، الذي يعود الى ضعف الاهتمام بالتنمية البشرية وضعف مستوى الأنفاق على قطاع التعليم والتدريب، وعمليات البحث والتطوير (R&D)، لذا بقيت هذه الدول فقيرة برأس المال البشري وبرصيدها من المهارات والكفاءات التنظيمية والتكتيكية والإدارية على الرغم من غناها برأس المال المادي والمالي. ونتيجة لضعف أو غياب دور هذه العناصر فأن المساهمة الحدية لعنصر رأس المال غالبا ما تدخل وبشكل سريع في مرحلة تناقص الغلة و تؤدي الى تناقص الإنتاجية الحدية لهذا العنصر ـ أثناء العملية الإنتاجية.

ويقود ذلك الى ظهور الاختناقات والمشاكل الأخرى المتصلة بضيق الطاقة الاستيعابية للاستثمار، وصعوبة تحويل رأس المال المالي الى رأس مال إنتاجي أو أصول إنتاجية حقيقة، وهذا الأمر ربما يفسرـ سبب لجوء معظم الدول النفطية الى استثمار عوائدها من النفط الخام في الخارج، فصحيح أن هذه الدول تمتلك المزايا الاستاتيكية (الموارد الطبيعية) غير أنها تفتقر إلى المزايا الديناميكية من المهارات والكفاءات الإدارية والفنية والتنظيمية .

الكفاءة الإدارية

كفاءة المدير الإدارية لا تتحدد فقط بقدراته ومهاراته والتدريب الـذي حصل عليه ودوافعه للعمل، ولكنها تتأثر بـالتنظيم والبيئـة الخارجيـة، أي أن الكفاءة الإدارية تتحدد بفعل العلاقة المتبادلة بين صفات وخصائص المدير من ناحية وصفات وخصائص التنظيم والبيئة الخارجية من ناحية أخرى.

تعريف الكفاءة الإدارية (2)

هي قدرة المدير على الإفادة من المعلومات والنظريات والعلوم الإدارية واختيار ما يتناسب منها مع المواقف الإدارية المختلفة والنجاح في تطبيقها لتحقيق الأهداف المحددة.

معادلة الكفاءة الإدارية

الكفاءة الإدارية= المدير x التنظيم x البيئة.

إن عملية تنمية الإدارة لا تعالج إلاّ عنصراً واحداً من عناصر معادلة الكفاءة الإدارية وهو المدير.

معوقات تنمية الإدارة

أولاً: النظرة السطحية للإدارة:

- وهو اعتبار الإدارة عمل سهل يستطيع أي إنسان أن يزاوله بغض النظر عن تأهيله وخبرته السابقة، وبغض النظر عن مواصفاته وخصائصه الشخصية.
- تعتقد بأن المدير يولد ولا يصنع.

- لا تؤمن بتنمية المدير من خلال التعليم والتدريب والتثقيف والإشراف المستمر.

إجراءات إزالة هذا المعوق:

1- تغيير القيادات التي لا تتوفر فيهم الشروط والمؤهلات الأساسية للعمل الإداري، بغض النظر عن تاريخهم وخبراتهم.

2- وقف الاعتماد على تعيين قيادات للمشروع من خارجه، والاعتماد على الترقية من الداخل.

3- تخطيط عملية تنمية وتطوير أساسية لبعض القيادات الذين تتوفر فيهم بعض الصفات اللازمة للعمل الإداري.

4- الالتزام في اختيار قيادات المشروع والقيادات العليا بالأسلوب العلمي القائم على ضرورة توفر عدد من الصفات اللازمة.

ثانيا: الاهتمام السطحي بعملية تنمية الإدارة:

- وذلك باعتبارها عملية تدريب، وقياس نجاح التدريب بحصر عدد من تم تدريبهم خلال السنة أو بمقارنة ما أنفق على التدريب في عام بنظيره في العام السابق، واتخاذ الزيادة في الإنفاق دليلاً على نجاح المهمة.

- إن النظرة السطحية للتدريب على أنه موضة أو تقليد يميز شركات عن أخرى، يمثل خطأً يهدد عملية التدريب الإداري و عملية التنمية الإدارية.

ثالثاً: انخفاض كفاءة المشرفين على التدريب.

رابعاً: الفشل في ترجمة المعرفة المكتسبة:

- عدم ترجمة ما يحدث في قاعات التدريب إلى واقع عملي في التنظيم، يرجع السبب في ذلك إلى:

•• المتدرب: عدم قدرته على الإفادة مما تدرب عليه.

•• التنظيم: بسبب جموده و بسبب روتين العمل الذي لا يتيح فرصة للتجديد.

•• الرؤساء والمشرفين: عدم إيمانهم بفكرة التدريب، ومعارضتهم لكل جديد يأتي به.

كفاءة المدير (3)

1- وظيفة المدير:

- ليس هناك تعريف متكامل لكلمة مدير.

- نظراً لوجود مهارات خاصة يمكن قياسها ومواهب غير ملموسة يصعب تعريفها يتضح لنا أن اختيار المديرين فن أكثر منه علم.

- لعل أهم إعداد أساسي للمدير هو نتيجة ما تعلمه خلال السنوات الطويلة من الخبرة عن طريق المحاولة والخطأ.

- القليل من المديرين بدأ حياته على أساس فكرة الوصول إلى وظيفة المدير.

- تتطلب كل وظيفة صفات قيادية مختلفة، وقد يفشل مدير ناجح في وظيفة جديدة بسبب اختلاف ما تتطلبه هذه الوظيفة من صفات عما كانت تتطلبه وظيفته السابقة، وبالمثل فكل مشرف ناجح لن ينجح كرئيس للشركة ولعل العكس صحيح، وكذلك فإن كل مشرف قد يكون قائداً ناجحاً.

هناك عقبتان تعوقان وضع قائمة معينة للصفات الواجب توفرها في المدير:

1- عدم وجود قواعد موضوعية معينة يمكن بواسطتها تحديد المدير الناجح.

2- أن وظيفة المدير ليست شيئا موحداً من تنظيم لآخر، بل قد تختلف من إدارة لأخرى في نفس المشروع.

يجب ملاحظة أن عمل المديرين ليس متصلا كله بالوظائف الإدارية في المشروع، وبعض أعمال المديرين ليست إدارة. مثل مدير الجامعة الـذي يلقـي محاضرات على الطلاب.

2- تحديد الاحتياجات :

إن إعداد الفئة الإدارية التي ستتولى قيادة المشروع في المستقبل ومدى صلاحيتها وكفاءتها للعمل تتوقف على مدى الاهتمام والعناية بتلك الكفاءات في الحاضر، ولذلك لا يمكن أن ينحصر موضوع تنمية الإدارة على أعلى مستوى فقط، بل يمتد ليشمل جميع المستويات الموجودة في المنظمة. ويجب أن يكون لدى الإدارة صورة واضحة عن الهيكل التنظيمي الحالي والتغييرات المستقبلية المرجوة على أساس التوسع أو الاندماج، أو إنشاء وظائف جديدة، قبل أن تستطيع الإدارة تحديد احتياجاتها المستقبلية من المديرين.

3- الإدارة (القيادة) علاقة:

هناك أربعة متغيرات (على الأقل) مشتركة في القيادة:

1- خصائص المدير.

2- الاحتياجات ووجهات النظر والخصائص الشخصية الأخرى للمرؤوسين.

3- خصائص التنظيم. مثل هدفه وهيكله وطبيعة العمل.

4- الوسط الاجتماعي والاقتصادي والسياسي.

وتختلف الخصائص الشخصية المطلوبة للأداء الفعال للمدير حسب العوامل الأخرى، أي أن القيادة ليست خاصية للفرد ولكنها علاقة مركبة من تلك المتغيرات، ويمكن اعتبار العلاقة بين المدير والموقف علاقة دائرية. تؤكد معظم الدراسات أن القيادة ليست ظاهرة سلبية تظهر نتيجة مجموعة من الصفات الشخصية لكنها نتيجة التفاعل بين طبيعة الوظيفة في التنظيم

والخصائص المعينة للشخص المطلوب منه شغلها، أي أن أداء الشخص يتوقف على من هو الرجل وما هي الوظيفة والموقف.

4- التنبؤ بالمديرين :

لا يمكن التنبؤ بالخصائص الشخصية للموارد الإدارية التي يحتاجها التنظيم بعد مدة من الزمن، حتى لو توفرت لدينا قائمة بالوظائف التي ستشغل، إن من أهم أعمال الإدارة الرئيسية إيجاد عرض متنوع من الموارد الإنسانية يمكن انتقاء الأفراد من خلاله لشغل احتياجات خاصة متنوعة يصعب التنبؤ بها.

5- تحديد نطاق وظيفة المدير:

يكون الرئيس في مركز رئيسي- لأنه مسؤول عن عمل يفوق مقدرة شخص واحد على القيام به. فالمدير مسؤول عن عمل لا يستطيع القيام به منفردا، وعلى ذلك فلديه مرؤوسين لمساعدته على أداء هذا العمل، ويعتمد الأداء الناجح لمهمة الرئيس أساسا على مقدرته في الحصول على مساعدة مرؤوسيه له في أداء العمل.

إن وظيفة الرئيس هي الناس وليست الإنتاج، فالمدير مسئول عن الإنتاج لكنه لا يستطيع تحقيقه إلا بواسطة الناس، أما الذي وظيفته الإنتاج فهو العامل في قاع خريطة التنظيم.

6- أساس الاختيار:

إن تحديد الاشتراطات الخاصة بالوظيفة يساعد على الاختيار من بين الأشخاص المتقدمين لشغلها.

طرق التدريب في برامج تنمية الإدارة (4)

1- تعيين الشخص مساعدا للمدير الذي ينتظر أن يحل محله.

2- نقل الأفراد بين عدة وظائف.

3- برامج تدريب خاصة لخريجي الجامعات.

4- إسناد مهام خاصة.

5- المحاضرات.

6- المؤتمرات الخارجية.

7- مؤتمرات حل المشاكل.

8- التدريب باستخدام الحالات.

9- تمثيل الأدوار.

أولاً: تعيين الشخص مساعداً للمدير:

على الرغم من بساطتها إلاّ أنها تثير كثيرا من المشاكل، فمثلاً هل يقتصر التدريب على شخص واحد أو أكثر؟ فإذا كان الأمر مقتصراً على شخص واحد فمعنى ذلك أن البقية سيدركون انه ليس باستطاعتهم الحصول على تلك الوظيفة، أما إذا كان هناك أكثر من واحد فسيكون هناك منافسة شديدة قد تؤدي إلى توتر في العلاقات بينهم.

ثانياً : نقل الأفراد بين عدة وظائف:

تعمد بعض الشركات إلى ذلك على فترات زمنية قصيرة نسبياً (سنتين – خمس سنوات) وتكون عملية النقل عادة مصحوبة بترقية أو زيادة في المرتب، و يعتبر النقل عادة علامة على التقدم، هذه الطريقة تعتبر مكلفة،

لأنها تتطلب وضع البرنامج و الإشراف على تنفيذه، وكذلك من ناحية الوقت الضائع المترتب على ترك فرد لمنصبه والانتقال لمنصب آخر يبدأ في الإلمام بجوانب العمل فيه.

مزايا هذه الطريقة :

- • خلق شخص تكون له نظرة كاملة وشاملة بالنسبة لأعمال المشروع.
- • قد يؤدي نقله إلى إدخال تحسين على طريقة العمل في الإدارة الجديدة.
- • تسهّل عملية مقارنة الأشخاص ببعضهم، وتساعد على إظهار استعداد الشخص للعمل في المكان الذي يتناسب مع خبرته وقدرته.
- • إيجاد أشخاص يستطيعون شغل المناصب التي قد تدعو إليها الحاجة.

عيوبها:

- • قد تؤدي إلى الاضطراب في حياة الفرد خصوصا إذا كان النقل بين مدينة وأخرى.
- • لا تشجع المدير على التخطيط للأجل الطويل لإمكانية تعرضه للنقل.
- • قد تؤدي إلى إتباع المدير سياسة الامتثال، لأنه مادام يؤدي العمل بطريقة مقبولة فإن اسمه سيظل في القائمة.
- • قد يكون هناك آثار ضارة للإدارة التي ينتقل إليها المدير الجديد والذي لا يكون على علم بمشاكلها الخاصة، وبما ان الغرض من النقل هو التدريب فإن المدير الجديد لا ينقل للوظيفة باعتباره الأفضل لشغلها ولكن لأن الوظيفة هي أفضل مكان لتدريبه.

••قد يتولد عن عملية النقل خلق فوارق بـين الأشـخاص الـذين تطبق عليهم تلك السياسـة ونظـرائهم الـذين يستمرون في العمـل في مكـان واحـد، فالفريق الأول قد ينمي صداقات ومعارف في كـل مكـان ينتقل إليه بعكس الموظف الذي يبقى في نفس المكان ومع نفس الأشخاص.

••سياسة النقل قد تصبح مركزية أكثر من اللازم وغير مرنة، ولا شك أن الشخص الذي يحصل على الترقية بهذه الطريقة قلما يظهر ولاء لرئيسه بعكس الحال إذا كان رئيسه هو المسؤول شخصياً عن ترقيته.

ثالثاً: برامج تدريب خاصة بخريجي الجامعة:

تهدف لتزويد الفرد بالمعلومـات اللازمـة عـن الشركة وسياسـتها، كـما تهدف لملاحظة هؤلاء الأفراد عن قرب لمعرفة إمكانياتهم في العمل .

رابعاً: إسناد مهام خاصة:

يمكن من خلالها الحكم على إمكان الاعتماد عليهم مستقبلا للقيـام بالمسئوليات الإدارية، وعادة توضع على أسـاس القيـام بعمـل مؤقـت أو عمل إضافي لبعض الوقت بجانب عمل الشخص العادي.

متطلبات نجاح هذه الطريقة:

••أن تكون المشـاكل التـي يعهد بها إلى هـؤلاء الأشـخاص شاملة وتتعلـق بالتخطيط طويل الأجل.

••أن يكـون المتـدرب خاضـعا لإشراف أحـد كبار المـديرين في المشروع.

••أن تكون المشـاكل التي تعهد إلى الشخص صعبة لكي يمكن التفرقة بـين الأشخاص الذين سيكون الاختيار من بينهم.

خامساً: المحاضرات:

- تعتبر الطريقة التقليدية في التدريب.

– عادة يتحكم المدرب في طريقة التدريب.

– قد يقتصر نفعها على عرض بعض المشاكل على أن يقوم المتدربون بالتفكير فيها بأنفسهم.

من عيوبها:

••••أنها عملية اتصال من طرف واحد.

••••محدودية مجال النقاش.

سادساً: المؤثرات الموجهة:

- تستخدم لتحاشي عيوب الطرق السابقة.

- في هذه الطريقة يقوم المدرب بتوجيه المناقشات بقصد الوصول إلى حل معين يكون قد حدده مقدماً، ويجب أن يراعى عند تقديم الموضوعات أن تكون متصلة بالمشاكل التي يواجهونها.

عيبها:

- أن المدرب يوجه المناقشة إلى اتجاه معين للوصول إلى الحل الذي يريده، وبالتالي يكون اعتماد الحاضرين على المدرب أكثر من اللازم.

- هذه الطريقة لا تشجع الحضور على التفكير بجدية.

سابعاً: مؤثرات لحل المشاكل:

- يقوم الحاضرون باختيار مشكلة معينة لبحثها ومناقشتها وعادة تكون متصلة بالمشاكل اليومية التي تحدث في العمل.

- تختلف عن طريقة المؤثرات الموجهة في أن المدرب لا يحدد سلفاً موضوع البحث.

- دور المدرب هو محاولة الوصول إلى حل للمشاكل المعروضة، والوصول إلى قواعد عامة يمكن تطبيقها في المستقبل على الحالات المشابهة.

ثامناً: الحالات:

- أصبحت شائعة الاستخدام.

- يقوم المدرب باختيار الحالات التي تعرض للمناقشة بدلاً من قيام الحاضرين بذلك.

- تهدف لتشجيع الدارسين على التحليل أكثر من محاولة الوصول إلى حل معين.

تاسعاً: تمثيل الأدوار:

- يقوم بعض الأشخاص بتمثيل أدوار الأشخاص الذين تشملهم الحالة المعروضة للبحث.

عوامل نجاح سياسة التدريب (9)

1- أن تتوفر الرغبة في التغيير لدى الأشخاص المشتركين في برنامج التدريب، وأن يشعروا بالحاجة للتدريب لتعديل وتحسين الوضع القائم.

2- أن يكون هدف البرنامج هو معالجة المشاكل التي يواجهها المتدربون و أن يكون مناسباً لاحتياجاتهم في العمل، يمكن عمل استقصاء لآراء المتدربين مسبقاً.

3- تشجيع المتدربين على التحليل بقصد الوصول إلى حلول للمشاكل التي يتناولها برنامج التدريب.

4- تشجيع إبداء الآراء بصراحة، للتعرف على مختلف وجهات النظر.

5- أن يكون البرنامج مرناً، بمعنى أن تلقى طرق التدريب قبولاً من الأفراد وأن يشعرون بموجبها بأمان في العمل.

مراحل عملية تنمية الإدارة

1- الاختيار: اختيار الأفراد الحاصلين على التأهيل والإعداد الأساسي في علوم الإدارة، و ما يرتبط بها من علوم، والذين تتوفر فيهم الصلاحيات والقدرات اللازمة للنجاح في العمل الإداري.

2- التدريب.

3- الإشراف والتوجيه المستمر.

4- التثقيف المستمر .

أولاً :الاختيار:

- هدفها المفاضلة بين عدد من الأفراد الحاصلين على ذات التأهيل والإعداد العلمي لاختيار من يتوفر فيه عنصري القيادة والمقدرة الإدارية أكثر من غيره، ويمكن القول أنها تهدف إلى تحقيق أكبر قدر من الانسجام بين الشخصية والوظيفة.

- سر الاهتمام بها كأول مرحلة من مراحل تنمية الإدارة هو أنها تعمل على التمييز بين الأفراد من حيث قدرتهم على الاستمرار في العمل الإداري واستعدادهم للإفادة من المراحل التالية كالتدريب والتثقيف.

- إن تدريب شخص على أعمال الإدارة، بينما هو لا يمتلك المقومات الشخصية والنفسية اللازمة للعمل الإداري يعتبر ضياعاً للوقت والجهد والمال، لأن مثل هذا الشخص لن ينجح في العمل الإداري بغض النظر عن التدريب الذي حصل عليه.

ومن متطلبات العمل الإداري:

أ - الإلمام بالعلوم الأساسية في مجال الإدارة، مثل مبادئ إدارة الأعمال – المحاسبة المالية والتكاليف- الإحصاء والرياضيات-العلوم السلوكية-القانون- الاقتصاد- السياسة.

ب - التخصص العام في فرع من الفروع السابقة، و الإحاطة بمكوناتها الأساسية.

ت - التخصص الدقيق في أحد تلك المكونات والتعمق في دراسة مكوناته الرئيسية.

ومن أهم الصفات الشخصية المطلوب توفرها في المدير:

1- القدرة على تصور المشاكل بشكل إجمالي وعدم إضاعة الوقت في التفاصيل.

2- القدرة على تحليل المواقف والتعرف على جوانبها المختلفة.

3- القدرة على الحكم على الأمور والاستناد إلى التقدير الشخصي حينما تكون المعلومات ناقصة.

4- القدرة على اتخاذ القرارات دون تردد.

5- القدرة على قيادة الآخرين والتأثير فيهم.

6- القدرة على تنظيم الوقت وحسن استغلاله.

7- القدرة على التفكير المنظم.

8- الاتزان واستقرار المشاعر.

9- المرونة في تقبل آراء الغير.

10- القدرة على التطوير والابتكار.

من الواضح أن أي خطأ في عملية الاختيار سوف يستمر ويتضخم، فالشخص الذي تم اختياره بطريق الخطأ لن يستفيد من مراحل التنمية التالية.

يمكن تقسيم عملية الاختيار إلى:

1- الاختيار الأول: حين شغل الوظائف الإدارية بأفراد يعملون للمرة الأولى .

2- الاختيار بغرض الترقية للوظائف الإدارية الأعلى في المستوى التنظيمي،

وهنا لابد من الأخذ بعين الاعتبار أن قرار الترقية، هنا تم اتخاذه بناء على نجاح الشخص و كفاءته في عمله السابق، مع أن ذلك ليس دليلا على صلاحيته للعمل الأعلى .

ثانياً: التدريب:

ينطوي على أمرين هامين:

1- إعطاء المتدرب معلومات جديدة عن مجالات و أساليب العمل، أو تدعيم ما لديه منها.

2- إتاحة الفرصة للمتدرب لتطبيق هذه المعلومات والإفادة منها في مواقف إدارية فعلية.

- يهدف التدريب كمرحلة من مراحل التنمية الإدارية، إلى زيادة حصيلة المدير من المعلومات والمباديء والنظريات الإدارية من ناحية، وزيادة قدرته على الاختيار من تلك المعارف ما هو أصلح لموقف معين.

- الفرق بين المدير الناجح و المدير الفاشل ليس في كمية المعلومات التي يعلمها كل مدير، ولكن الفرق يكمن في قدرة كل منهما على الإفادة من تلك المعلومات.

حقائق عن التدريب

1- النشاط الواسع الذي تمارسه كثير من الشركات ومراكز التدريب في بلادنا لا يمثل إلاّ جزء من مفهوم التدريب، وهو نقل المعلومات والمعارف إلى المتدرب، ولكنه يفتقر إلى الجزء الأهم في أغلب الأحيان وهو وضع المتدرب في موقف إداري حقيقي.

2- التدريب في حقيقته هو محاولة لتغيير نمط التفكير أو السلوك الإداري، لذلك يعتبر التغير في أسلوب التفكير والسلوك الإداري هو المعيار الحقيقي لتنمية التدريب وفعاليته.

3- التدريب أثناء العمل هو الشكل المثالي للتدريب الإداري، ونظراً لصعوبة تنفيذ هذا النوع فإن البديل الثاني هو التدريب بعيداً عن العمل.

4- المدرب الحقيقي للمدير هو رئيسه المباشر، فهو يستطيع توضيح الأخطاء التي يقع فيها المدير أولاً بأول.

5- ينبغي أن يتبلور التدريب في النهاية إلى تدريب على حل المشاكل واتخاذ القرارات، فهدف التدريب يجب ألاّ ينحصر على تعليم المتدرب معلومات جديدة.

يمكن مما سبق معرفة أن التدريب يهدف إلى تزويد المدير بالقدرة على اتخاذ القرارات بعد أخذ رد الفعل المتوقع لهذا القرار في الاعتبار، كما أن المدير يجب أن يتدرب على اتخاذ القرارات الصحيحة بناء على معلومات ناقصة، ويجب أن يتدرب على التنبؤ والتقدير لتطورات الأمور في المستقبل.

إن تدريب المديرين على اتخاذ القرارات يتبلور في تزويد المدير بالقدرة على:

1- التحليل السليم للمشاكل إلى أجزاء دقيقة.

2- الرؤية الصحيحة والإدراك الكامل للمشاكل.

3- الفهم الصحيح لمعنى الحقائق و الأحداث، والقدرة على إدراك الآثار والنتائج المترتبة عليها.

4- الحكم العلمي السليم على كل الأمور السابقة، والوصول إلى نتائج محددة.

هذه القدرات لا يمكن خلقها في المدير، ولكن التدريب يمكن أن يصقلها إذا كانت موجودة.

مشاكل التدريب:

1- محتوى أو موضوع التدريب.

2- أسلوب أو وسيلة التدريب.

أساليب التدريب الشائعة الاستخدام

1- المحاضرة: لنقل المضمون الفكري بسرعة وتركيز، لا يصح الاعتماد عليها فقط.

2- المناقشة: تتيح للمتدرب أن يسأل عما غاب عن فهمه.

3- التطبيقات العلمية: ومن أشكالها:

-•المباريات الإدارية.

-•تقمص الأدوار.

-•الممارسة الفعلية لاتخاذ القرارات.

-•النقاش الحر المفتوح دون توجيه أو قيود.

ونستطيع مما سبق حصر اتجاهات التدريب فيما يلي:

1- الإتجاه الأول: يقوم على افتراض توفر المعرفة والخبرة الإدارية لدى مجموعة من المديرين، وبالتالي يقوم المدرب بتشجيعهم على طرح خبراتهم ومناقشتها ليستفيد الجميع منها.

2- الاتجاه الثاني: يركز على تقديم المعلومات والخبرات في قالب عملي يتمثل في قواعد وإرشادات.

3- الاتجاه الثالث: تقمص الأدوار و المباريات الإدارية ومناقشة الحالات والنماذج العملية، من الأفضل دمج هذه الأساليب طبقاً للموضوع ونوع المتدربين.

المراحل التي يحتاج فيها المدير إلى التدريب

1- عند الإعداد للترقية إلى وظيفة أعلى.

2- عند الالتحاق بالعمل الإداري لأول مرة.

3- عند وضوح نقص في كفاءة المدير و أداءه.

4- عند إدخال تغيير أساسي على طبيعة العمل الذي يؤديه المدير.

ثالثاً: التثقيف:

الهدف الأساسي من عملية التثقيف هو توسيع مجالات تفكير المدير وتعريض آفاق ثقافته الإدارية، بإطلاعه على كل جديد في مجال العلوم الإدارية والعلوم المرتبطة، وتهدف كذلك إلى تحويل المدير من متخصص في ناحية محددة من العمل الإداري على شخص واسع الأفق متعدد الثقافات.

تعتبر عملية التثقيف عملية مستمرة (عكس التدريب)، لا تنقطع ولا ترتبط بموقف معين . حينما يعمل المدير، ويتخذ القرارات ويرسم السياسات فإنه لا يؤدي ذلك من خلال معرفته الإدارية فقط، و إنما ينعكس أثر ثقافته العامة و نمط تفكيره على سلوكه الإداري .

أنواع التثقيف:

1 - تثقيف ذاتي: يتولى المدير بنفسه البحث عن كل جديد.

2- تثقيف عام: تتولاه الشركة وتنفذه وفقا لمخطط علمي سليم.

أساليب دفع النشاط و إثارة الاهتمام بين المديرين للاهتمام بالتثقيف:

1- إنشاء مكتبات علمية بالمشروع.

2- عقد ندوات علمية يدعى إليها خبراء متخصصون من خارج المشروع إلى جانب أفراد من داخل الشركة.

3- عقد مؤتمرات دورية يسهم فيها المديرون لمناقشة مشكلات العمل، و أثر التغير في البيئة والعمل.

4- تكليف المديرين بإعداد دراسات في مجالات مختلفة من الفروع العلمية.

5- إرسال المديرين في بعثات خارجية لزيارة المنشآت المماثلة والإطلاع على نظم العمل الحديثة.

6- منح المديرين إجازات دراسية مدفوعة الأجر.

7- الإسهام في الأنشطة الاجتماعية والثقافية.

8- إصدار نشرات خاصة يدعى المديرون للمساهمة في تحريرها.

9- إقامة المسابقات العلمية والثقافية.

رابعاً: الإشراف و التوجيه و تقييم الأداء:

- تكتمل حلقات التنمية الإدارية بتوفير الإشراف والتوجيه الصادق للمدير أثناء عمله .

- العامل الأساسي الذي يفتح الطريق أمام مواهب وقدرات المدير، هو الإشراف السليم والتوجيه الصادق.

- الرئيس من خلال أسلوب إشرافه و توجيهه للمدير فهو إنما يقدم له نموذج السلوك الإداري المرغوب فيه.

- الممارسة الفعلية في ظروف العمل الواقعية تحت الإشراف الخبير تحول المعرفة والخبرة النظرية إلى أداء إداري فعال.

- الرجل النظري يعلم أسباب الأمور، والرجل التطبيقي يعلم كيف تتم الأمور، ولكن الرجل "القائد" يجب أن يعلم لماذا و كيف تتم الأمور.

- يطلب من المشرف إعداد تقارير دورية عن أداء مرؤوسيه و تقدمهم في

العمل، وكذلك يطلب منه مثل هذه التقارير فجأة لاختبار مدى قدرته على التقييم الصحيح من خلال المتابعة المستمرة.

- الإشراف والتوجيه جزء رئيسي من عمل المشرف.

المعلومات التي يمكن استنتاجها من ملاحظة الشخص:

1- مدى كفاءته.

2- مدى كفاءة عمليات التنمية الإدارية بالنسبة له (اختيار، تدريب، تثقيف).

3- مدى استعداده للترقي والتقدم في الوظائف الإدارية والوظائف الأعلى التي يصلح لشغلها.

4- المشاكل والمعوقات التي تعترض أداؤه للعمل، وبالتالي تحدد احتياجاته التدريبية والتثقيفية.

ينطوي الإشراف والتوجيه على الأمور التالية:

•••ينبغي للمدير أثناء تأديته لعمله أن يكون تحت إشراف وتوجيه دائمين من قبل رئيس كفء.

•••يتم الإشراف والتوجيه وفقا لخطة محددة، تبعا لأسلوب علمي سليم.

•••يجب توجيه خبرات المدير إلى مجالات عمل مختلفة تتعدى حدود وظيفته في كلا الاتجاهين الرأسي والأفقي.

الفصل الثاني

إدارة التنمية

إدارة التنمية

تعريف إدارة التنمية (5)

هي عملية منظمة مستمرة وعقلانية, تتضمن مجموعة من الأنشطة التي تهدف إلى تحسين الأداء الإداري للأجهزة الحكومية ومؤسسات القطاع العام الاقتصادي والخدمي والخاص.

أو هي عملية حضارية شاملة ترتكز على قدرات ذاتية راسخة ومتطورة تتمثل في قدرة اقتصادية دافعة ومتعاظمة وقدرة اجتماعية متفاعلة ومشاركة وقدرت سياسية واعية وموجهة وقدرة إدارية كفؤة ومنفذة.

أو هي عملية متكاملة محلية ودولية وتكون جزء من نظام اجتماعي ويكون فرعي من المستويات الإدارة العامة, (تعتبر التنمية جزء أساسي من حقل الإدارة العامة).

نشأة الإدارة التنموية

نشأت الإدارة التنمية بعد انتهاء الحرب العالمية الثانية، وكانت هناك دول مستعمرة استقلت والتي يجب توفر عوامل تعلمية ونفسية وصحية وثقافية وسياسية في مقومات هذا الدول ويجب مواجهة هذه التحديات وأن تدافع عن نفسها.

الأسباب التي ساعدت على نشأة إدارة التنمية (12)

1- عقد المؤتمرات والاجتماعات.

2- استقلال العديد من الدول وأثرها على عملية التحدي للاستقلال.

3- تعتبر هذه التنمية وإدارتها حديثة المفهوم في العالم.

4- تعثر الاهتمام بالمناطق الريفية عن المدينة.

ضرورة التنمية الإدراية للدول النامية

1- عامل التخلف الإداري: حيث تعلن أغلب الدول النامية من ناحية التخلف الإداري، حيث تتطلب هذا المجتمع في هذه الدول حاجات وخدمات، ويعتبر الفقر وانخفاض الدخل القومي والوسائل البدائية في الإنتاج من الأمور التي تؤدي إلى التخلف .

2- عامل الفساد الإداري: وباختصار تعني الفساد الإداري استعمال الوظائف العامة بجميع ما يترتب عليها من هيبة ونفوذ وسلطة، لتحقيق منافع شخصية مالية وغير مالية. وبشكل مناف للقوانين ويعتبر الانحراف من أسباب الفساد الإداري.

3- عامل التحدي الإداري والتغير: تعتبر الطموحات كبيرة جداً، وبذلك تحتاج إلى اختصار الوقت وهذا يتطلب جهد متمثلاً بتنمية الثروة البشرية، كما أن التغير تتعلق بعملية التغيير للمراكز القوى السائدة.

كل ذلك أدى إلى اهتمام كبير في مجال التنمية الإدارية وبنيت المؤسسات وشيدت الأطر والهياكل التنظيمية، وأدخلت الكثير من النظم الإدارية، وتعتبر مسألة وجود فجوة بين قدرة الأداء المطلوب والمنجز وزيادة التكاليف وتأخير في التنفيذ. هذا كلها مؤشرات واضحة وأدلة قاطعة على ضعف كفاءة أداء الأجهزة الحكومية وضعف على إدارة التنمية في غالبية الدول النامية ومنها الدول العربية كافة.

أسباب المساعدات الخارجية من الدول المتقدمة إلى الدول النامية (21)

يعتبر مشكلة جهود كيفية مطالب المبالغ ومشكلة الإدارة أي الأسباب التي أدت إلى نشؤة التنمية تعتبر نقاط بارزة يجب التعرف عليها من خلال:

1- توفير جهاز إداري قادر على مواجهة التحديات يتضمن هياكل تنظيمية .

2- الاطلاع على كل ما هو حديث يعني بالحاجات الأساسية.

3- كانت الزيادة في المساعدات الخارجية في الحاجة إلى التنمية من خلال التطور الكمي والنوعي .

4- التدريب في مجال الفني والعملي سواء النظري أو العملي، أدى إلى زيادة الحاجة إلى المساعدات الخارجية.

5- ضعف قدرات القطاع الخاص.

6- عجز الأساليب والأجهزة في الدول النامية وعدم قدرتها التفاعل والاستجابة.

التحديات التي تواجها إدارة التنمية (6)

1- بناء الهوية الوطنية في مختلف المجالات: وتتمثل في بناء وطن قوي للدفاع عن شخصية التي تتجسد هويته الدولة، مثل الأردن الدفاع عن دولة فلسطين وكلفة العديد من المواد وأموال لدعم استقرار وتقوم الدعم لهم في جميع المجالات.

2- بناء الجهاز الإداري للدولة والتنظيمي، بحيث أن تكون فعالة وقادرة على تقدم التقدم للدولة.

3- البناء التنموي الشامل (أي تكون لجميع المجالات وليس لجانب واحد)، هذا تأتي من خلال الخطط التنموية والإطار المؤسسي،

ونشر الدراسات وحلقات للبحث ودراسة القيم للمجتمع ودراسة المشاريع وتحديات الأجهزة القادرة وتوفير قدرات إدارية) كل هذا أصبح لازم على الدول توفير تنمية إدارية قادرة على حل المشكلات المستعصية.

أهمية التنمية الإدارية

1- التوازن والانسجام في النشاطات الاقتصادية للمجتمع.

2- الاستخدام الأمثل للموارد المتاحة.

3- محاولة التوصل إلى أساليب وطرائق تدريبية متطورة لتدريب المدربين.

4- تحسين ناتج العمالة.

5- التقدم العلمي والفني.

6- زيادة حجم الدخل القومي.

7- نقص فاعلة الدراسات الإدارية تتطلب إدارة تنموية.

8- الشك في البرامج الحالية للتدريب الإداري.

9- نقص الموارد المالية المخصصة للتنمية الإدارية.

خصائص أداة التنمية (13)

1- يجب أن ترتبط بالطموحات ويعتبر تجسيم الحاجات مهم جداً.

2- عملية التنمية هي عملية متحررة تتضمن هياكل تنظيمية أي هناك حاجة ماسة إلى استخدام أساليب جديدة تتعامل مع الواقع والظروف والمستجدات.

3- تعتبر إدارة التنمية إدارة ريادية أي تتضمن جودة ودور أكبر للقطاع الخاص، وهنا ريادية تكون السباقة في عملية التنمية وسريعة.

4- إدارة التنمية تشجع الانفتاح مع الدول الأخرى، تتضمن تنفيذ المشاريع وعملية تمثيلها تساعد على الانفتاح والمشاركة والاختلاط ويصبح لدينا دقة في العمل واكتمال العمل لتقديم الخدمة والتي يجب الاهتمام بها.

5- إدارة التنمية إدارة حيوية فعالة تشمل جوانب ثقافية وتشريعية واقتصادية وذات بصمات واسعة في المجتمع وتحتاج إلى تخطيط مدروس بشكل منتظم يساعدك التنمية.

6- تطبق من قبل أجهزة مختصة وكفوءة.

7- تعتبر إدارة التنمية مسؤولية جماعية أي لا تقع على عاتق قسم واحد بل مسؤولية مشتركة تضم جميع الوظائف.

8- أن تكون على شكل منظومة، أي تسعى إلى تنمية القدرة الإدارية وتستجيب للمتغيرات البيئة الخارجية المحيطة.

وظائف إدارة التنمية

1- تقدير احتياجات المنظمة من الموارد البشرية واختيارهم وتدريبهم وترقيتهم ومدى خدماتهم.

2- تواجد تخطيط شامل، وتشمل تحديد أهداف جزئية وكلية وعامل الزمني وتحديد البدائل المتغيرات التي تحيط الناس، وما تحتاج من موارد بشرية ومادية. ويحتاج إلى استخدام تكنولوجيا جديدة ونظام جديدة.

3- الإشراف على عملية التنفيذ لعملية التنمية وإجراء التقيم المطلوبة، ويجب تنفيذ ذلك وتقييم حتى ينجح وتواجد رقابة تأتي من خلال

الإشراف ومعرفة جوانب النجاح لمحافظة على أمـور التـي تحسـن عوامل النجاح.

4- التنسيق يجب أن يكون من أجل السـيطرة عـلى الفـوضى، والتركيـز ومن أجل ضمان أنه الخطط ستنجح.

5- الاهتمام بدور العمليـة التنمويـة الإداريـة ويجـب أن يكـون هنـاك مرونة.

6- الاتصالات الرسمية والجماهيرية للعملية التنموية.

7- تقديم المعلومـات والبيانـات الإحصـائية للعمليـة التنميـة الشـاملة ويجب أن تكون حديثة.

8- اسـتخدام المؤسسـات يجـب أن تخـدم الجهـات التـي تسـعى إليهـا الدولة، وتشمل آلية عمل ورقابة.

الجوانب التي تغطيها التنمية الإدارية (8)

1- الجوانب الهيكلية والوظائفية.

2- الجوانب الإنسانية.

3- الجوانب الإجرائية.

4- الجوانب التشريعية.

5- الجوانب البيئية.

استراتيجيات التنمية الإدارية

أولاً: مرتكزات اساسية في إستراتيجية التنمية الإدارية (7):

أ- التنسيق بين توجهات التنمية الإدارية والفلسفة الإقتصادية والتنموية السائدة في المجتمع.

ب- التركيز على الدور الجديد للدولة في العصر ـ المعرفي والتقاني والعولمة والمعلومات.

ت- أسناد الأعمال التنفيذية إلى أجهزة وهيئات مستقلة تنظمها قوانين خاصة.

ث- دمج إستراتيجية التنمية الإدارية وخططها مع الخطط التنموية الإقتصادية والإجتماعية.

ج- شمولة التنمية الإدارية لكافة قطاعات ومجالات المجتمع.

ح- السماح بالتمايز والتنوع في النظم والهياكل وفقاً لطبيعية كل جهة وظروف العمل فيها.

خ- توافق توجهات التنمية الإدارية مع حقائق النظام الإداري العالمي الجديد.

د- الأستفادة من تجارب التنمية الإدارية السابقة وبرامج الاصلاح الإداري والوقوف على نقاط الضعف.

ذ- تطبيق مفاهيم الأداء الإقتصادي وتقييم العائد والمحاسبة على أساس النتائج في الإدارات الحكومية للدولة.

ر- ضرورة أستثمار تكنولوجيا المعلومات المتقدمة في إستراتيجية التنمية الإدارية الجديدة.

ز- تركيز الهياكل التنظيمية للوزارات على الوظائف الإستراتيجية.

س- التركيز على تحقيق إنجازات سريعة لسد الفجوة الإدارية بـين العـالم المتقدم والنامي.

ش- توفير الاستقلال المالي والإداري لهيئـات التنفيـذ والمحاسبة بالنتائج والأهداف.

ص- أختيـار القـادة الإداريـين في مواقـع العمـل المختلفـة وفـق معـايير موضوعية شفافة ونظم متطورة.

ض- تطوير التشـريعات الإدارية والمنظمـة لأعمـال أجهـزة الإدارة العامـة للتوفق مع متطلبات التطور الإقتصادي والإجتماعي في الدولة.

ط- تحويل الأجهزة الحكومية ذات الصفة الإقتصادية الى شركات تطبق عليها قوانين قطاعات الخاص.

ظ- تخصيص الخدمات الحكومية وأسنادها إلى القطاع الخاص.

ع- تفعيل دور معاهد ومؤسسات التنمية الإدارية.

غ- تطوير وتحسين نظم ومستويات الرواتب والحوافز وربطها بالإنجاز.

ف- تيسير خروج الإعداد الزائـدة عـن حاجـة العمـل مـن الخدمـة بـنظم المعاش المبكر وإعداد آليات لاعادة تأهيلهم لممارسة أعمال أخرى خارج القطاع الحكومي.

ق- تطوير نظم العـاملين المـدنيين بـأجهزة الإدارة العامة وتطبيق نظـم ومفاهيم إدارة الموارد البشرية.

ك- تطوير نظم الموازنة والحسابات الحكومية وأعتماد أسلوب موازنـات البرامج والأداء.

ل- تيسير أجراءات الحصول على الخدمات العامـة وإسـتخدام تكنولوجيا المعلومات والإتصالات.

م- تفعيل دور أجهزة الرقابة المالية وتقييم أداء وحدات الجهاز الإداري والمحاسبة على النتائج.

ثانياً: طرق تصميم إستراتيجية التدريب:

مكونات إستراتيجية التدريب مكونة من رسالة المنظمة، إذ يتفرع عن هذه المسألة هدف الإستراتيجية أي الأهداف طويلة الأجل حيث هذا الأهداف لايمكن تحقيقها في المدى القصير دون وجود موارد بشرية مؤهلة تسهم في بلوغها والوصول إليها.

وبما أن الأهداف الإستراتيجية لن تتحقق من تلقاء ذاتها لذلك يجب تصميم إستراتيجية لكل هدف، والإستراتيجية خطة عمل شاملة طويلة الأجل، وهي تمثل منهجاً شاملاً تسير عليه الإدارة لمدى زمني طويل نسبياً بقصد تحقيق أهداف المخططة، وتتعدد الإستراتيجيات الوظيفية في المنظمة ليضم أطارها إستراتيجية التدريب . وهذه الإستراتيجية هي نقطة البدء في تصميم خطة التدريب.

وتقوم أستراتيجية التدريب على أدراك التوجهات الإستراتيجية في كل الوظائف الرئيسية للمنظمة من التسويق والموارد البشرية والعمليات والمالية والبحوث والتطوير وغيرها, حيث تترجم الوظائف هذه التوزجهات الى نقاط قوة ونقاط ضعف, والى توقعات لاحتياجات وبرامج تدريبية وتدخلها ضمن هيكل المعلومات اللأزم لتحديد الاحتياجات.

وتتضمن إستراتيجية التدريب ضمن إستراتيجيات المنظمة مايلي:

1 - أن المتغيرات البيئة الداخلية ترتبط بالمنظمة في نقاط قوتها وضعفها ومن أمثلها:

أ - التوسع في حجم أنشطة المنظمة.

ب - برامج النقل والتدرب والترقيات.

جـ- التقلص في حجم أنشطة المنظمة.

د - التطوير في التجهيزات الآلية.

2 - أن المتغيرات البيئة الخارجية تضم التالي:

أ - المتغيرات التشرعية مثل مجالات الجودة وتوظيف العمالة وتلوث البيئة.

ب - المتغيرات السوقية مثل تحالفات شركة منافسة.

جـ - المتغيرات السياسية الإقتصادية مثل أتفاقيات منظمة التجارة العالمية.

د - المتغيرات الفنية مثل نظم الجودة (الآيذو 9000).

ثالثاً: عوامل تمايز إستراتيجيات التنمية الإدارية (10):

1- بناء الدولة والنظم السياسية.

2- التوظيف الوظيفي والقيادي.

3- دور العمالة المركزية ودرجة التجانس الإجتماعي.

4- الأقليات الإقليمية ونظم اللأمركزية الإقليمية.

5- مقومات الفعالية في جزر النجاح القطرية.

6- درجة حداثة الهياكل والنظم الحكومية.

7- الفساد الإداري.

8- مصادر النموذج الإداري المطبق.

9- المؤسسة العسكرية.

10- أثر تقلص عائدات البترول على الهياكل الوظيفية في الدول المصورة للعمالة.

رابعاً: صياغة الخطط الإستراتيجية للتنمية الإدارية:

أ - تنمية الموارد البشرية وتحقيق الإستخدام الامثل لها.

ب - تطبيق النظم الإلكترونية والمعلومات المختلفة.

جـ - التعاون مع المنظمات الدولية في مجال التدريب والأستشارات والبحوث.

د - وضع طرائق تطوير الكفاءات والقدرات.

هـ - التعاون مع السياسات للأفراد في التدريب ليتلاءم مع التنمية الثقافية والإجتماعية والسياسية للدولة.

و - التركيز على فلسفة الجودة الشاملة وتفاصيل محتواها وطرائق تحسينها وتطويرها.

خامساً: الإدارة الإستراتيجية لبرامج التنمية الإدارية (14):

1 - الإستراتيجية: تشكل الإستراتيجية مجموعة الخيارات التي يأخذ بها مدير والبرامج فيما يتعلق بالأهداف والخدمات والسياسات وخطط العمل، ويجب أن تلبي الاستراتيجية الناجحة الأهداف الواسعة للبرامج التي تضعها مؤسسات ومعاهد التنمية الإدارية.

2 - الهيكل التنظيمي: يشكل هذه الهيكل التنظيمي لبرنامج ما الترتيب المتماسك له , بحيث يقوم هذا البرنامج بالمهام التي تحددها له الاستراتيجية، ويشمل الهيكل التنظيمي توزيع الصلاحيات والمسؤوليات وفعاليات التوفيق بين المهام

3 - بيئة البرنامج: تضم البيئة القوى الخارجية المؤثرة على البرنامج , وهذا البيئة تخلق الفرص المواتية لتطبيق برنامج التنمية الإدارية، وبما أن الظروف تتغير من فترة لأخرى، لذلك يجب على المديرين أن يقيموا بيئة البرامج لكي يتعرفوا على الفرص المواتية لتطبيقها بهدف تخفيض القيود التي تحد من فاعلية هذه البرنامج، كما أن البيئات الجيدة تحسن أحتمالات بقاء البرامج لفترة

طويلة من الـزمن وتوسعه، أمـا البيئـات الرديئـة فإنهـا تـوفر لمـديري البـرامج صراعات صعبة.

4 - العمليات التنظيمية: تعتبر العمليات التنظيمية أدوات التأثير في سلوك الموظفين والمستفيدين من برامج التنمية الإدارية . فإذا أريد من موظفي ما أن يحققوا مشتركة فإن المديرين يحتاجون إلى حفز أدائهم والتأثير فيه.

سادساً: خطوات نجاح استراتيجية التنمية الادارية:

1 - التركيز على النتائج: أن الخطوة الأولى للتخطيط الإستراتيجي هـو التركيز على طرق ومناهج العمل وعلى الموارد والأنشطة والتخطيط.

2 - التفكير على ثلاثة مستويات: يجب أدراك وجـود مسـتويات مختلفـة مـن النتائج لها نفس درجة الأهمية، وهذه المستويات تـرتبط بالوسـائل والغايات التي يتطلبها تحقيق النجاح على المستويات الثلاثة وهذه المستويات هي:

أ - مستوى الفرد:

أي مدى أهتمام المنظمة بجودة ما تقدمه لزبائنها الـداخليين، وهـذا يعنـي أن يكون تركيز التخطيط على السلع والمنتجات.

ب - مستوى المجتمع:

أي تحديد مدى التأثير وأسهام المنظمة في المجتمـع الـذي يعيـش فيـه , أي أن تركيز التخطيط سيكون على النتائج.

جـ - مستوى المنظمة:

أي مدى الأهتمام للمنظمة بجودة ماتقدمه لزبائنها الخارجين , وهذا يعني أن يكون تركيز التخطيط على المخرجات.

3 - الناجح يرتكز أساساً على التمييز بين الغايات والوسائل . فالغاية هي النتائج المطلوبة تحقيقها, أما بالوسائل قبل أن نحدد الغايات والنتائج المطلوب تحقيقها.

4- تحديد خط النهاية: يمكن أن توصف هذه الخطوة على أنها إعداد الأهداف التي تتضمن معايير تتعلق بادراك الوصول إلى المستهدف، ويجب ان تتضمن الأهداف التالية:

أ - ما النتائج المراد تحقيقها؟

ب - ما المعايير القابلة للقياس والتي ستسخدم في تحديد الإنجازات؟

جـ - ما الظروف التي سيتم فيها ملاحظة ومراقبة التحققات؟

د - من أو ما الذي سيظهر تحقق النتائج؟

وكل هذا الأسئلة فإن يجب على الاهداف الخاصة برسالة المنظمة تحديد الأتجاه، كما تحديد خط النهاية , ومن الطرق المفيدة لذلك تحديد بيان الرسالة ثم يضاف إليه بعض المعايير القابلة للقياس.

5 - معرفة أن الإحتياجات ليست سوء أسماء: أن التحديد الخاطىء للاحتياجات , يمثل فجوة أو نقصاً في الموارد والسبل وليس في النتائج والغايات، لذلك يجب تعريف الحاجة على انها الفجوة بين النتائج الحالية والمألوفة وليست النقص في الموارد، وعندما نهتم بالنتائج اكثر من اهتمامنا بالوسائل، فهذا يعني اننا نعرف النجاح على أن مقدار ماتحقق من إنجاز وأسهام وليس على ما يبذل من جهد وانفق من مال . فعندما نقيم الإحتياجات نقوم بتعريف الفجوة بين النتائج الحالية والمألوفة.

6 - التصويب عالياً: أي يجب أن يكون لخططنا وجهة مثالية , لأننا إذا اعددنا خططنا على أساس الواقع اليومي فلن نفكر حتى في تكوين واقع جديد

متخلف , كما أننا سنحصر انفسنا في مجرد ايجاد حلول لمشكلات اليوم، والتي قد تكون مرفوضة لذلك يجب ان يستند تخطيطنا على الرؤية المثالية التي لايمكن أن تبلغها ولكنها تلوح لنا في أي إتجاه يجب ان نخطو الخطوة الأولى فيه.

7 - أحداث الموجات: ويعني الأستعداد للخروج من حيز الأمان والراحة لبلوغ غاية مفيدة . وتعتمد العوامل الخمسة السابقة على هذه الخطوة , لأنها تجعلنا نخرج عن إطار المألوف والمعروف والمقبول والمتفق عليه.

الفصل الثالث
التخطيط الشامل للتنمية
وأهم نظرياته الإدارية

التخطيط الشامل للتنمية واهم نظرياته الإدارية

مفهوم التخطيط الشامل للتنمية الإدارية (1)

هو التخطيط الكلي الهادف لجعل الجهاز الإداري قادراً على إنتاج السلع والخدمات كماً ونوعاً وتوزيعها وفق معايير محددة، ويقوم التخطيط الشامل على وضع خطة شامة للتنمية الإدارية التي تكون قادرة على الوفاء بمتطلبات الجمهور من السلع والخدمات خلال فترة زمنية معينة مع الأخذ بعين الاعتبار التغيرات والظروف التي تصيب الدولة.

ويهدف التخطيط الشامل لجعل الجهاز الإداري متكاملاً متجانساً ومتوازناً يتفق في شموليته مع الخطة القومية التنموية الشاملة وهو يستند على نظرية النظم، حيث ينظر إلى التخطيط الشامل للجهاز الإداري على أنه يمثل نظاماً مفتوحا يتألف من عدة أجزاء تمثل عناصر النظام ومع ذلك فإننا سنخصص لنظرية النظم فقرة مستقلة نشرحها فيها لاحق.

مرتكزات التخطيط الشامل (11)

1- شمولية التخطيط للتنمية الإدارية بحيث يغطي جميع القطاعات للجهاز الإداري في الدولة.

2- تحديد فترة زمنية معينة للخطة يمكن من خلالها أحداث عمليات التغيير والتطوير.

3- إن شمولية الاتجاه والمنهج العلمي لعمليات التغيير والتطوير تقوم على أساس أن الجهاز الإداري للدولة يعتبر نظاماً عاماً مفتوحا يقوم على تكامل وتفاعل أجزائه فيما بينها من جهة ومع البيئة المحيطة من جهة أخرى.

4- رسم سياسة علمية تعتمد الأسس الموضوعية في استثمار الموارد البشرية والمادية وفق منهج شامل ومتكامل لعمليات التغير والتطوير.

5- دقة ووضوح أهداف خطة التنمية الإدارية والقدرة على ترجمة هذه الأهداف إلى متطلبات عامة من السلع والخدمات.

6- دقة البيانات والمعلومات اللازمة لدراسة وتحديد الموارد البشرية والمادية المتاحة.

مزايا التخطيط الشامل (5)

يحقق التخطيط الشامل للتنمية الإدارية المزايا التالية:

1- خلق جهاز إداري كفء وفعال لأن عمليات التغيير والتطوير تنصب على جميع عناصره ومكوناته بشكل متوزان.

2- اتباع أسلوب التخطيط الإداري الشامل لكون الجهاز الإداري هوأداة الدولة في تحقيق أهدافها التنموية وتكامل وشمولية هذه الأهداف.

3- التكامل والتفاعل بين عناصر الجهاز الإداري والبيئة المحيطة بها وتطوير هذه العناصر أيضاً.

4- مركزية التخطيط الشامل وأنشطة التطوير والتنمية ضرورة تخطيطية هامة في ظل وجود تنفيذ لا مركزي لها.

عيوب التخطيط الشامل

يؤخذ على التخطيط الشامل للتنمية الإدارية العيوب التالية:

1- صعوبة تحديد الأهداف المحددة بشكل كامل.

2- يرى بعضهم أن الخطة الشاملة لا تحقـق نتـائج واضحة وملموسـة، وهذا ما يؤدي إلى الاخلال بالثقة مع الآخرين.

3- الصعوبات الناتجة عن مقاومة التغيير والتطوير نظراً لسعة التطـوير وشموليته.

4- صعوبة الحصول على البيانات والمعلومات الدقيقة.

5- صعوبة الحصـول عـلى الكفـاءات والخـبرات الفنيـة اللازمـة لعمليـة التخطيط والتنفيذ.

طرق التغلب على عيوب التخطيط الشامل

يمكن التغلب على عيوب التخطيط الشامل من خلال اتباع الطرق التالية:

1- تـوفير نظـام للمعلومـات والاتصـالات يسـاعد عـلى تـوفير البيانـات والمعلومات الدقيقة اللازمة للتخطيط الشامل وفي الوقت المناسـب أيضاً.

2- الاستقبال والتفاعل مع البيئة المحيطة بالجهاز الإداري.

3- القدرة على تحقيق أهداف واضحة وموضوعية وقابلة لتحقيق.

4- انسجام واتفاق الأهداف مع الإمكانـات والمـوارد البشرـية والمادية المتاحة.

نظريات التخطيط للتنمية الإدارية

1) نظرية التخطيط الجزئي للتنمية الإدارية (26):

يمثل التخطيط الجزئي العمليات والأنشطة لأحداث التغيير والتطوير في الأنماط والضوابط السـلوكية لقطاع معـين مـن قطاعـات الأجهـزة الإداري في الدولة، بحيث يكون قادراً على تقديم السلع والخدمات المطلوبة كما نوعـاً ضمن فترة زمنية محددة في ظل لظروف البيئة المحيطة.

وعلى هذا فإن الأنشطة والعمليات التي تمثل التخطيط الجزئي يمكن أن تكون مجموعة من الخطط الجزئية لقطاعات أو منظمات الجهاز الإداري ضمن البرامج المتعددة والمتنوعة لخطة التنمية القومية للدولة، ويتم تنفيذها بواسطة وحداتها وأقسامها الإدارية، كذلك فإن التخطيط الجزئي للتنمية الإدارية يتم في فترات زمنية قصيرة مقارنة مع التخطيط الشامل لها.

وعلى هذا يتميز التخطيط الجزئي بقصر فتراته ومحدودية نطاقه وهو أقل كلفة من التخطيط الشامل وأقل مقاومة للتغير ويتفق مع الأولويات في الإصلاح.

مزايا التخطيط الجزئي:

1- إعطاء عناية خاصة لكل مشروع ومنظمة وفقا لما تتطلبه ظروف العمل.

2- يحقق التخطيط الجزئي للتنمية الإدارية المزايا التالية:

3- سهولة تحديد أهداف التنمية الإدارية.

4- تصحيح الأخطاء والانحرافات بشكل أدق من التخطيط الشامل.

5- تخفيض التكاليف من الناحية المادية والفنية وتحقيق النتائج بأقصر وقت ممكن.

عيوب التخطيط الجزئي:

1- عدم شمولية هذا النوع من التخطيط لجميع عناصر ومكونات الجهاز الإداري مما يجعل أنشطة وعمليات التنمية الإدارية تتسم بالضعف والقصور.

2- إن التخطيط الجزئي يؤدي إلى تطوير غير متكامل ومشوش للجهاز الإداري.

3- غياب التنسيق والتكامل بين جهود التخطيط الجزئي الذي يؤدي إلى الازدواجية والتناقض بين النشاطات والنتائج.

طرق التغلب على عيوب التخطيط الجزئي:

1- توفير سلع وخدمات ذات نوعية جيدة وكمية مناسبة.

2- إقامة جهاز إداري كفء يقوم لإنتاج هـذه السـلع والخـدمات وفـق معايير موضوعية.

3- توفير الوقت واستثماره بالشكل الصحيح في تخطيط التنمية الإدارية.

2) نظرية التنمية الإدارية المخططة (19):

تقوم نظرية التنمية الإدارية المخططـة علـى الأسـلوب الـذي انتهجتـه الدول الاشتراكية في تخطيطها للتنمية الإدارية، ويقـوم علـى التخطيط المسـبق لتطوير وتنمية الجهاز الإداري من جهة مركزية تتولى عملية التخطيط.

ومن المبادئ الأساسية الواجب الالتزام بها في هذا النوع من التخطيط ما يلي:

1- شمول الخطة.

2- الطابع العلمي للخطة.

3- المرونة.

4- اتصال التخطيط القومي.

5- الطابع الالزامي للخطة.

6- المركزية الديمقراطية.

7- تناسق الخطة.

3) نظرية التنمية الإدارية الغيرمخططة (16):

تقوم نظرية التنمية الإدارية غير المخططة على ادخال تغييرات على الجهاز الإداري للدولة بصرة تدريجية وبفترات زمنية متقطعة وفقا لما تمليه المتطلبات الأساسية للجهاز الإداري. وقد أثبتت التجارب العلمية محدودية هذا الاتجاه لا سيما في الدول الآخذة بالنمو حيث تحتاج إلى برامج وخطط شاملة لتغيير وتطوير أجهزتها المختلفة.

4) تطبيق نظرية النظم في التنمية الإدارية:

تقوم نظرية النظم على فكرة أن المنظمات يمكن تصورها كنظم، والنظام هو مجموعة من الأجزاء المترابطة التي تعمل مجموعة في سبيل الأهداف العامة للجهاز الإداري ومنظماته.

وفي الواقع يمكن أن يطبق مدخل النظم على الأجهزة الإدارية في الدولة، ويمكن أن ينظر إلى الجهاز الإداري على أنه نظام مفتوح يعمل بتفاعل مستمر مع بيئته على الرغم من أن هذا التفاعل يحتاج إلى مدخلات جديدة وتعلم كيفية استخدامها لإنتاج مخرجات الجهاز وتعلم كيفية الاستفادة القصوى من العناصر الخارجية الهامة المتنوعة.

المكونات الرئيسية للنظام:

تقسم المكونات الرئيسية للنظام إلى ما يلي:

1- المدخلات: وهي الموارد البشرية والمادية والمعلوماتية والتجهيزات المطلوبة لإنتاج السلع وتقديم الخدمات، وهذه الخدمات هي بمنزلة الأسباب التي تحرك النظام وتنتقل به من مستوى معين للسلوك إلى

مستوى آخر، وقد يتوالي ورود المدخلات إلى النظام في تدفق مستمر أو في تدفقات متقطعة، والمصدر الأساسي للمدخلات في أي نظام هو البيئة المحيطة.

2- عمليات التحويل: وتمثل القدرات التكنولوجية والإدارية التي تطبق لتحويل المدخلات إلى مخرجات، ويتوقف نجاح النظام بدرجة كبيرة على كفاءة العمليات والأنشطة الجارية به وقدرتها على استيعاب المدخلات المتاح، والاستفادة منها إلى الدرجة الملائمة مع طبيعة النتائج المستهدفة.

3- المخرجات: وهي السلع والخدمات والنتائج الأخرى المنتجة في المنظمة، وهذه المخرجات تعود إلى المجتمع في شكل سلع أو خدمات أو تغييرات مخططة في الأفراد لإشباع رغبات اجتماعية أو اقتصادية أو سياسية محددة.

4- التغذية العكسية: وتمثل المعلومات المستخلصة من النتائج والوضع التنظيمي المرتبط بالبيئة.

فوائد نظرية النظم:

تحقق نظرية النظم للأجهزة الإدارية الفوائد التالية:

1- إمكانية تحليل النظم في المستويات المختلفة لهذه الأجهزة.

2- إجبار المديرين على النظر إلى الجهاز الإداري باعتباره كلا متكاملاً.

3- تقديم دراسة هيكلية للكيفية التي تتفاعل من خلالها الأجزاء المتنوعة للأجهزة الإدارية بهدف تحقيق الأهداف العامة.

4- إن مدخل النظم يساعد الأجهزة الإدارية في عملية التفاعل مع بيئتها.

5- التأكيد على أن التغيير هو أحد أجزاء النظام وهو يتأثر بالأجزاء الأخرى في الجهاز الإداري.

دور تحليل النظم في التنمية الإدارية (3):

يعد تحليل النظم الدراسة الشاملة والمتكاملة للنظام، إذ يساهم إلى درجة كبيرة في تحقيق ومساندة التنمية الإدارية من خلال النقاط التالية:

1- إن تحليل النظم يعتمد على أنواع متعددة من الخبراء والمعارف التي تتطلب العمل الجماعي ضمن فروق ودوائر تساهم في دراسة وتحليل نظم محددة ومحاولة الوصل إلى حقيقة المشاكل ومقومات التطوير والتنمية.

2- من الممكن تكوين نموذج يمثل النظام الذي تجري دراسته كما هو الحال في تكوين وإنشاء نظام للتنمية الإدارية.

3- إمكانية المقارنة بين التكاليف والعوائد والقيام بعملية قياس المخرجات بالنسبة للمدخلات فكلما كان هذا القياس ناجحاً دل ذلك على كفاءة النظم الإدارية والإنتاجية.

4- الأخذ بعين الاعتبار البيئة المحيطة وما تشمل عليه من متغيرات تجعل القدرة على التأكد من نتائج العمل محدودة.

ومن الفوائد التي يحققها تحليل النظم في مجال التنمية الإدارية:

أ- استثمار أفضل الإمكانات المادية والبشرية.

ب- الحصول على إجراءات عمل أكثر كفاءة وفعالية.

ج- الحصول على أفضل طرق الرقابة.

د- تحقيق أفضل طرق الأداء.

ه- تقليل الإسراف والضياع وفقدان الموارد والوقت.

إن التطورات التكنولوجية المعاصرة وماتتركه من آثار على عملية التنمية الشاملة وما تلقى من أعباء كبيرة على الدول يجعل من عمليات تحديث وتطوير الجهاز الإداري للدولة، والهياكل التنظيمية فيها عملية أساسية بسبب تخلف الجهاز الإداري عن ملاءمة طبيعة الأعمال والاختصاصات المناطة به.

ويتطلب الأمر أيضاً القيام بعملية تحليل الهيكل التنظيمي ودراسة الأنماط والضوابط السلوكية والتنظيمية السائدة في الجهاز الإداري للدولة بهدف تحقيق:

1- توصيف الأعمال والوظائف والإجراءات والتقسيمات التنظيمية وبيان ما يترتب عليها من إنجازات وما تستفيده من موارد.

2- تشخيص الأوضاع التنظيمية وما تتضمنه من ضوابط وأنماط سلوكية وتحديد مواطن القوة والضعف.

3- تصميم التعديلات والتطورات اللازم إدخالها على التنظيم القائم لتحقيق المزيد من الكفاءة والاقتصاد في الأداء:

ويتضمن تحليل التنظي ما يلي:

1- تحليل الهيكل التنظيمي.
2- تحليل الأعمال والوظائف.
3- تحليل العلاقات التنظيمية.
4- تحليل الطرق والوسائل والإجراءات.
5- تحليل الموارد والإمكانات.

5) تطبيق النظرية الموقفية في التنمية الإدارية (15):

منظور النظرية الموقفية:

تقتضي النظرية الموقفية بأن الممارسات الإدارية ومهامها وأدوارها المختلفة تتطلب من المديرين الأخذ بعين الاعتبار متطلبات الموقف الذي تمارس فيه هذه الأدوار وما تحتويه من مبادئ وأساليب وطرائق تحكم تطبيقها أو ممارستها.

وتعني النظرية الموقفية باختصار أن تطبيق مبادئ ونظريات الإدارة يتطلب الأخذ في الاعتبار طبيعة الظروف التي تطبق فيها.

مبررات استخدام النظرية الموقفية في التنمية الإدارية:

أن استخدام النظرية الموقفية في التنمية الإدارية له مبرراته الخاصة، وقد لقي الاستخدام قبولا لدى كل من مديرين التنمية الإدارية والأكاديميين وتعتبر المفاهيم الأساسية للنظرية الموقفية أمراً معروفاً لدارسي التنمية الإدارية ويبرر استخدام النظرية الموقفية في التنمية الإدارية بما يلي:

1- محاولة التعلم من الأخطاء والإنجازات المحققة.

2- معرفة مدى إمكانية تصميم هذه الترتيبات ومدى إمكانية نقلها من واقع إلى آخر.

3- معرفة الكيفية التي تم من خلالها استخدامات ترتيبات معينة بشكل عملي في البيئة الاجتماعية والتنظيمية.

4- الانتقادات الموجهة للإدارة العلمية أثرها على التدريب في مجال التنمية الإدارية.

5- استيعاب حالات عدم التجانس والانسجام في الوسائل والطرائق الإدارية المتبعة.

6- تعد النظرية الموقفية هامة لدراسة المشكلات الإدارية في الأوضاع والظروف المتغيرة والمشكلات التي تظهر في مواقف معينة.

7- يمكن للنظرية الموقفية أن تقدم حلولاً سريعة للأزمات والحيلولة دون الاستسلام لها.

متطلبات تطبيق النظرية الموقفية للتنمية الإدارية:

يتطلب تطبيق النظرية الموقفية للتنمية الإدارية المتطلبات التالية:

1- تسعى الإدارة الموقفية إلى مزج طرق العلاج العامة غير المرتبطة بموقف معين مع تلك التي تعمل في إطار سياق محدد.

2- تفترض الإدارة الموقفية وجود العديد من المفاهيم الفعالة وتدرك أن معايير الفعالية قد تتعارض فيما بينها البعض أحياناً.

3- لا تركز الإدارة الموقفية فقط على الهياكل والعلميات، ولكنها تركز أيضاً على البيئة ومتطلباتها فهي تعتبر الهياكل الداخلية وسائق للتفوق مع البيئة.

4- إن القيمة السائدة في الإدارة الموقفية ليست الرقابة الإدارية ولكنها التكيف مع الغير.

5- تعتبر التكنولوجيا وفقا للإدارة الموقفية أحد معايير الفعالية، بينما يعتبر دور التكنولوجيا في المداخل التقليدية محدوداً بشكل كبير فيما يتعلق بدعم الكفاءة.

6- ينصب التركيز على في الإدارة الموقفية على كل من الهياكل الرسمية وغيرالرسمية في تأثيرها على السلوك وقدرة المنظمة على مواجهة التحديات والبيئة.

7- تعتبر الإدارة الموقفية مدخلاً عاماً يسعى لمزج النظريات الجامدة مع النظريات الحركية المتغيرة.

نظام عمل الإدارة الموقفية في التنمية الإدارية (17):

تهتم الإدارة الموقفية بالأبعاد البيئية وحدود السياق، فالحدود السياقية هي التي تضمن ألا تكون الإدارة علمية فقط. فالمداخل العلمية للإدارة قد فشل وقد يتم التعامل مع الحدود السياقية من خلال الوعي أي من خلال التعلم التنظيمي والفهم المنطقي والحكم الجيد، فلا يوجد سبب لتوقع أن المدير المحترف بغض النظر عن مدى جودة تدريبه أن قدرته ستكون أكبر أو أقل من أي فرد آخر يتساوى معه في درجة الذكاء والإدراك فيما يتعلق بفهم وحساب أكثر العوامل السياقية وببساطة يعتبر فهم العوامل السياقية الجزء الفني في الإدارة بصفة عامة، وفي التنمية الإدارية بصفة خاصة.

ويتضح لنا مما سبق إن المهمة الأولية لتدخل التنمية الإدارية هي دعم طاقة المنظمة ويمكن تحقيق هذا باستخدام العديد من الطرق مثل:

1- توفير المعلومات التنظيمية.

2- دعم القرار.

3- تحليل الكفاءة الفنية.

4- التصميم التنظيمي.

5- التطوير التنظيمي.

6- المساعدة التكنولوجية .

7- التدريب الإداري.

إن جهاز التنمية الإدارية لا يملي استراتيجية المنظمة أو يشكلها ولكنه يقوم بذلك من خلال:

1- تشجيع المنظمة بالإفصاح عن استراتيجيتها.

2- فهم كيفية دعم تدخل التنمية الإدارية للاستراتجية والقدرات التنظيمية.

يجري جهاز التنمية الإدارية دراسات لمعرفة آثاره الموقفية سواء تلك المتعلقة:

1- الأبعاد البيئية.

2- المشتقة من الحدود الموقفية.

3- ومن ثم يفصل تدخلاته تفصيلاً لتتلاءم مع تلك الموقف.

إن جهاز التنمية الإدارية يعتبر أداة للتعلم والمعلومات التي يجمعها بشأن البيئة وأثر نشاطات المنظمة على البيئة يجب أن تؤثر بشكل مباشر على تدخلاته.

وحتى إذا عمل جهاز التنمية الإدارية في ظل افتراضات الإدارية الموقفية فإن النجاح غير مضمون، ولكن يجب أن يكون بالإمكان معالجة العديد من مجالات الفشل السائدة في أنشطة التنمية الإدارية، والتي تتضمن ضيق مجالات التركيز وعدم وضوح العلاقة بين أنشطة المنظمة ورسالتها الكلية واستراتيجيتها والاتجاه نحو توفير وصفات جاهزة الإعداد للمشكلات الإدارية.

نظريات التنمية الإدارية

لقد أصبح للتنمية الإدارية في الوقت الحالي نظريت تعتمد عليها في تطبيقها وتنفيذها وذلك انطلاقاً من اعتبار أن النظرية افتراض أثبتت الوقائع صحته أو يثبت الباحث من خلال اعتماده على علاقات مؤكدة سابقاً افتراض الصحة أو النفي.

وترتبط نظريات التنمية الإدارية في أغلب نقاطها ومفاهيمها بنظريات الفكر الإداري وتطوراتها الحالية، حيث تتضمن نظريت التنمية الإدارية الطرق والأساليب الكفيلة بتطوير عناصر ومتغيرات الجهاز الإداري للدولة وتشخيص مشاكله وتحليلها ومعرفي العقبات التي تواجه هذا الجهاز واقتراح طرق المعالجة والتنفيذ.

لقد ظهرت نظريات التنمية الإدارية في بدايتها كمحاولات لتنظيم مجموعة من الأفكار والمبادئ العلمية وصياغتها بالشكل الذي يخدم أهداف التنمية الإدارية، ولكن بمرور الزمن أصبحت هذه المحاولات تتبلور شيئاً فشيئاً إلى أن وصلت إلى وضعها الحالي وقد قسمت هذه النظريت إلى قسمين:

1- النظرية التقليدية للتنمية الإدارية.
2- النظرية الحديثة للتنمية الإدارية.

أولاً: النظريات التقليدية للتنمية الإدارية (18):

منظور النظريات التقليدية للتنمية الإدارية:

تنطلق النظريات التقليدية في نظرتها للتنمية الإدارية من خلال النقاط التالية:

- إن الوظائف التي تمارسها الإدارة هي التخطيط والتنظيم وإصدار الأوامر والتنسيق والرقابة وجميعها يجب أن تكون فاعلة في المنظمة لذلك لابد من الاهتمام بتنمية وتطوير المديرين.

- تتكون المنظمة من مجموعة من الأعمال والمهام وأهم وحدة التنظيم الأساسية هي الوظيفة وهي ذات وصف يحدد بدقة الأعمال والواجبات التي يجب تنفيذها.

- يجب توزيع الأعمال على أساس التخصص وتقسيم العمل، لذلك فإن هناك مبادئ خاصة بتنظيم العمل والإنتاج وطرائق أخرى لتحسين الإنتاج وتخطيطه.

- يتخذ الشكل التدريج الشكل الهرمي بدأ من الإدارة العليا إلى الدنيا مع وجود نظام سلطوي حاسم ودقيق ورقابة شديدة من الإدارة العليا على الإدارة الدنيا.

- قدمت هذه النظريات مبادئ أساسية لتنظيم عمل المدير مثل مبدأ وحدة الأمر، ووحدة التوجيه والتدرج الرئاسي والمركزية والسلطة والمسؤولية.

- تشترك النظريات التقليدية بخصائص عامة في التنمية الإدارية، هي تركيزها على ما يفترض تطبيقه في العمل وفقاً للقوانين والخرائط التنظيمية فضلا عن تركيزها على البيئة الداخلية والجانب المادي للعمل الإداري.

- هناك خطوط رسمية للاتصال بين أجزاء المنظمة تتجه من الأعلى إلى الأسفل على شكل تعليمات وأوامر.

خصائص النظريات التقليدية:

توصف النظريات التقليدية للتنمية الإدارية بالسمات والخصائص التالية:

- السلطة والنفوذ والخضوع الكامل اللرؤساء.
- الصفة الآلية، لأنها تنظر إلى المورد البشري كآلة تعمل من تلقاء نفسها.
- صفة المثالة أي أن هذه النظريات تصف الوضع الأمثل داخل المنظمة.
- الشكل الرسمي للعلاقات والمستويات.
- صفة الرشد لأن المدير يمكنه أن الوصول بالعملية الإنتاجية إلى أقصى ما يمكن.
- صفة الانغلاق، أي أن للمنظمة مغلقة لا تتأثر بالبيئة المحيطة.
- صفة التعاون بين أعضاء المنظمة من أجل إنتاج وتحقيق هدف مشترك.

المبادئ العامة general prinicipls :

تتمثل المبادئ العامة للنظريات التقليدية للتنمية الإدارية في النقاط التالية:

- الوظيفة.
- التخصص وتقسيم العمل.
- وحدة الأمر.
- التنسيق.
- وحدة الهدف.

- التعاون بين السلطة مع المسؤولين .

- نطاق الإشراف المناسب.

- السلطة الاستشارية والتنفيذية.

- التدرج الرئاسي.

- تكفاؤ الفرص مع المسؤولية.

- مركزية القرارات.

- التوازن .

- تفويض السلطة.

- فصل الرقابة عن التنفيذ.

تتضمن النظرية التقليدية للتنمية الإدارية ما يلي:

1- نظرية التأكيد على الجوانب الهيكلية والتنظيمية للأجهزة الإدارية:

الفكرة العامة للنظرية:

تقوم الفكرة العامة لنظرية التأكيد على الجوانب الهيكلية والتنظيمية للأجهزة الإدارية على اعتقاد أساسي مفاداه أن عمليات التنمية الإدارية تحقق أهدافها إذا تم تصميم وتخطيط هياكل الإدارة الحكومية على أساس معايير تنظيمية وفنية مناسب لهذا الغرض.

(إن الناتج الأساسي للتأكيد على الجوانب الهيكلية والتنظيمية للأجهزة الإدارية) هو الهيكل التنظيمي الذي يبين السلطات والمسؤولية على الوظائف في المستويات الإدارية المختلفة لهذه الأجهزة، كما يبين وسائل

الاتصال الرسمي بينها ومستويات الإشراف فيها وهذا ما يتطلب القيام بعملية التجميع أي تجميع الوظائف في أقسام وتجميع الأقسام في إدارات والإدارات في مصالح والمصالح في وزارات وهكذا.

إن هذه النظرية (تركز على دراسة الهيكل التنظيمي للأجهزة الإدارية) مع تحديد توضيح الأقسام والاختصاصات التي تتألف منها هذه الأجهزة، هذا بالإضافة إلى التركيز على السلطات والمسؤوليات ودرجة المركزية واللامركزية، وخطوط الاتصالات التي تحددها الخرائط التنظيمية للأجهزة الإدارية والقوانين والتشريعات الإدارية التي تعمل بموجبها ووفقاً لها.

إن الأجهزة الإدارية الموجودة في دولة ما تمثل العنصر المسؤول عن تنفيذ مهام ومسؤوليات هذه الدولة تجه المجتمع، لذلك لكي تستطيع الدولة النهوض بأعبائها ومسؤولياتها يجب أن يكون لها جهاز موظفين لها قادر وراغب في العمل، وهذا الجهاز هو القلب الأساسي النابض للأجهزة الإدارية وهوالوحدة الأساسية التي يركز عليها التنظيم الإداري والتي تكون منها الهيكل التنظيمي لأي جهاز.

انتقادات النظرية:

انتقدت النظرية التأكيد على الجوانب الهيكلية والتنظيمية للأجهزة الإدارية من النواحي التالية:

1- عدم القدرة على البحث وتحليل مختلف جوانب العلاقات بين الأجهزة الإدارية والبيئة الخارجية وبشكل خاص الابعاد السياسية والاجتماعية لهذه البيئة.

2- إغفال الجانب الإنساني باعتباره متغيراً داخل الجهاز الإداري باعتباره العنصر الحاسم لعملية التنمية والتطوير الإداري فكم من جهاز

أقيم على أساس بيروقراطي ولكنه فشل في استخدام العنصر الإنساني ومقدرته في خلق التنمية الإدارية البيروقراطية نمط من البناء التنظيمي يقوم بالعمل فيه موظفون مختارون على ضوء الكفاءة ويتخذون من العمل مهنة أو حرفة ثابتة وتتكافل جهود البيروقراطيين داخل التنظيم لتحقيق أهداف معينة وعلى ضوء علاقات رئاسية تنظم العلاقة بين الرئيس والمرؤوس وفي ظل لوائح وإجراءات روتينية لا تتأثر بالعلاقات الشخصية.

3- التأكيد الشديد على دراسة الجهاز الإداري ومنظماته وفقا له تقدمه وتعكسه الخرائط التنظيمية واللوائح والنظم الرسمية إلى جانب إغفاله العناصر والمتغيرات المحيطة به التي تؤثر تأثيراً كبيراً على نتائج التنمية الإدارية.

4- التأثير السلبي للقيود الإجرائية الكثيرة المفروضة على عملية تنفيذ العمل الإداري الأمر الذي يقلل من فاعلية وهبوط مستوى الأداء والكفاءة الإدارية.

2- نظرية التأكيد على الجوانب القانونية للأجهزة الإدارية:

الفكرة العامة للنظرية:

تقوم هذه النظرية على فكرة أن الحقوق والالتزامات المرتبطة بالعمل الإداري تستمد من الدستور باعتباره القانون الأعلى للدولة أو السوابق التي تنشئها الآراء والقرارات القانونية.

وعموماً يركز أنصار هذه النظرية على دراسة وتحليل الجهاز الإداري تمهيداً لرسم سياسات وطرق التنمية الإدارية وهم يعملون بالأدوار التي تمارسها السلطات التنفيذية والتشريعية والقضائية في الدولة وطبيعة العلاقات

المتبادلة لهذه السلطات ومدى التأثير الذي تتركه على النشاط والعمل الإداري.

وقد انصبت اختلافاتها حول تقرير الحد المناسب الذي يمكن الجهاز الإداري من التركي عليه ويفيد هذا الحد في رسم الاستراتيجيات الموضوعية لعملية التنمية الإدارية.

أي أن المسؤولية القانونية والإدارية للعاملين في مختلف مستوياتهم هو أهم ما يركز عليه أنصار هذه النظرية ومن وجهة نظر أنصار هذه النظرية فإن الموظف الجيد هو من يؤدي واجباته المنصوص عليها قانونا ويراعي في تنفيذ القوانين واللوائح المعمول بها وهذا ما أدى إلى إهمال الجوانب الفنية التي يصعب تقنيتها وبالتالي تحول سلوك الإداريين وتصرفاتهم إلى مجرد تطبيقات قانونية لا يمكن تجتوزها لأي سبب كان.

إن الاختلاف في القواعد القانونية المطبقة لا سيما الإدارية منها يمكن ملاحظته في الواقع العملي وبهذا المعنى يعتبر موظفو الأجهزة الإدارية موظفين عموميين قراراتهم قابلة للطعن وتعتبر أعمال الجهاز الإداري من قبيل الأعمال العامة وتخضع أموالها لقواعد المحاسبة العامة.

انتقادات النظرية:

لقد تعرضت نظرية التأكيد على الجوانب القانونية للأجهزة الإدارية إلى الانتقادات التالية:

1- النظر إلى الجهاز الإداري كأداة للدولة في عملياتها التنموية على أنه مجرد علاقات ثابتة ومتوازية وفق التوصر الذي ينظر من خلاله لهذه العلاقات وهو بذلك ينفي عن الجهاز الإداري للدولة طبيعة الحيوية التي تتميز بالحركية والمرونة والديناميكية العملية المستمرة.

2- إن تحليل قوي التفاعل الديناميكي في النظام السياسي للدولة التي تؤثر في توازنه واختلالها ومدى انعكاس ذلك على نشاطات الجهاز الإداري وعملياته التنموية لا يصبح مكتملاً إلا البحث في مختلف الجوانب الفنية والتنظيمية والإنسانية باعتبارها عناصر ومتغيرات يتكون منها الجهاز الإداري للدولة حيث تحدد نطاق سياساته وطرقه التنموية.

3- إن هذا الاتجاه يجرد العاملين بالجهاز الإداري من قدرتهم على الخلق والإبداع والابتكار في الظروف والأحوال التي لا تساعدهم فيها القوانين والتشريعات على تنفيذ العمل الإداري فإذا أخذنا في الاعتبار هذه الانتقادات لا بد من إعادة النظر في معالجة وتحليل عملية التنمية الإدارية للجهاز الإداري للدولة للشعور والتأكد من مدى القصور والضعف في مداخله واتجاهاته.

الانتقادات الموجهة للنظريات التقليدية:

تعرضت النظريات التقليدية للتنمية الإدارية لمجموعة من الانتقادات أهمها:

1- إغفال النزعة الإنسانية في المنظمة.

2- النمط الدكتاتوري السلطوي.

3- عدم الاعتراف بالتنظيم غير الرسمي.

4- الاهتمام القليل بأهمية الصراعات الداخلية بالمنظمة.

5- اغفال عملية اتخاذ القرارات.

6- عدم الاهتمام بتأثير البيئة الخارجية المحيطة.

7- تعارض بعض المبادئ التي نادت بها مثل تعارض مبدأ وحدة الأمر مع مبدأ التخصص.

8- عدم واقعة بعض فروضها مثل فكرة الرشد.

9- عدم حتمية بعض فروضها مثل مبدأ التخصص.

إن التجارب أثبتت عدم واقعية النظريات التقليدية مما أدى إلى خلق ازدواجية واضحة في نشاط الأجهزة الإدارية حيث تشير النظم والقوانين الرسمية والنظم الهيكلية لهذه الأجهزة إلى اتجاه معين بينما يشير الواقع العملي والتطبيقي إلى اتجاهات التغيرات في طبيعة النشاطات الفكرية والسلوكية داخل الجهاز الإداري وذلك على أساس النظرة الشاملة والمتكاملة لعناصره ومتغيراته ومع الأخذ بعين الاعتبار العومل البيئية المحيطة بالجهاز الإداري ومدى أثرها على نتائج العملية التنموية.

ثانياً: النظريات الحديثة للتنمية الإدارية (26):

خصائص النظريات الحديثة:

1- دراسة السلوك الإنساني في الأجهزة الإدارية: والتركيز على الموارد البشري باعتباره أحد المحددات الرئيسية لثقافة المنظمات وتنميتها فالقيم هي من مؤثرات التنمية الإدارية ومحدداتها الأساسية.

2- دراسة العمليات الداخلية: وأوجه التفاعل بين أعضاء الأجهزة الإدارية ودراسة عمليات اتخاذ القرارات والمراحل التي يمر بها هذا القرار باعتبارها تشكل إحدى الدعامات الاستراتيجية الهامة في كيان الجهاز الإداري.

3- الاهتمام بدراسة عمليات القيادة والاتصالات: واعتبارها من المؤشرات الأساسية المحددة لنشاط الجهاز الإداري وكفاءته.

4- التركيز على دراسة أثر الدوافع الإنسانية: والبحث في تنوع الحوافز المناسبة لتحفيز أعضاء الجهاز الإداري على بذل جهد وتحقيق أهداف الجهاز.

5- الاعتراف بأهمية التنظيم غير الرسمي: وأثره في كفاءة الجهاز الإداري.

6- نظرت إلى الأجهزة الإدارية: على أنها نظم مفتوحة تتأثر بالبيئة المحيطة بها فالجهاز الإداري من وجهة النظريات الحديثة مؤسسة اجتماعية تؤثر وتتأثر بالبيئة الاجتماعية المحيطة بها.

7- النظر إلى المراكز والأدوار منظمات الجهاز الإداري: على أنها تتسم بنوع من المرونة، حيث تعتبر شرطاً ضرورياً لتحقيق التلاؤم المطلوب بين أوضاع الجهاز الإداري من جهة وبين التغير الذي قد طرأ على وسائل العمل وطرقه أو السياسات الإدارية المعمول بها من ناحية أخرى.

مبادئ النظريات الحديثة:

تتلخص مبادئ النظريات الحديثة بما يلي:

1- إن إنجاز العمل هو حصيلة الدافع والمقدرة.

2- دوافع العمل متعددة وحاجات الأفراد متعدة، لذلك يجب توجيه الدوافع لمقابلة الحاجات.

3- إن الإنسان كيان اجتماعي وليس كياناً اقتصادياً صرفاً لذلك يجب النظر إليه على أساس ذلك.

4- إن الإنسان عضو في جماعة لها تأثيرها وضوابطها التي تحدد الأهداف التي يتفاعل فيها أعضاؤها معا ومع الجماعة وغيرها من الجماعات.

5- إن الإشراف الفعال يبنى الثقة بين الرئيس والمرؤوسين، ولا يكفي أن يتمتع الرئيس بسمات قيادية معينة كالإخلاص والعدالة والاعتداد بالنفس والحزم وإنما لا بد أن يراه مرؤوسوهم كذلك.
6- إن وجود العاملين معاً وخضوعهم للظروف البيئية والاجتماعية والنفسية والمادية نفسها يجعلهم يكونون فيما بينهم جماعات غير رسمية تتعدى حدود العلاقات الرسمية التي تقوم بينهم.

أهداف النظريات الحديثة للتنمية:

تهدف النظريات الحديثة للتنمية الإدارية إلى تحقيق ما يلي:

- تهئية وإعداد الجهاز الإداري لتحقيق أهداف جديدة تتمثل في أهداف الخطة التنموية الشمالة لبرامج التنمية الاقتصادية والاجتماعية.
- رفع كفاءة وفعالية الجهاز الإداري عن طريق معالجة أسباب التخلف الإداري.

على هذا تمثل خطة التنمية الإدارية الأنشطة والعمليات المستخدمة لاستثمار الموارد البشرية والمادية المتاحة بطرق علمية في ضوء محددات ومعطيات الظروف البيئية المحيطة، سواء أكانت سياسية أو اجتماعية أو اقتصادية أو قانونية، حيث يتم من خلالها تحقيق الأهداف العامة المتمثلة في توفير السلع والخدمات من حيث الكم النوع من الجهاز الإداري للدولة، بعد أحداث التغيرات والتطورات المناسبة في الأنماط والضوابط السلوكية التي يتضمنها أي أن خطة التنمية الإدارية في ظل هذه النظريات تتضمن العناصر التالية:

1- تخطيط وتنمية الموارد البشرية.
2- تحليل الهيكل التنظيمي والتغيرات المستهدفة.

3- التنظيم وطرق العمل.

4- البيئة المحيطة.

حيث يتم بحث وتحليل هذه العناصر بما يخدم أهداف خطة التنمية الإدارية والسعي لتحقيقها في الوقت المناسب.

الفصل الرابع

التغيير والتنمية الادارية

التغير والتنمية الادارية

مفهوم التغيير (20)

يعرفه جبسون بأنه الجهود الرامية إلى زيادة فاعلية المنظمات عن طريق تحقيق التكامل بين الرغبات والأهداف الشخصية للأفراد، مع أهداف المنظمة بوضع البرامج المخططة للتغيير الشامل لكل المنظمة وعناصرها.

أو هو سلسلة الجهود المستمرة والبعيدة المدى الهادفة إلى تحسين قدرات المنظمة على إدخال التجديد ومواكبة التطور وتمكينها من حل مشاكلها ومواجهة تحدياتها، من خلال توظيف النظريات والتقنيات السلوكية المعاصرة الداعية إلى تعبئة الجهود الجماعية وتحقيق المشاركة الفرقية واستيعاب الحضارة التنظيمية.

أو هو عملية تعديل التنظيم الحالي بغرض زيادة مستويات فعاليته وقدرته على تحقيق أهدافه المحددة .

مفهوم إدارة التغيير

هي العملية التي من خلالها تتبنى قيادة المنظمة مجموعة معينة من القيم، المعارف والتقنيات، مقابل التخلي عن قيم، معارف أو تقنيات أخرى، وتأتي إدارة التغيير لتعبر عن كيفية استخدام أفضل الطرق اقتصاداً، وفعالية لإحداث التغيير وعلى مراحل حدوثه بقصد بلوغ الأهداف المنظمية المحددة للاضطلاع بالمسؤوليات التي تمليها أبعاد التغيير الفعال.

أهمية التغيير (25)

1. الحفاظ على الحيويه الفاعله حيث تكمن اهمية التغيير في داخل مؤسسه او منظمه الى التجديد والحيويه وتظهر روح الانتعاش والمقترحات, كما تختفي

روح اللامبالاة والسلبيه والروتين الذي يقتل الابداعوالانتاج.

2. تنمية القدرة على الابتكار، فالتغيير دائما يحتاج الى جهد للتعامل معه على اساس ان هناك فريقين منهم ما يؤيد التغيير، ويكون التعامل بالايجاب ومنهم مايتعامل، بالمقاومة ذلك التغيير.

3. ازكاء الرغبه في التطوير يعمل التغيير على التحفيز وازكاءالرغبات والدوافع نحو التغيير والارتقاء والتطوير وتحسين العمل وذلك من خلال عدة جوانب.

أ- عمليات الاصلاح ومواجهة المشكلات ومعالجتها.

ب- عمليات التجديد وتطويرالقوى الانتاجيه القادرة على الانتاج والعمل.

ج- التطوير الشامل والمتكامل الذييقوم على تطبيق أساليب انتاج جديدة من خلال ادخال تكنولوجيا جديدة ومتطورة .

4. التوافق مع المتغيرات، وينظر ايضاً الى اهمية التغيير لتوافق مع التكنولوجيا وعولمة التجارة، والتي تقود تلك الاتجاهات وتسيطر عليها، فانه يجب علينا أن نتعلم كيف نتوافق وبسلامه مع هذا التغيير أو نقوم بأداء الدور الصعب للتوافق معه، فالتجديد الاقتصادي على سبيل المثال عامل منشط ومطلب ضروري يفرز بعض المفاهيم والمبادئ الاقتصادية الحديثة في الفكر الاقتصادي المحلي والعالمي. ادارة التغيير هي النواة والحلقة المفقودة، وكذلك التغيير في المؤسسلت التعليم العالي حيث نجد انه لابد من التغيير لتوافق معزخم التغيير المتواصل.

5. الوصول الى درجه اعلى من القوة والاداء.

أساليب الاستفادة من المستجدات والمتغيرات

1- دراسة وتطوير مهارات فنية وإنسانية جديدة .

2-ادفع بنفسك وراء أساليب التنفيذ نفسها.

3- السعي نحو من يعملون الأمور أو من يتعلمون.

4- تعلم أن تتصرف دون أن يكون لديك معلومات كافية.

ما الذي يتم تطويره وتغييره (22)

أولاً: الأفراد:

يدور المنطق حول ضرورة تغيير وتطوير الأفراد بالشكل التالي، أن الأداء الناجح للأفراد داخل أعمالهم ومنظماتهم يعني أن هناك توافقاً بين الأفراد (هدافهم ودوافعهم وشخصياتهم وقدراتهم و آمالهم) من ناحية، وبين الادارة، اعمال ووظائف وأهداف وتكنولوجيا وإجراءات من ناحية أخرى، إلا أن دوام الحال من المحال، فكل من الأفراد والمنظمات يتغيران بصورة دائمة.

ويسبب هذا التغيير عدم توافق الأفراد مع الادارة مما يسبب مشاكل الأداء السيء وإنخفاض الرضا عن العمل، وهنا يجب إجراء بعض التدخل في الأنظمة المؤثرة على الأفراد مباشرة لكي نعيد التوافق والإتزان بين طبيعة الأفراد من جهة وطبيعة التنظيم من جهة أخرى.

ثانياً: جماعات العمل، ما الذي يتغير في جماعات العمل:

- يتغير تشكيل الجماعة من وقت لآخر .

- تغير قيم ومعايير الجماعة، أي أن الأنماط السلوكية المقبولة بواسطة أفراد

الجماعة قد يحدث فيها تغيير، مما يؤثر بالتبعية على محاولات التطوير التنظيمي .

- تماسك الجماعة قد يزداد قوة أو ضعف .

- الأساليب المستخدمة في علاج وحل المشاكل .

- أساليب الإتصال الجماعي قد تتغير أنماطها .

- أساليب المشاركة في التصرف.

مستويات التغيير

1 - التغيير على مستوى القشور: وهو تغيير سلوك ما أو خطأ ما ظاهري بسيط.

2 - التغيير على مستوى السطح: والغرض منه تفعيل الطاقات وترتيب الأولويات عند الفرد أو المجموعة وهو أيضاً يركز على السلوك.

3 - التغيير الضحل: وهذا يغير قليلاً من نفسية الشخص، وذلك بتعلم أنماط التفكير وتعلم بعض المهارات.

4 - التغيير بالتحول: ويهتم هذا النوع بتغيير السلطة أو الإدارة أو الاستراتيجيات لكنه لم يصل لمستوى تغيير القناعات.

5 - التغيير باختراق العمق الفكري: وهو وصول التفكير إلى مرحلة الإيمان بالأفكار والمبادئ بعيدة المدى.

6 - التغيير السلوكي العميق : ويتم فيه تغيير الرؤية والتصورات والفلسفة ورسالة الإنسان في الحياة وممارسته الشخصية الخاصة أو العملية.

7- تغير الثقافة: حيث يتم فيه تغيير المبادئ والقناعات.

خصائص أدارة التغيير (21)

تتصف أدارة التغيير بعدة خصائص هامة، يتعين الإلمام بها ومعرفتها والأحاطة بجوانبها المختلفة:

١ - الواقعية:

يجب أن ترتبط إدارة التغيير بالواقع العملي الذي تعيشه المنظمة، وأن يتم في إطار إمكانيتها ومواردها وظروفها التي تمر بها.

٢- الإستهدافية :

التغيير حركة تفاعل ذكي لا يحدث عشوائياً و ارتجالياً، بل يتم في إطار حركة منظمة تتجه إلى غاية معلومة ومواقف عليها ومقبولة من قوى التغيير.

٣ - التوافقية :

يجب أن يكون هناك قدر مناسب من التوافق بين عملية التغير وبين رغبات واحتياجات وتطلعات القوى المختلفة لعملية التغيير.

٤ - الفاعلية:

يتعين ان تكون إدارة التغير فعالة، اي أن تملك القدرة على الحركة بحرية مناسبة، وتملك القدرة على التأثير على الأخرين، وتوجيه قوى الفعل في الأنظمة والوحدات الإدارية. المستهدف تغييرها.

٥ - المشاركة:

تحتاج إدارة التغير إلى التفاعل الإيجابي، والسبيل الوحيد لتحقيق ذلك هو المشاركة الواعية للقوى والأطراف التي تتأثر بالتغير وتتفاعل مع قادة التغيير.

٦ - الشرعية :

يجب ان يتم التغيير في إطار الشرعية القانونية والأخلاقية في ان واحد.

٧ - الإصلاح:

حتى تنجح إدارة التغيير يجب أن تتصف بالإصلاح، بمعنى انها يجب أن تسعى نحو إصلاح ما هو قائم من عيوب، ومعالجة ما هو موجود من اختلالات في المنظمة.

٨ - القدرة على التطوير والابتكار :

يتعين على التغيير أن يعمل على إيجاد قدرات تطويرية أفضل مما هو قائم أو مستخدم حالياً، فالتغيير يعمل نحو الأرتقاء والتقدم وإلا فقد مضمونه

٩ - القدرة على التكيف السريع مع الأحداث :

إن إدارة التغيير لاتتفاعل مع الأحداث فقط، ولكنها أيضاً تتوافق وتتكيف معها.

الاستراتيجيات المعتمدة في عمليات التغيير التنظيمي (24)

1) إدارة الجودة الشاملة TQM :

لقد تطورت مفاهيم وفلسفة الجودة على مدى العصور، فبعد أن كانت تعني جودة المنتج النهائي في البداية، أصبحنا اليوم نتحدث عن نظام إداري متكامل يمس كافة مناحي نشاط المؤسسة ألا وهو مدخل إدارة الجودة الشاملة. فما المقصود بهذا المفهوم؟ و ما هي مرتكزات هذا النظام الإداري، وذلك كما يلي:

أ- مفهوم إدارة الجودة الشاملة: يعتبرها المعيار العالمي iso 9000/8402 لسنة 1994 بأنها: " شكل من أشكال تسيير المنظمة يرتكز على الجودة، ويعتمد على مشاركة كل فرد، ويصبوا إلى التفوق على المدى البعيد (الطويل) بصورة تمكن من تلبية احتياجات ومتطلبات محددة أو معروفة ضمنا.

ب- مرتكزات إدارة الجودة الشاملة: ينبني نظام إدارة الجودة الشاملة علة المرتكزات الآتية :

- القرارات تبنى على الحقائق: أي يجب أن تتخذ القرارات ليس فقط اعتمادا على الخبرة، أو على التخمين أو الحدس، ولكن صواب القرارات لا يتأتى إلا من خلال اللجوء لاعتماد الحقائق الواقعية وهذا ما يتطلب توفير نظام معلومات كفء يعتمد بالأساس على الأفراد أنفسهم إذا أنهم أكثر قدرة على إدراك الحقائق.

- التركيز على المستهلك: يختلف مفهوم المستهلك بالنسبة لنظام إدارة الجودة الشاملة عنه بالنسبة للتسويق، حيث يعتبر مدخل إدارة الجودة الشاملة الجمهور الداخلي (الأفراد العاملين في الوحدات التنظيمية المختلفة في المنظمة مستهلكا أيضاً يجب تلبية حاجاته ورغباته بالجودة نفسها التي تلبي بها حاجات ورغبات المستهلك الخارجي، وفق هذا المنظور يمكن القول أن كل من يتلق خدمة أو تؤدى له مهمة فهو مستهلك، وكل من يؤدى خدمة فهو مورد.

- التركيز على العمليات مثلما يتم التركيز على النتائج: بالنسبة لمدخل إدارة الجودة الشاملة فإن مستوى جودة المنتج النهائي ما هي إلا رمز ومؤشر يعكس جودة العمليات، إذ أن هذا المنتج ما هو في الواقع إلا نتاج سلسلة حلقات، وكل حلقة من حلقاتها سوف يؤثر بالسلب أو بالإيجاب على جودة ما تقدمه المنظمة من منتجات وعلى هذا فلا بد أن يكون للعمليات نصيب كبير من التركيز والاهتمام ولا يكون التركيز فقط على النتائج المحققة.

- شحن وتعبئة خبرات القوى العاملة: إن شحن وتعبئة خبرات الموارد البشرية العاملة بالمنظمة يعتبر أحد أهم مرتكزات، إذ أن توفر المهارات والكفاءات البشرية وتدريبها وتطويرها وتحفيزها يعتبر من أهم الركائز التي تضمن للمنظمة تحقيق أهدافها.

- الوقاية من الأخطاء قبل وقوعها: إن نظام إدارة الجودة الشاملة ليس نموذجا لإدارة الأزمات، بل إن تطبيق مبادئه يحول دون وقوع مشاكل الجودة، ويجنب المنظمة الكثير من التكاليف التي تنفق لاكتشاف مشاكل الجودة وتصحيحها.

- التحسين المستمر: يهدف منهج إدارة الجودة الشاملة إلى تحسين مستمر على مستوى الجودة، مستوى الاستثمار البشري، على مستوى التنظيم.

- نظام المعلومات والتغذية العكسية: يعتبر توفر المنظمة على نظام معلومات قوي وتغذية عكسية (feed back) ، باعتبار أن هذا المرتكز من شأنه أن يتيح للمرتكزات الستة سالفة الذكر بتحقيق النتائج المطلوبة منها.

جـ- مراحل تطبيق إدارة الجودة الشاملة: حدد جوزيف جابلونسكي Joseph Jablaonski خمس مراحل ضرورية للتطبيق الناجح لإدارة الجودة الشاملة في أي منظمة، وهذه المراحل هي:

1- المرحلة التحضيرية: تعتبر هذه المرحلة من أكثر المراحل أهمية في عملية تطبيق إدارة الجودة الشاملة، وتكمن أهمية هذه المرحلة بالأساس في تحديد مدى الاستفادة المتوقعة من تطبيق هذا المدخل الإداري مقارنة مع التكلفة المحتملة، ثم عمليات التدريب المناسبة للمديرين التنفيذيين الرئيسيين، ويفضل أن يكون التدريب خارج المؤسسة وجماعيا وذلك حتى يمكنهم أن يفهموا بشكل أفضل فوائد إدارة الجودة الشاملة بالنسبة لمؤسستهم، إضافة إلى التفاعل بينهم أثناء التدريب، في هذه المرحلة نجد أن المديرين التنفيذيين يقومون بإعادة صياغة رسالة المؤسسة ووضع أهدافها المستقبلية بما يتماشى بمنهج الجودة والتحسين المستمر، وإعداد السياسة التي تدعم بشكل مباشر الخطة الإستراتيجية بالمؤسسة .

2- مرحلة التخطيط: يتم في هذه المرحلة وضع الخطة التفصيلية من خلال إعداد إستراتيجية دقيقة لتطبيق إدارة الجودة الشاملة، ويتم في هذه المرحلة اختيار أعضاء المجلس الاستشاري ومنسق الجودة، يقوم المجلس بمراجعة، تحليل، وتحسين العمليات داخل المؤسسة وتتمثل مسئوليته الأساسية في إزالة العقبات الموجودة بين الكيانات الوظيفية داخل المؤسسة، وتسهيل الاتصال لإظهار التأييد والتغلب على المقاومة التي ستواجهها حتما فرق العمل .

3- مرحلة التقويم والتقدير: إن تقدير وتقويم التركيبة البشرية عملية ضرورية قبل الانطلاق في عملية التطبيق، وفق هذا المنظور يجب إدارة الثقافة التنظيمية بحيث يمكن التوصل إلى ثقافة مؤسسة دافعة لإنجاح برنامج الجودة، وإحداث فريق عمل (مزيج بشري) متجانس.

4- مرحلة التطبيق: في هذه المرحلة تكون المؤسسة مهيأة لبداية التحسين المستمر، من خلال انتقاء المدربين وتدريبهم على أبجديات وتقنيات إدارة الجودة الشاملة، ليتولوا بدورهم تدريب قوة العمل في المؤسسة، من إداريين وعاملين، وخلق الإدراك والوعي لديهم بإدارة الجودة الشاملة.

5- مرحلة تبادل وتسيير الخبرات: تتمثل هذه المرحلة بالأساس في دعوة الآخرين – المتعاملين مع المؤسسة – للمشاركة في مشروع التحسين المستمر، وتشمل هذه الدعوة وحدات المؤسسة، فروعها، مورديها، وبالتالي يجب أن تسعى على نشر فكرة الجودة الشاملة في محيط العمل .

2) إعادة البناء التنظيمي(Re-engineering) :

مفهوم إعادة البناء التنظيمي (23)

يعبر مفهوم إعادة البناء التنظيمي عن منهج راديكالي للتطوير والتحسين، يمكن من خلاله الربط بين تكنولوجيا المعلومات والعمليات المتعلقة بمجال أعمال معين، وبما يؤدي إلى إعادة تصميم جذري للعمليات، بحيث تعظم من قيمة العميل. ويعرفها صاحب المفهوم مايكل هامر (Michel Hammer)بأنها: عملية التفكير بشكل جذري وإعادة تصميم العمليات في مجال أعمال معين بغرض إحداث تحسينات جذرية في المقاييس الحيوية والهامة للأداء مثل: التكلفة، الجودة، الخدمة والسرعة.

مرتكزات إعادة البناء التنظيمي

ترتكز إستراتيجية إعادة البناء التنظيمي في إحداث التغيير على جملة من المرتكزات نوجزها في:

1) التفكير بطرقة جديدة: حيث يجب أن يتغير نسق التفكير ومنهجيته بالنسبة لقياديي المؤسسة، ويرتكز هذا النسق التفكيري الجديد على جملة من المبادئ :

- التخلي على الافتراضات المسبقة.
- التطلع إلى ما يجب أن يكون. - التخلي عن الأفكار الحالية.
- طرح الطرق والأساليب القديمة في التفكير.
- وضع الفضل في الاعتبار.

ب- إعادة تصميم العمليات: يجري التركيز في إعادة البناء التنظيمي على العملية، والمقصود بالمعملية وفق هذا المنظور هي جملة الأنشطة التي تعالج مدخلاً واحداً أو عدداً من المدخلات للحصول على مخرجات محددة؛ نلاحظ أنها تركز على عنصر مهم يختلف عن المداخل الأخرى في التغيير، والتي تركز

بشكل خاص على تغيير وظيفي وإعادة توزيع للموارد والمهام أو تغييرات في الهياكل أو تغييرات سلوكية تركز على برامج التدريب والتنمية الإدارية.

جـ- الابتكار والتجديد: ترتكز المداخل الأخرى على التحسين والتعديل الجزئي على مستوى الكيانات أو العلاقات أو إضافة شيء أو حذف آخر، دون تغييرات كبيرة؛ أما منهج إعادة الهندسة الإدارية فيتضمن ترك الوضع الحالي تماما، وإتباع أسلوب جديد مبتكر يتوقع منه أن يحدث طفرة واسعة وشاملة.

د- اعتماد تكنولوجياً وتنظيماً متقدمين: يعتمد التغيير المعتمد على إستراتيجية إعادة البناء التنظيمي استخدام آلات جديدة، تطوير أساليب إنتاج جديدة، تقديم تشكيلة منتجات مبتكرة، وبالتالي تقديم خدمات متجددة للزبون.

هـ- التركيز على تكنولوجيا المعلومات: وذلك بالتركيز على تطوير أساليب الحفظ والاسترجاع، اعتماد إجراءات أفضل لاتخاذ القرارات، اعتماد شبكات اتصال كثيفة، تحسين التفاعل بين الإنسان والآلة، تشكيل قاعدة بيانات (Database)، والإدارة الفعالة للمعلومة .

2) المؤسسات التي يمكن أن تتبع إعادة البناء التنظيمي في التغيير، يمكن أن تتبع إستراتيجية إعادة البناء التنظيمي ثلاث مجموعات أساسية من المؤسسات.

أنواع التغيير (27)

١ -التغيير الشامل والتغيير الجزئي :

اذا اعتمدنا درجة شمول التغيير معياراً لاستطعنا أن نميز بين التغيير الجزئي الذي يقتصر على جانب واحد أو قطاع واحد كتغيير الالات

والأجهزة، والتغيير الشامل الذي يشتمل على كافة أو معظم الجوانب والمجالات في المنظمة .

والخطورة في التغيير الجزئي أنه قد ينشئ نوعاً من عدم التوازن في المؤسسة بحيث تكون بعض الجوانب متطورة والأخرى متخلفة مما يقلل من فاعلية التغيير .

٢ -التغيير المادي والتغيير المعنوي :

اذا أخذنا موضوع التغيير أساسا لأمكن التمييز بين التغيير المادي (مثل التغيير الهيكلي والتكنولوجي (والتغيير المعنوي (النفسي- والأجتماعي)، فعلى سبيل المثال قد نجد أن بعض المؤسسات لديها معدات وأجهزة حديثة ولكن أنماط سلوك العاملين وأساليب العمل فيها تقليدية وهذا النوع من التغيير شكلي وسطحي وغير فعال.

٣ -التغيير السريع والتدريجي:

يوجد تقسيم أخر لأنواع التغيير حسب سرعته، وهو يشمل التغيير البطئ والتغيير السريع، وعلى الرغم من أن التغيير البطئ يكون عادة أكثر رسوخاً من التغيير المفاجئ الا أن السرعة المناسبة لأحداث التغيير يعتمد على طبيعة الظرف.

خطوات التغيير (28)

١ - معرفة مصادر التغيير

وهنا قد يكون مصدر التغيير بيئة المنظمة الخارجية كالتغيير الذى يحدث في هيكل السوق،والتغيرات التكنولوجية، والتغيرات السيا سية أو القانونية وقد يكون مصدر التغيير هيكل المنظمة وعلاقات السلطة والاتصال .

وكذلك قد يكون مصدر التغيير المناخ التنظيمي الجو العام المتمثـل في شعور واحساس العاملين بانسانية ودفء أو برودة وتعقيد الأمور في المنظمة .

٢ - تقدير الحاجة الى التغيير

وذلك من خلال تحديد الفجوة الفاصلة بين موقع المنظمة الآن وبين ما تريد تحقيقه.

٣ - تشخيص مشكلات المنظمة

والمشاكل قد تتعلق بأساليب العمل، التكنولوجيا المستخدمة، نسـبة الغياب، أو دوران العمل وغيرها من المشاكل .

٤ - التغلب على مقاومة التغيير

والمقاومة لها أسباب منها الخوف من الخسارة المادية أو المعنوية، سوء فهم آثار التغيير، متطلبات تطوير علاقات وأنماط سلوكية جديدة، احساس العاملين أنهم استغلوا أو أجبروا على التغيير، التعود على تأدية العمل بطريقـة معينة، الرغبة في الأستقرار والخوف من مخالفة معايير تفرضها الجماعـة غـير الرسمية.

٥ - تخطيط الجهود اللازمة للتغيير

ويكون ذلك من خلال توضيح أهـداف التغيـير بشكل دقيق يمكن قياسه .

٦ - وضع استراتيجيات التغيير

ويجب الأخذ بعين الأعتبار العناصر التي قد تتأثر بها أجزاء المنظمـة وهي الهيكل التنظيمي (اعادة تصميم الوظائف واعادة وصف الأعمال، تغيير الصلاحيات والمسؤوليات، تغيير الهيكـل التنظيمـي)، التكنولوجيـا (تعـديل أساليب الأنتاج، تغيير الآلآت والأجهزة، ادخال الأتمتة للمنظمة)، القوى

البشرية (التدريب أثناء العمل، ندوات تدريبية للقادة الاداريين، تنمية فرق العمل، توظيف جديد).

٧ - تنفيذ الخطة خلال فترة معينة.

٨ - متابعة تنفيذ الخطة ومعرفة نواحي القوة والضعف فيها.

الاتصالات في مواكبة التغيير

1- اشرح أسباب التغيير وأطلع العاملين على المعلومات التي تجعل التغيير أمراً ملحاً.

2- احرص على مخاطبة العاملين شخصياً، مما يتيح لك معرفة مشاعرهم عن قرب.

3- خبر الأفراد بالحقيقة حتى تقطع سبل الشك والإشاعات فخلال التغيير يحب الأفراد أن يطلعوا على مجريات الأحداث حتى يشعروا بالأمان، والقائد الصدوق يحرص على ذلك.

4- عبّر عن مشاعرك فالعاملون معك يريدون أن يعرفوا ردود أفعالك، وعندما يرون أنك تعبّر عما في نفسك فسوف يكونون أكثر انفتاحاً لك، وعندما يحين الوقت المناسب أخبرهم بالكيفية التي سوف يؤثر بها التغيير عليك شخصياً.

5- اخطُ الخطوات الأولى، وشجع العاملين معك أن يبادروا نحو الاتجاه الجديد والمهارات والسلوكيات الجديدة.

معوقات التغيير التنظيمي (29)

- الشعور بالأمان أو بالخوف: قد يتطلب الوضع الجيد توصيفاً وظيفياً جديداً ينشأ التزامات تجاه معايير الجودة مثلاً، وهذا ما يدفع البعض على الشك في قدراتهم للالتزام بهذه المعايير وبالتالي التخوف من فقدان المنصب أو

التدحرج في السلم الوظيفي، وهذا كما قد ينشأ مقاومة للتغيير تسعى للحفاظ على الوضع الحالي؛ بالمقابل إدا تمكن قياديي المؤسسة من تلبية حاجات الأمان لدى الجمهور الداخلي من خلال إشعاره بأهمية كل الوظائف في إنجاح التغيير وقيادة المؤسسة نحو التميز.

- الخوف من الخسارة المادية أو توقع كسب مادي: حيث قد يسود الاعتقاد بأن أعباء عملية التغيير معظمها ستقع على إداري المستويات الوسطى والعاملين، هذا الاعتقاد سيتحول على خوف قد ينتج مقاومة شديدة للتغيير. وفق هذا المنظور يسود الشك بأن التغيير يعني استغراقا أكثر في العمل مقابل تخفيض محتمل للأجر؛ أما إدا تمكن قياديو التغيير من إقناع المنقادين بان عملية التغيير ستعود بالكسب على الجميع فإن الجميع سينخرطون ويجتهدون في عملية التغيير.

- الخوف الاجتماعي أو المساندة الاجتماعية: قد يفرض التغيير التنظيمي أن يفصل الفرد عن فريق العمل الذي تربطه به علاقات إنسانية مميزة، وحتى قد يفرض عليه العمل بمعزل عن الآخرين. وهذا ما قد يدفعه إلى السعي الحثيث بهدف المحافظة على الوضع، أما إذا لعب قياديو التغيير في المنظمة دورا ًإيجابياً واقنعوا منقاديهم بأن التغيير التنظيمي المستهدف سيزيد من فرص الانتماء الاجتماعي لاتساع دائرة التفاعل والمعاملات.

- درجة الثقة مع قيادي التغيير في المؤسسة: إن الثقة الكاملة في قياديي التغيير وغياب الحساسية السلبية معهم يجعل الفرد يتقبل المهام التي توكل إليه في إطار التغيير، دونما الاعتقاد أن هذه القيادة متحاملة عليه لأنها تكثر التوجيهات، ولكي تكسب القيادة هذه الثقة وتقضي على الحساسيات في المهد ينبغي أن

تشرح أبعد، غايات و الأهداف الحقيقية المبتغاة من التغيير التنظيمي في حدود استيعاب كل مستوى تنظيمي.

- الثقافة الفردية: قد تتعارض بعض محاور التغيير مع ثقافة الفرد وأبعادها الحضارية، وهذا ملا يجعله مرتاحاً في عملية الانخراط في هذا النهج، ومن هذا المنظور ينبغي على مصممي برامج التغيير التنظيمي وقيادييه مراعاة هذا البعد الخطير وإدارة المزيج الثقافي المنظمي بعناية.

مجالات تطوير التنمية الإداري (27)

- إن المجتمع يتطوربحاجاته والبيئة تتطور وتتبدل، وهذا يحتم على الجهات والمؤسسات أن تتطور أيضاً بحيث تتبنى سلوكية تسمح لها بمواكبة التغير والتأقلم مع ما يحدث .

- وبشكل عام أن كل سياسة جديدة ومرحلة جديدة تحتاج إلى حاجات إدارية جديدة وبشكل عام نقول أن مجالات التطوير الإداري يجب أن تصيب أمرين أثنين:

ا- التأثير على الأفراد.

2- التأثير على الوضع التنظيمي.

أولاً: التأثير على الأفراد:

ويكون ذلك عن طريق إعادة النظر بوظيفة تنشيط الأفراد وإدارة الموارد البشرية والتي تهتم بإجراءات ما قبل التعيين وسياسات التعيين، وحتى التقاعد مروراً بالتكوين والإعداد والتأهيل والتحفيز والتقييم....الخ.

وتهدف عملية التأثير على الأفراد إلى:

- التأثير في العادات والقيم من أجل زيادة الكفاءة .

- تحسين مناخ العمل في المؤسسة، وقد يستدعي ذلك عودة الأفراد والمديرين الناجحين إلى قاعة الدرس بقصد تطوير المهارات.
- تغيير بعض العادات وتحسين العلاقات بين الأفراد، من أجل تحسين مناخ العمل وقبول الأفراد للتغيرات التي تحدث وعدم مقاومة التغيير وأن مصلحتهم سوف تتحقق أيضاً من خلال تحقيق مصلحة الجهة التي يعملون خلالها .

ثانياً: التأثير على الوضع التنظيمي :

ويتحقق ذلك من خلال إعادة تنظيم الجهة ذات العلاقة أعتماداً على مبادىء الإدارة وخاصة ما يتعلق منها بالتنظيم العلمي للعمل ومن العناصر التنظيمية التي يعاد النظر بها عند إعادة تنظيم الجهات:

- الهيكل التنظيمي الرسمي- تقسيم العمل- التخصص الإداري لجميع الوظائف.
- إعادة توزيع السلطات والمسؤوليات- درجة المركزية واللامركزية- مسألة تفويض السلطة- التنظيم العام وحجم الوحدات- الأنظمة والأجراءات التي تحرك الهيكل التنظيمي- أنظمة الاتصالات والمعلومات والتعاون- تنظيم عملية التخطيط والتنشيط والرقابة واتخاذ القرارات.
- والجديد بالذكر أن لعمل التطوير المعقول لا يتم إلا باندماج المجالين بإستراتيجية واحدة أي تتركز الجهود على المحور التنظيمي، وعلى الأفراد اختياراً وتعييناً ترغيباً وترهيباً سلوكياً واجتماعياً.

تنمية الانتقال خلال التغيير الشخصي (22)

1- **أسلوب التحرك أثناء عملية التغيير الشخصي:**

- الاستفادة من تجارب الماضي :

إن الماضي حافل بالنجاحات التي استطعنا فيها إدارة التغيرات بنجاح، فتشكلت لدينا الخبرة في إدارة التغيير، هذا الأمر سوف يضيء المستقبل أمامك للتعامل مع التغيير وإدارته بنجاح .

- **المزيد من التغيرات في واقع الحياة :**

إن واقع الحياة المعاصر تتلاطم فيها أمواج التغيير، قد قلَّ عنصر الاستقرار مما يتطلب منا التعلم واستيعاب الجديد، وكيفية التعامل معه بطريقة ذكية .

- **التغيير خلال دورة حياتك:**

تكون الاستجابة للتغيير في مراحل العمر المبكرة أكثر من مراحل العمر المتأخرة .

- **المعايير الشخصية :**

لدينا جميعاً معايير شخصية تختلف من شخص لآخر؛ وتنبع هذه المعايير من خلال تجاربنا الخاصة ورؤيتنا الشخصية للأمور .

2- **مراحل عملية التغيير:**

إن طريق التغيير نادراً ما يكون سهلاً، ولكنه ليس صعباً على من أدرك كيفية التعامل مع التغيير بدايةً بإدراك الحاجة للتغيير، بعد ذلك تمر عملية التغيير بمراحل هي :

1- **مرحلة الرفض :** نواجه عملية التغيير بداية بالرفض وذلك لنحمي أنفسنا من الوقوع في دائرة الارتباك .

2- مرحلـة المقاومـة: تبـدو هـذه المرحلـة بالصراع والمقاومـة وتبـدأ بخطوات عملية مثل الشكوى ولوم الآخرين مع الاستعداد الداخلي للانتقال للمرحلة التالية .

3- مرحلة الاستكشاف: بعد الانتهاء من مرحلة المقاومة والصراع يـتم التحول إلى مرحلة أكثر إيجابية وهي استكشاف المرحلة المستقبلية وتحسس الطريقة الصحيحة .

4- مرحلة الالتزام: بعد اكتشاف الأساليب الجديدة الملائمة للتعامل مع التغيير تأتي مرحلة الالتزام بالعمل الجديد وهـذا يـؤدي إلى القـدرة على التكيف مع التغيير .

3- إيقاع التغيير المستمر:

طالما أنك على قيد الحياة فسوف تعايش التغيير شئت أم أبيـت، وقـد تمـر بمراحل تغـيرات سـواء متتابعـة أو متداخلـة، المهـم أنـك تـدرك أن عمليـة التغيير ليس لها نهاية .

- متى يصدم الناس بالمشاكل، يصدم الناس بالمشاكل لسببين :

1- الاستمرار في التمسك بالتغيير دون التحرك من خلاله .

2- الانطلاق السريع في التغيير دون إكمال مراحله المتبعة .

- تفهم المقاومة:

تبدو المقاومة مرحلة طبعية وجبلية بيد أن الناس لا يقـاومون التغيـير بعينـه، وإنما يقاومون خسائر التغير، أما أسباب مقاومة الناس للتغيير فتعود إلى :

1) عدم وضوح توقعات التغير والتهدد الوظيفي لهم .

2) الشعور بعدم سيطرتهم على الأمور .

3) الخوف من الظهور بمظهر الضعيف الذي لا يعرف .

4)   عدم توافر المعلومات اللازمة لفهم عملية التغيير .

- تخطي الفرصة: الرؤية:

يعتبر هذا الأسلوب ناجح لتجاوز عملية التغيير، وهو يتطلب استخدام عقلك في تخيل النتيجة التي ترغبها من جراء التغيير . إن هذا التخيل يهيئ الناحية الذهنية مما يزيد من دافعيتها نحو تحقيق نتائج التغيير، لذا انتبه لما تتخيله أو تتوقعه أو تتمناه فقد يحدث بالفعل.

الفصل الخامس
التنمية والإصلاح الإداري
في الوطن العربي

التنمية والإصلاح الإداري في الوطن العربي

تمهيد

ظل الإصلاح الإداري موضوعاً أثيراً وشعاراً مرفوعاً، وحلماً مطلوباً في الوطن العربي منذ مطلع الخمسينات من هذا القرن، لقد عقدت من أجله المـؤتمرات وشـكلت اللجـان السياسـية والفنيـة، واستقطبت لـه الخـبرات والإمكانات.

يتعزى البعض عن قلة النتائج التي تحققت بالقول إن (عملية الإصلاح الإداري) بطبيعتها تحتاج إلى أمد طويل حتى تؤتي ثمارها، ويذهب فريق آخر ذهبت به خيبة الأمل في النتائج التي حققها الإصلاح الإداري مـذهباً كبيراً إلى القول بأن الأوضار والعوائق التي تجهض الأداء الإداري في الوطن العربي، ما هي إلا نتاج تخلف اقتصادي واجتماعي وثقافي ولا سبيل للخروج منها إلا بمزيد من تبني ومعايشة المناهج والأساليب والوسائل التي أثبتت جدواها وفعاليتها في الدول المتقدمة . أما الفريق الثالث فإنه يرى العلة الأساسية فيها ورثت الدول العربية من بنى واطر وتكوينات إدارية تعود جذورها إلى فـترات الاحـتلال والاستعمار الإنجليـزي والفرنسيـ وهـي أجهـزة مغايرة في منهجها وأساليبها لوجدان الشعب العربي وقيمه الاجتماعية والحضارية .

إن الوطن العربي إذا نظرنا للأمر مـن وجهتـه الواقعيـة والموضوعية لا يملك هـذا الخيـار إنه لا يملك مـن جانب التخلص مـن شخصيته المتأصلة بعقيدتها وقيمها الحضارية وجذورها الاجتماعية والنفسية الضاربة في أعماق التاريخ، ولا يملك من زاوية أخرى الانكفاء على تراثه ليعيش معزولاً عـن تأثير الحضارات المعاصرة في عصر أبرز سماته ثورة تقنية في كل أساليب الاتصال والمعلومات، وما يتصل بها من تأثير وتأثر بالسياسات والتوجيهات

والقيم وأنماط السلوك إن طرح إشكالية الأصالة والمعاصرة في منهج الإصلاح الإداري للاختيار بين التراث والعصرانية لا يعدو أن يكون ترفاً ذهنياً لا سيما ونحن في مختلف توجهاتنا للإصلاح الإداري ننهل من علم الإدارة، وهو علم كما نعرف ليس بعلم معرفة مجردة وإنما هو علم عمل وسلوك.

ففي بحثنا هذا سنحاول النظر في نظرية الإصلاح الإداري للتعرف على أبعادها وتوجهاتها ومعنية أيضاً، بالنظرة المتأملة في إشكالية الأصالة والمعاصرة، وبالدراسة التشخيصية التحليلية لسمات تجارب الإصلاح الإداري في الوطن العربي للتعرف على مآزقها وما حققته من نتائج، وصولاً بذلك إلى الغاية الأساسية في تحديد عناصر لاستراتيجية عربية للإصلاح الإداري تكون أكثر قابلية لتحقيق فعاليات أكبر وأكثر لتجارب الإصلاح الإداري في الوطن العربي، ثم التطرق إلى مؤتمر القمة العالمي للتنمية المستدامة، الذي سيتم خلاله استعراض وتقييم لما تم تنفيذه من جدول أعمال القرن الحادي والعشرين خلال السنوات العشر الماضية، والذي سيوفر فرصة أخرى للمجتمع الدولي لوضع برامج محددة قابلة للتطبيق نحو تحقيق التنمية المستدامة، وذلك من خلال اتخاذ الإجراءات اللازمة لتنفيذ تعهدات والتزامات الدول وتعزيز التعاون الدولي للتصدي للتحديات التي تواجهها دول العالم وخاصة الدول النامية .

أبعاد وتوجهات الإصلاح الإداري (9)

الفكر الإداري المعاصر بالنظريات والتعريفات والمقولات التي تحاول كل من زاوية تحديد دلالة لمصطلح الإصلاح الإداري، بينما يراه أحد الدراسين عملية سياسية صممت لتنظيم العلاقات بين البيروقراطية والعناصر

الأخرى في المجتمع وبين عناصر البيروقراطية نفسها من جهة أخرى " يراه آخر بأنه" جهود مصممة خصيصاً لإحداث تغييرات أساسية في أنظمة الإدارة العامة من خلال إصلاحات تنظيمية واسعة أو على الأقل من خلال إجراءات أو ضوابط تسعى لتحسين واحد أو أكثر من هذه الأنظمة، ويذهب دارس آخر إلى القول بأن الإصلاح الإداري هو: الإحداث الاصطناعي للتحول الإداري. اصطناعي لأنه مفروض ومتعمد ومخطط وغير طبيعي وعارض. ويتم تبنيه للاعتقاد بأن النتائج النهائية التي تسفر عنه هي حتماً أفضل من الواقع الراهن، ولذا فإنه يستحق الجهد المبذول لإحداثه.

إننا نرى أن قصر مفهوم الإصلاح الإداري على العمليات الإدارية الفنية البحتة كما يريد له البعض أن يكون محدودية في التصور تجافي واقع الحال، النظام الإداري مهما تكن كيفيته نظام مفتوح يتأثر ويؤثر سلبا وإيجاباً في بيئته بمختلف عناصرها السياسية و الاقتصادية والاجتماعية والثقافية، لهذا فإن مفهوم الإصلاح الإداري في جوهره ينبغي ألا يقتصر على العملية الإدارية الفنية وإنما لا بد له أن يشمل البيئة الكلية بمختلف عناصرها وعلاقاتها السياسية والإدارية والاقتصادية والاجتماعية والثقافية لهذا فإننا نرى أن الإصلاح الإداري يمكن تعريفه بأنه:

" جهد سياسي وإداري واقتصادي واجتماعي وثقافي إرادي هادف لإحداث تغييرات أساسية إيجابية في السلوك والنظم والعلاقات والأساليب والأدوات، تحقيقاً لتنمية قدرات وإمكانات الجهاز الإداري، بما يؤمن له درجة عالية من الكفاءة والفعالية في إنجاز الأهداف".

إن مقومات ومكونات البيئة تغذي بعضها بعضا، تأثر وتتأثر ببعضها طرداً وعكساً في علاقات متشابكة حينا، ومتناسقة حينا آخر، لهذا فإن فعاليات

توجهات الإصلاح الإداري تكمن في المقام الأول في تفهم كل هذه المتغيرات وعلاقاتها والعمل على التأثير الإيجابي الهادف فيها بغية تأمين الإصلاح المطلوب، يمكننا أن نهتدي بما تقدم إلى أربع (مقومات هامة، ذات قيمة في التعرف على الأبعاد الضرورية للإصلاح الإداري):

1- إن الجهاز الإداري ليس بنظام مغلق وإنما هو متأثر ومؤثر بمقومات ومكونات

بيئتته لهذا فإن توجه الإصلاح الإداري المبني على النظرية الإدارية الفنية البحتة، والذي ينبني على تصور النظام الإداري كنظام مغلق لا يكون مردوده إلا تحسينات هامشية في بعض النظم والأساليب والإجراءات الإدارية وهي لا جدال دون الطموحات والأهداف المعقودة على الإصلاح الإداري في معناه الشمولي المتكامل.

2- إن الإصلاح الإداري لا يتحقق بالنقل التلقائي والعشوائي لصور من المؤسسات والنظم والأساليب والأدوات التقنية التي أثبتت جدواها وفعاليتها في حضارات أخرى، بل ينبغي له أن ينتهج منهجاً إبداعياً يشمل كل قدرات التفكير المبدع من أصالة ومرونة وطلاقة وتوسيع إن علم الإدارة كعلم البستنة لا تتحقق فيه الفعالية بالنقل التلقائي والعشوائي.

3- إن الإصلاح الإداري في معناه الشامل والمتكامل لا ينكفئ على العملية الإدارية الفنية البحتة، بل يمتد تأثيره الإيجابي في كل مقومات البيئة وما يتصل بها من أهداف وطموحات، من هنا تبرز أهمية مشاركة المؤسسات السياسية والتشريعية والتنفيذية

والاجتماعية والثقافية إضافة إلى السعي لتحقيق المشاركة الشعبية بشكل عام.

4- إن الظروف البيئية متغيرة ومتجددة بفعل بنيها وبدرجة انفتاحها على مختلف وجه الحياة في الحضارات الإنسانية المعاصرة، لذلك فإنه من الخطأ تصور الإصلاح الإداري على أنه عملية ظرفية وقتية طارئة بل يجب أن تكون توجهات الإصلاح الإداري الشامل والمتكامل ينبغي أن تقوم على الاستمرارية المتجددة. في إطار التصور المتكامل يمكن الإصلاح الدائري أن يحقق درجة عالية من الكفاءة والفعالية الدائمة في المؤسسات والأجهزة، الأمر الذي يترتب عليه قدرة في تأمين الأهداف والطموحات المعقودة عليه.

إن هذه المقولات الأربع التي قدمناها على أنها أساسيات لأبعاد الإصلاح الإداري يكمل بعضها بعضاً ولا يغني بعضها عن بعض وهي جديرة إذا أحسن توظفيها.

إشكالية الأصالة والمعاصرة في الإدارة العربية المعاصرة

إن المتأمل في نتائج ثورة الاتصالات والمعلومات، وهي من أبرز سمات عالمنا المعاصر يلاحظ أنها قادت من جملة ما قادت إليه من ظواهر ونتائج إلى ما يماثل النقيضين. إذ هي من جانب قد قادت إلى إحساس بالوحدة بين الشعوب حيال كثير من القضايا الإنسانية، وفي الوقت ذاته إلى تعميق الإحساس بالخصوصية والتميز لدى العديد من الحضارات، قاد هذا الشعور المتنازع بين وحدة الشعوب بين خصوصية الأمة، إلى بروز قضية أثارات ولا تزال تثير حواراً مثيراً في الفكر المعاصر تلك هي قضية البحث عن

الهوية القومية، التي عرفت عند البعض بإشكالية الأصالة والمعاصرة، وعند البعض الآخر بالخيار بين بعث التراث والتحديث.

إن الأصالة بحسب ما يعنيه الجذر اللغوي تعني التمسك بالأصول، فالأصالة لا تعني شيئاً موازياً للتجديد أو للتفتح، بل هي تعني فيما تعنيه " ركانة" قادرة على معالجة المشكلات والهموم العارضة، أي هي تحمل معنى الثبات والديمومة في الوقت الذي تفيد فيه الاستمرارية والصيرورة، إن الأصالة في ضوء هذا المعنى الجوهري الأصيل لا تعني التراث برمته ولا تعني بالقدر ذاته الانكفاء عليه بل تعني قدراً عاليا من الانتقاء والتجديد والابتكار والإبداع للزيادة فيه:

والمعاصرة أو التحديث لها أيضاً دلالتها الإبداعية التي تقوم على الاقتباس المتبصر رافضة النقل والأخذ بالشكل دون الجوهر. هذان التعريفان للأصالة والمعاصرة يزيلان الخصومة المتوهمة في دلالتيهما، فهما لا يعنيان شيئين متوازيين، إذ أن كلا منهما يستبطن الآخر بقدر كبير.

المتأمل في النظم الإدارية في الوطن العربي يلاحظ مدى انعكاس الفهم الخاطئ لمعنى الأصالة والمعاصرة بالقدر الذي قاد إلى درجة كبيرة من الازدواجية في المؤسسات والأطر والأساليب، مرد ذلك الإعجاب بالتحديث وأخذ أشكاله المتعددة من غير التروي المطلوب في الجذور التي ابتني عليها في الحضارة الغربية:

إن من مظاهر ذلك الكم الهائل من القوانين واللوائح الإدارية التي لا تعمل على تنفيذها، ولكننا نصر على وجودها واجهة حداثة وتمدين، نرسم تسلسلا بيروقراطياً في السلطات والمسؤوليات. ولكنه يبقى زينة في الخرائط التنظيمية إذ الاستثناء هو التقيد به، نزعم أهمية مشاركة السلطة الشعبية

ونبذل بعض الجهد في تكوين المجالس البلدية والقروية، ولكننا نسليها سلطة اتخاذ أي قرار مهما قل شأنه تلك نماذج قليلة من أوضار الازدواجية في التفكير والتجربة أجهضت قدرة النظام الإداري وإمكاناته، لا جدال أن مرد ذلك كله الرغبة في استيراد كل حديث ونقله نقلاً قسرياً بدعوى المعاصرة دون أن نجهد أنفسنا في تعديله وتقويمه ناهيك عن الانتقاء والتوليد والابتكار لصور متجددة منه تتوافق مع مقوماتنا ومكوناتنا الحضارية.

جوهر الأمر، إن خروجنا من هذا المأزق الذي وضعنا البعض فيه نتيجة الانطباع العابر والنظرة المتعجلة لظلال من المعاني للأصالة والمعاصرة ليست من أصلهما، وإنما استكشاف معالم استراتيجية شمولية متكاملة للإصلاح في معناه الابتكاري والإبداعي، تتفاعل وتتمازج فيها عناصر الأصالة والمعاصرة وفق الدلالات الأصيلة لهما، ذلك واجب مطلوب يلزم إسهام المثقفين كلهم أصحاب القدرة في إخراج قضايا التراث والمعاصرة من حلقات الصفوة والولوج بها في الدائرة الرحبة غرسا للتثقيف والاهتمام والمشاركة الشعبية العامة.

التجربة العربية في الإصلاح الإداري، سماتها ونتائجها (12)

يهدف هذا الجزء من البحث تقديم دراسة تشخيصية تحليلية لمجمل تجربة الإصلاح الإداري في الوطن العربي لتحديد سماتها ونتائجها، مع تقصي- هذه التجربة أو اختلافها مع المقولات التي قدمناها في معنى الإصلاح الإداري، توجهاته وأبعاده وما يتصل بها من طرح لإشكالية الأصالة والمعاصرة.

إن الحاجة أو الرغبة أو الشعور بأهمية وضرورة الإصلاح الإداري تنشأ عادة من الإحساس بالفجوة بين درجة أداء النظام الإداري الراهنة، وما

ينبغي لها أن تكون وفق الطموحات والآمال في مختلف جوانب التنمية لهذا ينظر للإصلاح الإداري على أنه عملية أو وسيلة لسد أو تجسير الفجوة القائمة إن الأسباب التفصيلية التي جعلت من الإصلاح الإداري حلما مطلوبا وشعاراً مرفوعاً في الدول العربية كلها تتصل بجوانب عدة:

الأسباب الرئيسية للإصلاح الإداري (3)

1- تصاعد طموحات الجماهير غداة الاستقلال وتطلعاتها لوفاء الحكومة الوطنية بما يرفع عنها المعاناة ويفتح أمامها منافذ الرفاهية، ولقد أزكى بعض القادة هذه التطلعات فبالغوا في الالتزامات والشعارات وأسرفوا في الوعود، فلم تتحقق الطموحات والتطلعات بالقدر أو السرعة التي توقعها الجماهير مما أدى إلى الشعور بالإحباط من جانب الجماهير مما أدى إلى الشعور بالإحباط من جانب الجماهير فعملت على نقد الجهاز الحكومي سياسة وبرامجاً، مما أدى إلى ضرورة الإصلاح الإداري.

2- الوضع السياسي غير المستقر في بعض الدول العربية، الذي يؤدي بطبيعة الحال لتغييرات جذرية في التكوينات الأساسية لأجهزة ومؤسسات الدولة، من هنا يعمق الشعور بأهمية الإصلاح بدعوى إزالة الأوضار والنقائص التي ورثها النظام السياسي الجديد، وضرورة إصلاح النظام الإداري بإعادة تكشيله تطلعا لأداء أفضل وفق السياسات الجديدة.

3- ضغوط المؤسسات الدولية والإقليمية التي تقدم القروض أو المعونات للكثير من الدول العربية.

4- تضخم نفقات الدولة وترهل وظائفها بدرجة تجعل من الصعوبة على الحكومة الوفاء بالتزاماتها فيكون الاهتداء للإصلاح الإداري أدا ة للحد من النفقات أولا و لتحقيق درجة من الكفاءة ي أداء النظام الإداري ثانياً.

5- ثورة الاتصال والمعلومات وما أدت إليه من تجسير العلاقات بين الدول، الأمر الذي ترتب عليه أعباء متزايدة من الدول النامية عموماً والدول العربية بشكل خاص في التحديث عن طريق الأساليب التقنية، واستقطاب المستشارين الأجانب النظم والأساليب العصرية.

6- الدعوة إلى منهج عصري في الإدارة، راية يرفعها شباب متحمس للإصلاح الإداري والتنمية الإدارية يمثلون نواة لتوجه علمي وخبرة مهنية في الإدارة.

7- الضغوطات الدولية مثل حقوق إنسان وحقوق المرأة . مثال: إفساح المجال للمرأة في التنمية.

8- أنظمة ديمقراطية جيد بدل القيد ديمقراطية للدولة.

9- العمولة وما تحتاج إلى إصلاح إداري.

إن أبرز سمات ونتائج تجارب الإصلاح في الوطن العربي بصفة عامة تتمثل في الظواهر التالية:

أ- قلة العناية بتأصيل منهج مؤسسي للإصلاح الإداري:

إن الإصلاح الإداري ليس باختيار إرادي عملي واقعي موجه يضع اعتباراً كافياً للمتغيرات البيئية المتجددة، ويهدف لإثراء القدرات والإمكانات تأميناً لتحقيق الأهداف والطموحات من هنا فإن جوهر الإصلاح الإداري

يكمن في نجاح تطبيق وتنفيذ وتقويم ومتابعة ما اتفق عليه من توجهات ونظم وأساليب وأدوات، لهذا فإن تأصيل منهج مؤسسي للإصلاح الإداري ينبغي النظر إليه بمثابة أنه فرض عين تأكيدا لأهمية تحديد مسؤولية الإشراف الكلي على التخطيط والتنفيذ والتقويم والمتابعة لم يتحقق في الكثرة الغالبية من الدولة العربية تأصيل منهج مؤسسي للإصلاح الإداري يعود ذلك إلى ثلاثة أسباب رئيسية يتصل بعضها ببعض في علاقات سببية تكون في مجملها حلقة مفرغة:

أولاً: عدم الاستقرار السياسي وما اتصل به من رغبات متزايداً في التغيير وإعادة التشكيل للمؤسسات والنظم والتوجهات بصفة عامة، بالدرجة التي أصبح لفيها تشكيل لجان الإصلاح الإداري أمراً مألوفاً بعد كل تغيير في النظام السياسي أو حتى في بعض الحالات تعديل وزاري داخل النظام السياسي ذاته.

ثانياً: رغبة هذه النظم السياسية المتغيرة بصورة متصلة في إنجازات عاجلة تؤمن بها موقفها، ولهذا يصبح من التلقائي الركون إلى إجراءات عاجلة لإحداث تغييرات غالبا ما تكون شكلية في النظام الإداري.

ثالثاً: الصراع البيروقراطي بين الإمبروطوريات البيروقراطية في النظام الإداري بين حينا ومستهتر في أغلب الأحيان.

لهذه الأسباب الثلاثة مجتمعة وما يتصل بها من أسباب فرعية لم يتحقق لتجارب الإصلاح الإداري في معظم الدول العربية تأصيل منهج مؤسسي للإصلاح الإداري تشرف عليه دائرة أو وكالة ذات أثر وفعالية، ونتيجة لفقدان هذا التكوين المؤسسي فقد تعمقت النظرة الجزئية لتوجهات وعمليات

الإصلاح الإداري وتعددت من جراء ذلك الأجهزة والمؤسسات التي تقوم بجزئيات متفرقة من مهام التنمية الإدارية والإصلاح الإداري.

ب- تبني النموذج البيروقراطي:

هناك اعتقاد خاطئ في كثير من الدول النامية بشكل خاص(إن الإصلاح هو المعنى الضمي والرديف للإصلاح البيروقراطي)، ونتج عن ذلك تبني النموذج البيروقراطي نموذجاً مثالياً للإصلاح الإداري لقد أزكى هذا التوجه في الوطن العربي أربعة أسباب رئيسية:

1- إن العديد من الدول العربية ظلت أسيرة الهياكل والنظم البيروقراطية التي ورثتها من فترة الاحتلال والاستعمار خصوصاً في الدول التي كانت تحت احتلال الاستعمار الفرسي.

2- رغبة النظم السياسية ذات الطابع العسكري في بعض البلاد العربية وضع نظام إداري يماثل النظام العسكري الذي تدربوا عليه والقوة، وبالتالي هم أكثر اطمئنانا إليه في تحقيق المركزية القرار وسلطة التوجيه والتمكين من نظام انصباطي يقوم على التسلسل في الواجبات والمسؤوليات.

3- محاولة بعض الخبراء الدوليين الذين شاركوا في كثير من تجارب الإصلاح الإداري في الوطن العربي إلى تبني واستحداث نموذج يعرفونه جيداً ولهم خبرة فيه لم يكن ذلك في معظم الحالات غير النموذج البيروقراطي.

4- الميل البين من الدراسين والمستشارين والممارسين العرب للإدارة في نقل نماذج وطرق وأدوات تستخدمها الدول المتقدمة، وتمثل في نظرهم علامة مميزة للعصرانية وإدخالها قسراً للبيئة الإدارية العربية دون أدنى اعتبار

للاختلافات في القيم والعادات ومراحل التطور السياسي والاجتماعي والاقتصادي.

لهذه الأسباب مجتمعة وما يتصل بها من أسباب فرعية تبنت الكثرة الغالبية من تجارب الإصلاح الإداري في البلاد العربية النموذج البيروقراطي احتفاظاً بما ورثت حينا وتماثلاً مع توجهات النظم العسكرية أحياناً ورغبة في تبني نموذج سهل النقل والتقليد والمحاكاة في معظم الأحيان مهما تكن الأسباب.

إن انغلاق تجارب الإصلاح في الوطن العربي في تبني النموذج البيروقراطي قد أدى إلى ثلاث نتائج سلبية:

1- إن التبني الكامل للنموذج البيروقراطي والتطبيق الميكانيكي الضيق للأسس التي تقوم عليها قد قاد إلى كثير من الأوضار والنقائض الإدارية، ومن أبرزها المركزية وضعف علاقات التنسيق إضعاف المرونة الواجبة، والحد من أوجه الابتكار والإبداع.
2- إن تبني النموذج البيروقراطي والاستناد عليه بشكل أساسي قد حد فرصة الإفادة الكاملة من نماذج تنظيمية أخرى، ومن أهمها النماذج التنظيمية غيرالهيكلية، التعاقد الموسمي مع بعض العاملين، الاستفادة الكبرى من مجموعات العمل،المجموعات الاستشارية وغيرها من أشكال النظم الإدارية.
3- ندرة الاهتمام باستلهام التراث وإحياء صور متجددة من مؤسسات ونظم وأدوات إدارية أثبتت جدواها وفعاليتها في الحقب الزاهرة من تاريخنا العربي الإسلامية.

ج- **تجسيد الإطار القانوني للإدارة:**

إن الإطار القانوني بما يشمل من قوانين ولوائح، قد كان ولا يزال، في كل الدول العربية هو أكثر جوانب الإصلاح الإداري التي وجدت اهتماماً خاصا ولعل من أبرز ملامح هذا التجسيد للإطار القانوني هو ارتباطها بأصولها القديمة في فترة الاحتلال الاستعمار فيمكننا تحديد ثلاثة أسباب أخرى تفسر ظاهرة تجسيد الإطار القانوني في تجارب الإصلاح الإداري في الوطن العربي هي:

1- الارتباط بالجذور الأولى للتنظيمات الإدارية، وقد كانت الجذور قانونية المنبت فانكفأت عليها.

2- الرغبة في التقنين ورسم إجرائية لكل منشط من مناشط النظام الإداري توهما بأن ذلك يحقق المساواة والعدالة في تعامل النظام الإداري مع كل الموظفين.

3- سهولة النقل والتعديل وتعديل التعديل في القانون واللائحة بأكثر مما يتسوجب إدخال نظم أو أساليب إدارية جديدة.

مهما تكن الأسباب فإننا نرى أن تجسيد الإطار القانوني في الإدارة بالرغم من بعض مزاياه. إلا أن له مآزق متعددة ينبغي التحوط منها ومن أبرزها (سلبياتها):

1- أن تجسيد الإطار القانوني في الإدارة ينتهي بها إلى عناية متزايدة "بالرقابة" وتقليل لجوهر الأمر وهو الأداء الفعلي.

2- إن كثرة القوانين وتعدد اللوائح وما يجد عليها من تعديلات يحد من تصرف الإداري ويقفل من حركته لا سيما أم هناك من الإداريين من يحسبون للكلمة المطبوعة في اللائحة حقيقة أشد من حقيقتها.

3- صدور كثير من القوانين واللوائح في شكل متسرع دون ن تخضع للدراسة والتمحيص بل أنها للعجلة أحياناً في إصدارها لا تمثل إلا رأي الاختصاصيين من القانونيين من غير مشاركة واجبة للإداريين في المستويات الإدارية ذات العلاقة.

4- تعدد القوانين التي تكون متعارضة أحيانا مع بعضها البعض مع عدم وجود جهة مركزية متخصصة تتمتع بالصلاحيات اللازمة لإزالة هذا التضارب بينها.

5- ميل بعض الدول العربية للتنقل الحر في القوانين واللوائح التي أثبتت جدواها في قطر عربي آخر دون اعتبار لطبيعة مرحلة التطور الاجتماعي والاقتصادي في تلك الدولة.

د- **الإعجاب باقتناء الوسائل التقنية الحديثة:**

لأن مفهوم الإصلاح الإداري عند ليس بالقليل يعني التحديث في إطار الدولة الحديثة المتقدمة فقد كان نقل صور من أدوات الدول الحديثة مطلبا وغاية من غايات الإصلاح الإداري.

إننا نلاحظ هذا الميل الواضح من كل الدول العربية لاقتناء الوسائل التقنية الحديثة كالحاسب الآلي وغيرها دون القيام بدراسات الجدوى اللازمة قبل شراء هذه الأجهزة، وقبل وضع الترتيبات اللازمة التي تستوجبها طبيعة هذه الوسائل والمعدات الفنية كانت نتيجة ذلك أن أصبحت هذه الوسائل التقنية واجهات للمدنية لا تمت للبيئة الإدارية المتخلفة بصلة، وإمكانات تقنية معطلة لافتقاد الخبرة الفنية اللازمة لتشغيلها.

ترشيداً لهذه الرغبة المتصلة في اقتناء الوسائل والأدوات التقنية الحديثة وتأمينا لإفادة منها بأكبر قدر ممكن فإن تجاربنا الحاضرة في الإصلاح الإداري ينبغي أن تجد إجابة عملية موضوعية لهذه الأسئلة:

أ- كيف نحدد درجة الحاجة الفعلية لهذه الوسائل التقنية؟

ب- ما المتطلبات الأساسية التي يجب توفيرها عند إدخال هذه الوسائل التقنية؟

ج- ما عناصر التشغيل الاقتصادي التي ينبغي مراعاتها لتحقيق الإفادة القصوى من هذه الوسائل؟

هـ - العناية الجزئية بالتدريب الإداري:

إسناد بعض المهام إلى غير مؤهلين ومدربين أدى إلى ضعف الاصلاح الإداري:

إن الاهتمام الجزئي في تجارب الإصلاح الإداري في الدول العربية بالتدريب الإداري على مستوى القطاعات الوسيطة والقاعدية وعدم العناية به في القطاعات الإدارية العليا قد قاد في بعض الأحيان إلى إسناد المهام الإدارية القيادية في كثير من مجالات التنمية إلى من:

1- لا يملكون المهارات الإدارية الواجبة فأجضوا تلك التجارب.

2- كما قاد في أحيان أخرى إلى استقطاب الخبرات الإدارية الأجنبية.

وهو اتجاه ليس بأقل ضررا من سابقه، إذ أن القدرة الإدارية في المواقع القيادية لا تتوفر في حرفية المهارة الفنية، بل تستوجب بالقدر ذاته التصور الشمولي وفق مقومات ومكونات البيئة السياسية والاقتصادية والاجتماعية والثقافية ودراية الأجانب بكل ذك محدودة، إن العنصر البشري هو أغلى الاستثمارات جميعا أنه هدف التنمية ووسيلتها الأساسية.

3- إن كل الإمكانات الطبيعية والمالية والفنية مهما تعاظمت تصبح كما قليل الجدوى والفائدة ما لم تتوفر القدرات والمهارات البشرية التي تحسن استغلالها وتوظيفها، لذا فإن تجارب الإصلاح الإداري في الوطن العربي قد ظلت وستكون فاقدة لواحد من أهم مكوناتها وهي أن لم تضع الاهتمام المميز لتدريب وتنمية القيادات الإدارية.

و- الازدواجية:

نتجية لهذه الرغبة المتزايدة في معظم تجارب الإصلاح الإداري في الدول العربية في التحديث أو الغرابة وما قادت إليه من نقل قسري لعديد من الأنظمة والقوانين والأساليب والأدوات، دون توفير جهد متوازن في تعديلها وتقويمها وتكييفها وابتكار صور منها تتوافق وتتلاءم مع مقومات ومكونات البيئة العربية فقد انتهت هذه التجارب درجة عالية من الازدواجية، أبرز معالمها ما تصالحنا على تسميته بالقطاع الحديث للقطاع التقليدي، غير أن الأمر يصبح أكثر تعقيداً وأثراً سلباً عندما نتبين هذه الازدواجية في إطار القطاع الحديث ذاته.

هنا تتمثل هذه الازدواجية في هذا الانفصام بين النظم وبين السلوك بين الأساليب والأدوات التي نقلناها وبين الطرق التي نعمل بها نلاحظ الازدواجية في عديد من الجوانب: نضع القوانين واللوائح، ولكننا نتجاوزها بالاستثناءات المتعددة ونكثر العودة إليها لتبرير القرارات نستورد الحاسب الآلي، ولكننا نتخذ القرارات وفق الميول دون محاولة التعرف على المعلومات الأساسية الواجبة لاتخاذ القرار ويمكننا تعداد على هذا النحو أن نعدد الكثير من أوجه الازدواجية في النظام الإداري.

إن الحل الوحيد للخروج من هذه الحالة الانفصامية بين الشكل الرسمي وواقع الأداء أوالسلوك الفعلي لا يتأتي إلا بنظرة تشخيصية تحليلة تحدد العلل القائمة.

إن هذه السمات الست لتجارب الإصلاح الإداري في الدول العربية ليست هي السمات الممكن تحديدها ولكنها في رأينا أشد بروزاً من غيرها، إن هذه الدراسة التحليلية لهذه السمات قد كان هدفها تفسير الأسباب التي قادت إلى قلة مردودية تجارب الإصلاح الإداري في الوطن العربي وتنبيهنا إلى مواطن الخلل والضعف التي ينبغي العمل على إزالة مسبباتها في تجاربنا اللاحقة ويمكن أن نخلص إلى قاعدتين أساسيتين هما:

- إن الفعالية لتجارب الإصلاح الإداري لا تتأتى برفع الشعارات وتكرار العمليات الإصلاحية الجزئية، إنما تستوجب المنهج الشمولي المتكامل الذي ينبني على المؤسسة ذات الاستمرارية، والذي يستقطب جميع الطاقات والإمكانات الممكنة، ويحسن توظيفها في علاقات متناسقة متفاعلة وصولا للأهداف والطموحات.

- إن النقل القسري للنظم والأساليب والأدوات من الدول المتقدمة للبيئة الإدارية العربية لا يحقق لإصلاح الإداري، إن الأمر يتطلب استراتيجية متكاملة توحد بين الأصالة والمعاصرة في المعنى الحقيقي لكليهما.

إستراتيجية للإصلاح الإداري في الوطن العربي (23)

إن جوهر القضية الذي ينبغي أن نضعه موضع الصدارة في إطار المجهودات المتصلة للإصلاح الإداري في الوطن العربي، هو تنمية استراتيجية تكون بمثابة الإطارالفكري والعملي الذي يمازج في تكامل عضوي بين مقومات الأصالة والمعاصرة بالقدر الذي يحقق التأمل في التراث لإحياء صور

متجددة من المفاهيم والمؤسسات ذات الفعالية، النابعة من مقوماتنا ومكوناتنا الحضارية، بالدرجة ذاتها التي يؤمن فيها الانتقاء الذكي المتبصر من التجارب الإنسانية المعاصرة، إن هذه الاستراتيجية متى تحققت تحفزنا من جانب لاستلهام التراث، وتعصمنا من جانب آخر من هذا التأرجح المائل بين نظريات متعددة في الإدارة الحديثة.

إن هذا الجزء من البحث لا يعد أن يكون محاولة للتفكير في أمر هذه الاستراتيجية التي تقترح للإصلاح الإداري في الوطن العربي، فإننا سنتناول بالدراسة ثمانية محاور التي يمكن أن تكون بمثابة المفاهيم والمقومات والمكونات التي ينبغي أن تحكم هذه الاستراتيجية المقترحة بعضها يتصل بالمفاهيم الأساسية التي يمكن أن تكون بمثابة المنظور الفكري لهذه الاستراتيجية، وبعض آخر يتصل بالمقومات والمكونات العملية للإصلاح الإداري الذي ينبني على فكر عملي يتسم بالشمولية والتكامل والمرونة والتجديد والفعالية.

1- تبني منهج فكري يقوم على الأصالة والمعاصرة:

ذلك يستوجب من جانب استلهام التراث الإداري العربي الإسلامي، رصداً وتحليلاً وتجديداً للتجارب الإدارية المتميزة، ينبغي أن تتجاوز هذه الدراسات الرصد والسرد التقريري إلى الدراسات التشخيصية التحليلية التي تبرز تبرز المفاهيم والنظم والمؤسسات التي أثبتت كفاءة وفعالية في إطار مقومات ومعطيات الحضارة العربية.

في الوقت ذاته، إن هذه المنهج الفكري ينبغي أن يفيد من التجارب الإنسانية الحديثة، ذلك يتأتى بالانفتاح الذكي التبصر على التجارب الإنسانية المعاصرة بهدف انتقاء ما يغذي التجربة العربية وتكييفه لكي يتوافق مع مقوماتها، المعاصرة المطلوبة هي الانتقاء والاختيار بهدف إثراء التجربة العربية

بنا يتوافق ويتلاءم مع أصولها وتراثها وتلك التوجهات النابعة من ابتكار بينها بذلك نتمكن من استشراف الجديد والمفيد من العلوم والمعارف الإنسانية دون الانكفاء على تجاربنا أو الانهيار والمحاكاة لكل حديث.

2- توفير عناصر الشمولية والتكامل في الإصلاح الإداري:

إن الإدارة في جوهرها وغايتها ليست بمعلية فنية بحتة قاصرة على وضع الهياكل التنظيمية وتكوين الأطر وتنمية النظم وتحديد الإجراءات، إن الإدارة في منظورها المتكامل عمية سياسة واجتماعية واقتصادية وثقافية وفنية، فنتيجة لهذه التنوع في مقومات ومكونات العملية الإدارية فإن الإصلاح الإداري في مفهومه وتوجهاته ينبغي لكي يكون فعالا أن يحقق درجة من الشمولية والتكامل بين العناصر السياسية والاجتماعية والاقتصادية والثقافية والفنية كافة. وأن يكون له أثره الإيجابي في كل منها فهو يستوجب السند والمشاركة الفعلية من القيادات والمؤسسات العامة في مختلف هذه العناصر التي تكون في جملتها البيئة الكلية.

3- تأصيل توجه إبداعي:

إن الفكر الإداري بما بحفل من نظريات علمية يؤكد إن هذه النظريات قد كانت نتائج ابتكار وإبداع بعض الأفراد، أو نتاج أبحاث وتجارب متلاحقة لسلسلة موصولة من العلماء اهتموا بتفسير ظاهرة من الظواهر أو إيجاد حل ناجح لمشكلة من المشاكل، لهذه فإنه ليس هنالك من منهجاً واحداً أو سبيلاً أو وسيلة يمكن أن تكون أحسن الطرق جميعاً في إثراء وتنمية إمكاناتنا وقدراتنا، القاعدة الذهبية تتمثل:

أولاً: في أهمية البعد عن الانكفاء على تجربة واحدة أو نمط واحد كحالنا المائل مع النموذج البيروقراطي.

ثانياً: وتتمثل في أهمية إخصاب المناخ الملائم الذي يحفز أبناء الأمة للابتكار وتوليد الجديد والإبداع، إن قدرات التفكير المبدع الأربع تتمثل في الأصالة والمرونة والطلاقة والتوسيع، هي منا نرى تستوجب قدرة تأملية في التراث ونظرة تشخيصية للوضع الراهن واستكشاف للبدائل الممكنة للمستقبل.

4- تأكيد النظرة المستقبلية:

إن الهدف الأساسي للإصلاح الإداري هو تأمين حالة فعالية دائمة للمؤسسات وما يتصل بها من نظم وأساليب، لهذا فإن انحسار الجهود في معادلة الأوضار والنقائض الإدارية الراهنة يظل جهدا قليل الجدوى. إذ أن هذه النقائض تتشكل وتبرز في صور جديدة بحكم المتغيرات المتجددة داخل البيئة أو بحكم التأثير الخارجي عليها، ويصبح من الضروري أن نتجاوز الانحسار الضيق في معالجة المشاكل الراهنة إلى أفق أرحب يعيننا على استكشاف المستقبل والإعداد للإيفاء بمستلزماته وفق ما هو مطروح من أهداف وطموحات وما هو متوقع من متغيرات .

5- مؤسسية الإصلاح الإداري:

إن الإصلاح الإداري في جوهره ليس بأحلام مطلوبة، وما هو أيضاً بتنظير للمدينة الفاضلة، وإنما هو جهد إداري هادف لتحقيق أهداف وطموحات واقعية وعملية وممكنة، لهذا فإن المحك الأساسي في عمليات الإصلاح الإداري هو القدرة على التواصل والاستمرارية في تنفيذ ما أعد من خطط وبرامج ذلك حال يستوجبب بطبيعة الحال وضعا مؤسسيا تتوفر له المعلومات والإمكانات والقدرات لمتابعة إعداد الخطط الإصلاحية وبرمجتها وتعديلها في ضوء المتغيرات وتقويم نتائجها وآثارها عند اكتمال تنفيذها.

6- تحقيق التمازج العضوي بين خطط الإصلاح والخطط الاقتصادية والاجتماعية:

الغاية الكبرى من الإصلاح الإداري هي إثراء القدرات والإمكانات وصولاً لأهداف اقتصادية واجتماعية وثقافية مطلوبة يصبح من المنطقي إذن أن تنبع خطط الإصلاح الإداري في إطار الأهداف والأسبقيات المحددة في خطط التنمية الاقتصادية والاجتماعية، ومع أن هذا الأمر يبدو بديهيا إلا أن جل خطط الإصلاح الإداري في تبين انفصالاً كليا بينهما.

إن التمازج العضوي بين خطط الإصلاح الإداري وخطط التنمية الاقتصادية والاجتماعية يحقق مزايا متعددة:

- توظيف جهود الإصلاح الإداري لإثراء وتنمية قدرات وإمكانات ذات القطاعات التي تمثل أسبقيات في خطط التنمية الاقتصادية والاجتماعية وبهذا تتكامل الجهود لتحقيق الأهداف المطلوبة.

- تأمين الواقعية في خطط الإصلاح الإداري والنأي عن التوجهات النظرية والنظم الفنية الهامشية التي تمثل في بعض الأحيان رغبة وهوى بعض الدارسين والممارسين للإدارة افتناناً منهم بما قرؤا أو سمعوا في بيئات أخرى.

- بناء علاقات مؤسسية بين القائمين على التنمية وخطط الإصلاح الإداري بما يمكن من سد أو تجسير الفجوة بينهما ويؤصل عنصر المشاركة والإسهام الفعال بينهما.

- إمكانية تقويم نتائج الإصلاح كميا ونوعياً في ضوء الإنجازات الحقيقية في مجالات التنمية الاقتصادية والاجتماعية.

7- **وضع الأسبقية الأساسية لتنمية العنصر البشري:**

إن العنصر البشري هـو أغـلى الاسـتثمارات جميعـاً إن هـدف التنميـة ووسيلتها الأساسية إن كل الإمكانات الطبيعية والمالية والفنية مهـما تعاظمـت تصبح بلا جدوى وفائدة ما لم تتوفر القدرات والمهارات البشرـية التي تحسـن استغلالها، لهذا فإن التخطيط للقوى العاملة ينبغي أن يأتي في موقع الصـدارة لكل جهود الإصلاح الإداري، إن سياسات حكومات الدول العربية تعكس إيماناً بهذه الحقيقة في الأسبقية المميزة التي ينبغي أن تكون لتأهيل القوى العاملة.

إننا بحاجة ماسة في معظم الدول العربية أن نعطي أسبقية مميزة في جهودنا الإصلاح الإداري لخطط القوى العاملة، وأن تكون هذه الخطط موازية في أهميتها ومتفاعلة مع خطط التنمية الاقتصادية والاجتماعية إن (الخطوات الإيجابية) في هذا الاتجاه تستوجب إعطاء أهمية كبرى لبناء نظم المعلومات وإجراء المسوح المتخصصة التي توفر الإحصاءات الدقيقـة عـن القوى العاملـة وسوق العمل والاحتياجات الماثلة والمتوقعة من الموارد البشرية، كما تستوجب أيضاً ارتباطاً جذرياً وتفاعلاً عضوياً بين سياسات التعليم والتدريب والاسـتخدام بالقدر الذي يجعل المؤسسات المناط بها هذه المسؤولية تعمل وفق منظومـة موحدة يتحقق من خلالها التنسيق والتكامل والإيفاء بالاحتياجات الفعلية من القوى العاملة.

8- **تنمية التوازن بين المكونات الفنية للإصلاح الإداري:**

إن المكونـات الفنيـة للإصلاح الإداري والمتمثلـة في الهياكـل التنظيميـة والوظيفية والنظم القانونيـة والإداريـة والأسـاليب والإجـراءات والأدوات، ومـا يتصل بها جميعا من توفير للموارد والإمكانات تتواصل مع بعضها في حلقات

يكمل بعضها بعضاً وتتأثر ببعضها طرداً وعكساً. من هنا تنبع أهمية التوازن في تحقيق الأهمية والفعالية لكل منها، علما بأن المغالاة في أي منها يقود إلى انعكاسات سلبية في العناصر الأخرى بما يجهض كل التجربة.

إن هذه المحاور الثمانية تعد الدعائم الأساسية التي ينبغي أن تقوم عليها استراتيجية الإصلاح الإداري في الوطن العربي وتبقى دوما بمثابة الحد الأدنى المطلوب إذا أردنا وضع استراتيجية تتسم بالأصالة والمعاصرة والمرونة والشمولية والتكامل والفعالية، ويبقى باب الاجتهاد مفتوحاً للإضافة.

الإعلان العربي عن التنمية المستدامة (7)

إن الوزراء العرب المسؤولين عن شؤون التنمية والتخطيط والبيئة، وإذ يتطلعون إلى مؤتمر القمة العالمي للتنمية المستدامة، الذي سيتم خلاله استعراض وتقييم لما تم تنفيذه من جدول أعمال القرن الحادي والعشرين خلال السنوات العشر الماضية، والذي سيوفر فرصة أخرى للمجتمع الدولي لوضع برامج محددة قابلة للتطبيق نحو تحقيق التنمية المستدامة، وذلك من خلال اتخاذ الإجراءات اللازمة لتنفيذ تعهدات والتزامات الدول وتعزيز الدولي للتصدي للتحديات التي تواجهها دول العالم وخاصة الدول النامية .

وحرصاً على المشاركة الفعالة في قمة التنمية المستدامة، فقد تم على مستوى الوطن العربي التعاون بين جامعة الدول العربية ممثلة بمجلس الوزراء العرب المسؤولين عن شؤون البيئة وكل من برنامج الأمم المتحدة للبيئة واللجنة الاقتصادية والاجتماعية لغربي آسيا في (تنظيم المنتديات الإقليمية للشركاء المعنيين في تنفيذ التنمية المستدامة)، بالتعاون مع المنظمات العربية والإقليمية والدولية ذات العلاقة حيث تم استعراض ما أحرز من تقدم في تنفيذ جدول أعمال القرن الحادي والعشرين في مختلف المجالات، وبيان

المعوقـات والتحـديات ورسـم الاسـتراتيجيات وتحديـد الأهـداف والأولويات للعمل المشترك، وتقديم الرؤية العربية للإطار العام للتعاون الدولي وآلية تحقيق ذلك، وإذ يؤكدون أنه قد حدثت إنجازات كثيرة في مجال التنمية المسـتدامة في المنطقـة العربيـة، شـملت النـواحي الاقتصـادية، والاجتماعيـة، والبيئية والتي برزت آثارها جلية في حياة المواطن العـربي الصـحية والتعليميـة والاقتصادية.

وإذ يعون إنه بالرغم مـن النتـائج الإيجابيـة التـي تحققـت، فـإن جهـود تحقيق التنمية المستدامة في الوطن العربي تواجه معقوقـات جمـة، تمتـد آثـار بعضها لسنوات عدة، ومن أهمها:

1- عدم الاستقرار في المنطقة النـاتج عـن غيـاب السـلام والأمـن وعـدم تمكـن المجتمـع الـدولي مـن معالجـة القضـية الفلسـطينية والأراضي العربية المحتلة على أساس من العدالـة وفي إطـار القـرارات الدوليـة ذات العلاقة.

2- مشكلة الفقر في بعض الدول العربية والتي تزداد حـدة مـع الأميـة وارتفاع عدد السكان والبطالة وتراكم الـديون وفوائـدها والاسـتغلال غير الرشيد للموارد الطبيعية.

3- استمرار الازدياد السكاني في المـدن العربيـة، واسـتمرار الهجـرة مـن الأرياف إلى المنـاطق الحضـرية وانتشـار ظـاهرة المنـاطق العشـوائية وتفاقم الضغوط على الأنظمة الإيكولوجية وعلى المرافق والخـدمات الحضرية، وتلوث الهواء وتراكم النفايات.

4- تعرض المنطقة العربية بصفة عامة لظروف مناخية قاسـية، وخاصـة انخفاض معدلات الأمطار عن المعدل العام السنوي، وارتفاع

درجات الحرارة في فصل الصيف ومعدلات البخـر والنتح، مـما أدى إلى تكرار ظاهرة الجفاف وزيادة التصحر.

5- محدودية الموارد الطبيعية وسوء استغلالها بما فيها النقص الحـاد في الموارد المائية وتلوثها وندرة الأراضي الصالحة للاستغلال في النشاطات الزراعية المختلفة، وتدهور نوعيتها، ونقص الطاقـة غـير المتجددة في بعض الأقطار العربية.

6- ضـعف إمكانيـات بعـض المؤسسـات التعليميـة والبحثيـة العربيـة وتأخرها عن مواكبة مسيرة التقدم العلمي والتقني في العالم، وخاصة فيما يتعلق بتوفير مستلزمات التنمية المستدامة في الوطن العربي.

7- حداثـة تجربـة المجتمـع المـدني وعـدم مشـاركته الفعالـة في وضـع وتنفيذ استراتيجيات وبرامج التنمية المستدامة.

8- عدم موائمة بعض التقنيات والتجارب المستوردة من الدول المتقدمة مـع الظـروف الاقتصـادية والاجتماعيـة والبيئيـة في الـوطن العـربي، ونقص الكفاءات الوطنية القادرة على التعامل معها.

9- نقص الموارد المالية وتدني وضع البنية التحتية في العديد مـن الـدول العربية.

10- الحصار الاقتصادي على بعض الدول العربية.

إن الوزراء العرب المسؤولين عن شؤون التنمية والتخطيط والبيئة يعلنون ما يلي:

أولاً: إن تحقيـق التنميـة المسـتدامة في الـوطن العـربي يستوجب وضع استراتيجية عربية مشتركة ومتكاملـة لتحسـين الأوضـاع المعيشية والاقتصادية والاجتماعية والصحية للمواطن العربي وصون البيئة في المنطقة العربية تأخذ

بعين الاعتبار الظروف التاريخية والحاضرة للمنطقة والتبوء بالمتغيرات المستقبلية والتطورات العالمية لإنجاز الأهداف التالية:

1- تحقيق السلام والأمن على أسس عادلة وإزالة بؤر التوتر وأسلحة الدمار الشامل في مقدمتها السلاح النووي من منطقة الشرق الأوسط.

2- الحد من الفقر والبطالة.

3- تحقيق المواءمة بين معدلات النمو السكاني والموارد الطبيعية المتاحة.

4- القضاء على الأمية وتطوير مناهج وأساليب التربية والتعليم والبحث العلمي والتقني بما يتلاءم مع احتياجات التنمية المستدامة.

5- دعم وتطوير المؤسسات التنموية والبيئية وتعزيز بناء القدرات البشرية وإرساء مفهومن المواطنة البيئية.

6- الحد من تدهور البيئة والموارد الطبيعية، والعمل على إدارتها بشكل مستدام يحقق الأمن المائي والغذائي العربي والمحافظة على النظم الأيكولوجية والتنوع الحيوي ومكافحة التصحر.

7- تطوير القطاعات الإنتاجية العربية وتكاملها واتباع نظم الإدارة البيئية المتكاملة وأساليب الإنتاج الأنظف وتحسين الكفاءة الإنتاجية لرفع القدرة التنافسية للمنتجات العربية وتعزيز قدرات التنبوء بالحوادث الصناعية والكوارث الطبيعية والاستعداد لها.

8- دعم دور القطاع الخاص ومؤسسات المجتمع المدني وفئاته وتشجيع مشكارتهم في وضع وتنفيذ خطط التنمية المستدامة وتعزيز دور المرأة ومكانتها في المجتمع.

ثانياً: إن تحقيق أهداف التنمية المستدامة في الوطن العربي تتطلب صياغة أولويات العمل العربي المشترك على النحو التالي:

1- تعزيز التعاون والتنسيق العربي مع المنظمات الإقليمية والدولية ومع دول العالم وخاصة الإسلامية ومجموعة دول الـ 77 والصين بما يحقق فرصاً للتفاوض في المحافل الدولية، والسعي نحو دعم هذه المجموعات لمساعي الدول العربية لتحقيق الأمن والسلام العادل والشامل في المنطقة العربية والعالم وفقاً للشرعية الدولية.

2- تطبيق سياسات متكاملة للحد من الفقر أهمها تيسير التأقلم مع سياسات الإصلاح الاقتصادي ورفع مستوى التأهيل المهني والتعليم العام والفني وإيجاد فرص العمل النماسبة للمواطن العربي، وترشيد وحسن استغلال الثروات المتاحة، وتعزيز التكافل الاجتماعي، وإيجاد حلول عملية لمشكلة الديون، وتعزيز دور القطاع الخاص والمجتمع المدني في المشاركة في وضع وتنفيذ برامج التنمية المستدامة.

3- وضع سياسة سكانية متكاملة ومعالجة اختلال التوازن السكاني بين الريف والمدن.

4- سن التشريعات الملزمة ووضع وتنفيذ السياسات المتكاملة على الصعيدين الوطني والإقليمي، والتقييم الدوري لها ورفع الوعي لجميع فئات المجتمع، وتطبيق سياسات إنمائية سليمة تأخذ بعين الاعتبار محدودية الموارد الطبيعية المتاحة وتوزيعها.

5- تطبيق أساليب الإدارة المتكاملة للموارد المائية وتطوير مصادر إضافية للمياه كتحلية مياه البحر وتنمية الموارد المائية باستخدام تقنيات

عملية ومتطورة كحصاد المياه وإعادة تدوير مياه الصرف المعالجة والحد من الفاقد.

6- وضع سياسات اقتصادية وبيئية تأخذ بعين الاعتبار المحافظة على مصادر الطاقة غير المتجددة وتطويرها وترشيد استغلالها، والحد من آثارها السلبية على الإنسان والبيئة وتشجيع استخدام مصادر الطاقة المتجددة على أسس بيئية واقتصادية سليمة.

7- إيلاء التنمية البشرية اهتماماً أكبر في المنطقة العربية من خلال تعزيز السياسات الوطنية والإقليمية التي تهتم بصحة الإنسان ورعاية الطفولة والأمومة والشيخوخة وذوي الاحتياجات الخاصة، وذلك للمحافظة على التماسك الأسرى وتطوير مناهج للتربية والتعليم في مختلف المراحل ودعم مراكز البحث العلمي والتقني، ورفع مستوى الوعي والثقافة والتأهيل.

8- بذل المزيد من الجهود الإيجابية لتحقيق التكامل بين الاستراتيجيات الصحية والبيئية وخاصة من حيث توفير الغذاء ومياه الشرب السلمية، ومعالجة مياه الصرف والمخلفات الصلبة، والتحكم أو الحد من المخاطر المحتملة من الكيماويات والتلوث بمختلف أنواعه والمواد المعدلة وراثياً وتحقيق الآمان النووي في المنطقة العربية.

9- تشجيع الاستثمار واستقطاب رؤوس الأموال إلى المنطقة العربية مع الأخذ بعين الاعتبار الأهداف الاجتماعية والاقتصادية والبيئية في الخطط والسياسات والبرامج القطاعية ودعم الفرص الجديدة لتحقيق التنمية المستدامة والحد من الآثار السلبية على الصحة والبيئة.

10- تحديث التشريعات والقوانين، ودعم منطقة التجارة الحرة العربية الكبرى، وتطوير أساليب الإنتاج والتسويق للمنتجات العربية لجعلها أكثر قدرة على المنافسة في الأسواق العالمية وحماية حقو المؤسسات الصغيرة والمتوسطة الحجم بما في ذلك الصناعات والحرف المعارف التقليدية.

11- إدخال تحسينات ملموسة في البنية التحتية والمؤسسية وتحديث وسائل الاتصالات والمواصلات لتيسير انتقال الأفراد ورؤوس الأموال والمعلومات لتحقيق التكامل العربي وإرساء شراكة حقيقية بين القطاعين الخاص والحكومية.

12- الحرص على الانضمام إلى الاتفاقيات الدولية البيئية المتعددة الأطراف بما يخدم المصالح العربية، وتعزيز التعاون الإقليمي في مجال المحافظة على البيئة، ومساعدة الدولة العربية والدول النامية الأخرى في التعامل مع الآثار الاقتصادية والاجتماعية المترتبة عن تنفيذ السياسات والبرامج الدولية لمعالجة المشاكل البيئة العالمية وتعويضها بما يكفل عدم إعاقة برامجها التنموية.

ثالثاً: إن تحقيق التنمية المستدامة في ظل العولمة وتحرير التجارة الدولية والثورة المعلوماتية، وتعزيز التعاون بين الشعوب على أساس الحوار والتكامل بين الحضارات يتطلب إيجاد مزيد من الفرص للدول النامية والإنفاق على آليات جديدة للحكمية السليمة، تستند إلى المبادئ الدولية واحترام حقوق الشعوب في التنمية المستدامة على النحو الوارد في إعلان ريو الصادر عن مؤتمر الأمم المتحدة للبيئة والتنمية.

هوامش و مراجع الباب الاول

1- اللوزي، موسى، (2000). التنمية الادارية. (ط1). دار وائل للنشر والتوزيع، عمان.

2- سلامة، رمزي، (1991). ادارة التنمية، (ط1). منشأة المعارف، الاسكندرية.

3- http://arohinabrodcast.CN42.

4- Richard, L., Daft, (2003). Organizational Theory and Design, Eighth edition.

5- Alsayeg, Naser, (1986). Public Administration and Administrative Reform in the Arab Countries.

6- Ballow Ronald, (1987). Basic Business Logistic, Prenticehall in USA.

7- الصرن، رعد، (2002). صناعة التنمية الادارية في القرن الحادي والعشرين، (ط1). دار الرضا للنشر والتوزيع، دمشق.

8- مهدي، زويلف، اللوزي، سليمان، (1993). التنمية الإدارية والدول النامية، (ط1): عمان، دار مجدلاوي للنشر.

9- عواملة نائل، (1992). ادارة التنمية- الاسس النظرية وتطبيقاتها في الاردن، دار زهران للنشر والتوزيع، عمان.

9- عريقات، حربي، (1997). مقدمة في التنمية والتخطيط الاقتصادي. دار الكرمل للنشر والتوزيع، عمان.

10- Daft, RL and Noe, (2001). Organizational Behavior, South-Western, USA.

11- Alsaigh, Nassir M, (1986). Administrative Reform in the Arab World.

12- الصايغ، ناصر محمد، (1986). الإدارة العامة والإصلاح الإداري في الوطن العربي، منشورات المنظمة العربية للعلوم الإدارية، (ط 1) عمان - الأردن.

13- حلمي، يوسف، (2001). إدارة التنمية، (ط1). دار المناهج للنشر والتوزيع. عمان-الأردن.

14- عبد الرحيم، مسعد، محمد المومني وأخرون، (1995). التنمية في الوطن العربي. دار الكندي للنشر والتوزيع، اربد.

15- المومني، قيس، حسين حريم، واخرون، (1997). التنمية الادارية. دار زهران للنشر والتوزيع، عمان.

16- الهمدان، عبد الهادي، (1994). التنمية الادارية: دراسة نظرية تطبيقية، (ط2). مطابع دار العلم، دمشق.

17- www.tkne.net/vb/t11913.html

18- William G. Zikmund, (1991). Business Research Methods, 3rd Ed, Harcourt Brace College Publishers, Orlando.

19- عبد الفضل، سعد الدين، (1989). التنمية العربية: مشروع استشراق مستقبل الوطن العربي. مركز دراسات الوحدة العربية.

20- يول، صمويل، (1985). الادارة الاستراتيجية لبرامج التنمية: ترجمة محمد برهوم. المنظمة العربية للعلوم الادارية. ادارة البحوث والدراسات، عمان.

21- زويلف، مهدي، (1993) . التنمية الإدارية في الدول النامية، (ط1) . دار مجدلاوي للنشر والتوزيع . عمان – الأردن .

22- المرسي، جمال الدين، (2006). إدارة الثقافة التنظيمية والتغيير، الأسكندرية: الدار الجامعية.

23- المدهون، موسى، (1999). الاستراتيجية الحديثة للتغيير والإصلاح الإداري. المجلد (15). (ع3).

24- عامر، سعيد يسن، (1992). استراتيجيات التغيير وتطوير المنظمات الأعمال. مركز سيرفيس للاستشارات والتطوير الإداري، القاهرة.

25- www.hrdiscussion.com/hr5829.htm.

26- عطية، عبد القادر، (1999) . أتجاهات حديثة في التنمية، الاسكندرية: الدار الجامعية للنشر.

27- القريوتي، محمد قاسم، (1996). التطوير الإداري، المفهوم والمعوقات وآليات التنفيذ مع إشارة خاصة للأردن، دار الفارس للنشر والتوزيع. عمان – الأردن.

28- توفيق، عبد الرحمن، (2002). أساليب أحداث التغير التنظيمي، مركز الخبرات المهنية للإدارة. الأردن.

29- عبد الرحمن، توفيق، (2002). أساليب أحداث التغير والتطوير والتنظيم، مركز الخبرات المهنية للإدارة . عمان – الأردن .

الباب الثاني
التنمية الاقتصادية (نظرياً)

الفصل الاول
المدخل الى علم الاقتصاد

المدخل الى علم الاقتصاد

تعريف علم الاقتصاد

هو دراسة كيفية تخصيص أو توجيه الموارد النادرة لإنتاج سلع وخدمات مختلفة لتحقيق أقصى إشباع لرغبات المجتمع المتعددة، إلا انه علينا أن نعرف أن هذه التعريفات هي غيض من فيض، وان هناك الكثير منها لهذا العلم الحديث النشأة، وهذا يجرنا إلى نشأة علم الاقتصاد.

أهداف علم الاقتصاد (1)

يهدف علم الاقتصاد في تحيقيق اهداف، منها:

1) علاج المشكلة الإقتصادية، ويتم هذا عن طريق تحديد عناصر المشكلة الإقتصادية، و تتمثل بالآتي:

أ- تحديد إحتياجات أفراد المجتمع من السلع و الخدمات الضرورية، لإشباع حاجات جميع أفراد المجتمع و رغباتهم، علما بأن حاجات أفراد المجتمع ورغباتهم غير محدودة و دائماً تكون طموحة، لكن الذي يتحكم في إشباع حاجات أفراد المجتمع و رغباتهم هي الموارد المتاحة و المحدودة في الدولة.

ب- تحديد كمية الإنتاج و نوعيته :

ويقصد بالكمية هنا، الطاقة الإنتاجية المطلوب إنتاجها من السلعة لإشباع حاجات أفراد المجتمع و رغباتهم.

أما النوعية فهي مرتبطة بجودة الإنتاج و التي تساعد على بيع كميات كبيرة مقارنة بالسلعة متدنية النوعية و الجودة.

ج- تنظيم العملية الإنتاجية، وهذا يتطلب:

1) تحديد الجهة التي تقوم بالعملية الإنتاجية، و المبنية على دراسات للسوق من عرض و طلب وذلك من أجل مستقبل أفضل لتلك السلعة، ومـن أجـل ضمان تسويق السلعة و عدم هدر مصاريف انتاج السلعة.

2) تحديـد أسـلوب الإنتـاج، بمـا يكفـل إسـتخدام و إسـتغلال عناصـر الإنتاج إستغلال أمثل.

د- تحديد كيفية توزيع الناتج على أفراد المجتمع بما يكفل عدالة التوزيع.

هـ- تحديد معدل مرتفع للنمو الإقتصادي(الزيادة في الناتج القومي) بما يكفل مواكبة الزيادة المستمرة في عدد السكان.

الإستغلال الأمثل للموارد الطبيعية المتاحة متطلب ضروري و أساسي من أجـل إشباع حاجات أفراد المجتمع و رغباتهم و خاصة إذا كان هناك زيادة مسـتمرة في عدد السكان.

2) يعتبر الوسيلة لتحقيق الهدف الأسـاسي، كالقضـاء عـلى الفقـر و الحـد مـن البطالة و تحسين أسلوب الإنتاج، و تحسين مستوى المعيشة و تحقيق الرفاهية الإقتصادية لأفراد المجتمع و الدولة.

الأمور التي يهتم بها علم الاقتصاد

1- ما هي السلع والخدمات التي ينتجها المجتمع، أي ما هي السلع والخدمات التي يجب على المجتمع أن يتجها وفقاً لموردة الاقتصادية المتاحة، والتي تتميـز بالندرة النسبية الأمر الذي يقتضي المفاضلة بين الاستخدامات البديلة من خلال آليات السوق.

2- بأي طريقة يتم الإنتاج فهناك طرق إنتاجية متعددة مثل:

- طرق إنتاجية كثيفة العمالة.

- طرق إنتاجية كثيفة رأس المال.

- طرق إنتاجية كثيفة التكنولوجيا.

3- كيفية توزيع الإنتاج بين أفراد المجتمع: أي كيفية توزيع الناتج القومي مـن السلع والخدمات بين عناصر الإنتاج المشاركة في العملية الإنتاجية، كالعمال، ملاك الأراضي، أصحاب رأس المال، التنظيم، وقد شهد العالم العديد مـن الأنظمة الاقتصادية أهمها:

- النظام الاقتصادي الإسلامي، الذي يوائم بين الملكية الخاصة والملكية العامة.

- النظام الرأسمالي، الذي يقوم على أساس الحرية المطلقة للأفراد في ممارسة النشط الاقتصادي والحد من الملكية العامة.

- النظام الاقتصادي الاشتراكي والذي يركز على الملكية الجماعية لعناصر الإنتاج

.

4- ما مدى الكفاءة التي تستخدم بها الموارد الاقتصادية، إي ما إذا كان الإنتاج يتم بطريقة كفؤة ويوزع أيضاً بكفاءة.

5- هل موارد المجتمع موظفه توظيفاً كاملاً.

6- هل الطاقة الاقتصادية تنمو بصورة مطردة مع الزمن أم أنها تظل ثابتة.

أهداف المجتمع الاقتصادي (3)

1) الكفاءة: وتعني الاستغلال الأمثل للموارد الاقتصادية، وعادة يميز الاقتصاديون بين نوعين من الكفاء:

- الكفاءة الفنية: وتعني إنتاج أكبر كمية من السلع والخدمات بأقل تكلفة ممكنة.

- الكفاءة الاقتصادية (التوزيعية): وتعني إنتاج السلع والخدمات بالكميات التي يريدها المجتمع.

2) النمو الاقتصادي: ويعرف بأنه زيادة كمية السلع والخدمات التي يمكن إنتاجها في المجتمع مع مرور الزمن.

3) الاستقرار الاقتصادي: ويعني ذلك ثبات الأسعار وعدم وجود تقلبات غير طبيعية في المستوى العام للأسعار.

4) العدالة: وتعني توزيع الدخل أو الناتج القومي بين أفراد المجتمع بطريقة عادة.

تعريف الاقتصاد الكلي والجزئي

- الاقتصاد الكلي (2):

هو دراسة العلاقات والسياسات الاقتصادية مـن منظـور كـلي يشـمل الدولة بأكملها.

- الاقتصاد الجزئي:

هو ذلك القسم مـن علـم الاقتصاد الـذي يدرس السلوك الاقتصادي للفرد والسياسات الاقتصادية (الميزانيات المنزليـة و الأعمال التجاريـة) في ظل اقتصاد السوق.

انواع قطاعات الاقتصاد (3)

يمكن تقسيم الاقتصاد إلى أربع قطاعات كما يلي:

1- القطاع العائلي (Households Sector):

وهـم المسـتهلكون الـذين يقومـون بشـراء السـلع والخـدمات المختلفة من القطاعات الأخرى وفي نفس الوقت، فإن القطاع العائلي هو القطاع الذي يمتلك عناصر الإنتاج المختلفة.

يحصل القطاع العائلي على الدخل الذي يمكنـه مـن شراء هـذه السـلع والخـدمات عـن طريـق مساهمتهم بعنـاصر الإنتاج (العمـل، الأرض، رأس المـال، والتنظيـم) في العمليـة الإنتاجيـة. ويسمى الإنفـاق الذي يقوم به القطاع العائلـي بالإنفـاق الاستهلاكي (Consumption Expenditure).

2- قطاع الأعمال أو الإنتاج (Business Sector):

ويتألف هذا القطاع من المنتجون الذين يقومون بعملية إنتاج السلع والخدمات المختلفة، وذلك عن طريق استخدام عناصر الإنتاج المتوفرة والتي يتم الحصول عليها من القطاع العائلي، ونظير استخدام هذه العناصر، يقوم قطاع الإنتاج بدفع أجور ورواتب وفوائد إلى القطاع العائلي، ويسمى الإنفاق الذي يقوم به هذا القطاع بالإنفاق الاستثماري (Investment Expenditure).

3- القطاع الحكومي (Government Sector):

يقوم القطاع الحكومي بتوفير المشاريع والمرافق الأساسية التي لا يوفرها قطاع الأعمال، وكذلك دفع مخصصات مالية للعجزة وكبار السن (أو ما يسمى بالمدفوعات التحويلية)، بالإضافة إلى شراء السلع والخدمات من قطاع الأعمال، ويسمى الإنفاق الذي يقوم به القطاع الحكومي بالإنفاق الحكومي الاستهلاكي (Government Expenditure). ويحصل القطاع الحكومي على الموارد المالية اللازمة لتمويل الإنفاق الحكومي عن طريق فرض الضرائب (Taxes).

4- القطاع الخارجي (Foreign Sector):

يقوم الاقتصاد المحلي ببيع بعض السلع والخدمات التي تم إنتاجها محلياً إلى دول أخرى على هيئة صادرات (Exports).

أهمية الإنتاجية على مستوى الاقتصاد الوطني (5)

إن استمرار الإنتاجية يعبر عن وجود إدارة تؤدي دورها، وزيادة الإنتاجية وجودتها وكفاءة عملياتها يعبر عن كفاءة الإدارة في استغلال الموارد الطبيعية والإمكانيات المادية والبشرية المتاحة لها على الوجه الأمثل، وهذا يؤدي إلى تحقيق النتائج المرجوّة وليست المطلوبة فقط من العملية الإنتاجية هذا

على مستوى الشركة أو المنظمة، وكذلك ينطبق الحـال عـلى أهميـة الإنتاجية على مستوى الاقتصاد الوطني مع الاحتفاظ بـالفوارق بـين اقتصاد الشركة أو المنظمة والاقتصاد الوطني ككل فإن الإنتاجية تعبر عن كفاءة الدولة ككل في إنتاج سلعها وخدماتها، فالعملية الإنتاجية على مستوى الدولة تعكس مستوى أداء كافة أجهزة ومؤسسات الدولة، ومدى نجاح هـذه الأجهـزة وتلك المؤسسات في تحقيق غايـات وأهـداف خطـة الدولـة في مجال إنتاج السـلع والخدمات بالجودة والكفاءة المرجوَّة.

الاقتصاد التقليدي (12)

أ. بالنسبة للنظرية التقليدية، فإن الاقتصاد قادر عـلى المحافظـة عـلى العمالـة الكاملة وتشغيلها على الاجل الطويل وبدون أى تـدخل مـن الحكومـة بسـبب مرونة في مرتبات والاسعار.

ب. آليات التعديل:

1. قانون سايز، العرض يخلق الطلب الخاص به.

2. مرونة أسعار الفائدة توفر التعادل بين الاستثمارات والمدخرات.

3. تسمح مرونة الأسعار بالتصحيح الـذاتي للفائض أو العجـز في المنتجـات أو سوق العمالة.

ج. الطلب على النقود:

1) معادلة التبادل، المعادلة الأساسية الكلاسيكية هي الهوية التي تعمل كإطار لتحليل تأثير المـال عـلى مستوى الطلب الكـلي، وبالتـالي فإنهـا أساسـية أيضاً للمدرسة النقدية تظهر المعادلة عادة بالشكل التالي: $MV = GDP$ أو $MV = PQ$ اذا كانت: • M = عرض النقود. • V = سرعة (مترددة بالأسفل). •

GDP = الدخل القومي الإجمالي. • P = السعر القياسي الكلي. • Q = الإنتاج القياسي الكلي.

3) هناك فكر كلاسيكي رئيسي، بأن الزيادة في العرض النقدى سيؤدي إلى زيادة في الطلب الكلي، مما يتعارض مع كينز، الذي يجادل بأن الزيادة في العرض النقدى (M) ستتوازن بإنخفاض في سرعة النقود (V)، بافتراضً السعر القياسي الكلي والإنتاج القياسي الكلي (PQ) ثابتاً). الاقتصادي التقليدي يستعمل إحدى الحجج التالية:

أ) السرعة (V) قد تكون غير ثابتة لكن العرض النقدي سمة مهمة للطلب الكلي، (وبالتالي الزيادة في العرض النقدي (M) لن تتوازن بإنخفاض في سرعة الدخل النقدي (V)).

ب) سرعة الدخل النقدى (V) مستقرة جداً. وبالتالي التغير في العرض النقدي (M) سيكون له تأثير قوي على الطلب الكلي. ثلاثة أفتراضات عامة في الاقتصاد الكينزي:

أ. الفرق بين خطط التوفير وخطط الاستثمار هو أساسى لفهم التغيرات في مستوى الدخل:

1) التحليل الكينزى (Keynesian): يؤكد على أن المدخرات والإستثمارات تختلف من شخص إلى شخص مع إختلاف صافى كل شخص، ضروري أن يوفر التشغيل الكامل.

ب. المرونة في السعر لا يمكن الاعتماد عليها لتوفر التشغيل الكامل لأن الأسعار تميل إلى الإنخفاض بصعوبة كبيرة.

جـ الدخل القومى الإجمالي المتوازن غير ضروري أن يوفر التشغيل الكامل.

2) الإستهلاك والإدخار:

أ. المحدد الرئيسي هو الدخل.

ب. الرغبة في الإستهلاك والإدخار (Δ تعني التغير في):

1) متوسط الرغبة للإستهلاك = الإستهلاك ÷ الدخل.

2) متوسط الرغبة للإدخار = ادخارات ÷ الدخل.

3) الرغبة الحدية للإستهلاك = Δ الإستهلاك ÷ Δ الدخل.

4) الرغبة الحدية للإدخار = Δ الإدخارات ÷ Δ الدخل.

3) الإستثمار:

أ. المحدد الأساسي للإستثمار: هو ربحيته المتوقعة من جانب قطاع الأعمال، تتأثر الربحية بالمتغيرات التالية:

1) معدل النمو التكنولوجي: لان المنتجات الجديدة والإبتكارات تكون عـادة أكثر ربحية، فبالتالي ستنفق الشركات أكثر عندما يكون معدل نمـو التكنولوجيـا مرتفع.

2) أسعار الصرف: كلما أرتفعت معدلات الفائدة الحقيقية الإستثمارات الحدية غير (مأخوذة في الإعتبار) وبالتالي ينخفض إجمالي استثمارات الأعمال .

3) مخزون السلع الإنتاجيـة، كلما زاد المخـزون، أنخفـض الطلـب عـلى سـلع إنتاجية جديدة. (حتى نفاذ المخزون).

4) الإجـراءات الحكوميـة. التغير في معدلات الضريبة، احتيـاطي الإهلاكات، والانفاق الحكومي من الممكن أن يغير الربحية المتوقعة لاستثمار معين

5) مصاريف الإمتلاك والصيانة. كلما أرتفع سعر الشراء وتكاليف تشغيل السلع الإنتاجية على المدى الطويل، كلما انخفضت الربحية المتوقعة على الاستثمار.

ب- المعدل الحقيقي هو المعدل الأسمي مطروح منه قيمة التضخم.

ج. الاستثمار المستقل: مصروف الاستثمار الذي تصنعه الشركات التي تكون مستقلة عن مستوى الدخل القومي، والتي تكون بربحها المتوقع، مستوى الاستثمار المستقل سيكون ثابتاً بغض النظر عن التوسع أو الارتداد لحساب النشاط الاقتصادى.

د. الاستثمار المستحثك: هي الإستثمارت التي تحدث نتيجة الزيادة في النشاط الاقتصادي.

هـ الاستثمار: يميل أن يكون أكثر مكون متقلب للانفاق الخاص، ولهذا السبب فهو يعطي اهتمام محوري في نظرية تحديد الدخل.

6) الدخل المحلي الإجمالي المتوازن، هو مستوى الإنتاج الذي يخلق فيه الاقتصاد حد الانفاق السكاني لشراء إنتاج المصنع، يمكن وضع نموذج لمعرفة الدخل القومي الإجمالي المتوازن في اقتصاد خاص مغلق، واحد بدون انفاق حكومي وتجارة عالمية:

أ. في هذا النموذج، يحدث التوازن عندما يكون الانفاق الكلي (الإستهلاك + الأستثمار) يساوي الإنتاج المحلي الحقيقي الكلي.

ب. الخط 45 في الرسم البياني الموضح بالأسفل على ناحية اليمين يتكون من مجموعة من النقط المتسلسلة التي ترمز إلى التوازن (GDP = C + I).

ج. النموذج أيضاً يمكن أن يصمم لمعرفة الدخل المحلي الإجمالي المتوازن الذي يدمج صافي الصادرات كجزء من إجمالى الانفاق، صافي الصادرات الموجبة

تزيد من النفاقات والدخل المحلي الإجمالي، صافي الصادرات السالبة لها التأثير العكسي، النموذج يمكن أن يمتد أكثر ليشمل الانفاق الحكومي:

1) الدخل المحلي الإجمالي المتوازن: يحدث أيضاً في النقطة التي تكون فيها المدخرات الكلية تساوي الاستثمار الكلي (أنظر الرسم البياني الموضح بالأسفل شمالاً)، هذا النموذج البديل يطلق عليه أسم نظرية التسرب والحقن(approach leakage- injection) لتحديد مستوى الدخل لقومى الاجمالي المتوازن، الإدخار هو تسرب للانفاق من النفقات الكلي، والاستثمار هو حقن للانفاق.

2) علاوة على ذلك, نموذج التسرب والحقن المتوازن: يمكن أيضاً ان يتمدّد ليشمل الانفاق الحكومى والضرائب، [الإدخارات بعد الضرائب + الواردات + الضرائب] = (الاستثمار + الصادرات + الانفاق الحكومي).

7) المضاعف:

أ. التغير (الموجب أو السالب) في الأستهلاك، الاستثمار، صافي الصادرات أو الانفاق الحكومى تؤدي إلى تغير مضاعف في الدخل القومي الإجمالي المتوازن، هذه الظاهرة المضاعفة تحدث لأن التغير الأولى في الانفاق له تأثير متموج (المقدار يعتمد على الميل الحدي للاستهلاك).

ب. الميل الحدي للإستهلاك هو نسبة الدخل الإضافي المستهلك.

ج. الميل الحدي للإدخار هي نسبة الدخل الإضافي المدخر.

MPS = 1 - (الدخل يمكن أن ينفق أو يدخر) - MPC + MPS = 1(1 .MPC

د. معادلة المضاعف (multiplier) هي على سبيل المثال, اذا كان MPC يساوي8 والزيادة في الانفاق 10 $, فان الزيادة في الدخل المحلى الاجمالي المتوازن تساوي 50 $.

8) بعض العلاقات الإضافية:

أ. مضاعف الضريبة: التغير في الضرائب ليس له تأثير على الاقتصاد مـن خـلال المضاعف القياسي، لان التغير في الضرائب يؤثر على الاقتصاد مـن خـلال التغيـر في الإستهلاك مضاعف الضريبية هو، والسبب الذي يجعل هـذا مختلـف عـن المضاعف العادي (1 ÷ (1- MPC)) هو أن المضاعف العـادي يطبـق مباشرةً على التغير في الانفاق، التغير في الضرائب لا تغير الانفاق ولكنها تسببها.

ب. فائض (عجـز) ميزانيـة الحكوميـة: هـي زيـادة الضـرائب التـي تحصـلها الحكومة عن التحويلات الحكومية والمشتريات، فمن الممكن ان توجـد موجبـة (فائض) أو تكون سالبة (عجز).

ج. فـائض ميزانيـة البطالـة الكاملـة: هـي الزيـادة في متحصـلات الضـرائب الحكومية عن التحويلات الحكومية والمشتريات التي من الممكن أن تحدث لـو أن الاقتصاد في حالة تشغيل كاملة (البطالـة الكاملـة)، ويكـون لـه الخصـائص التالية التي تجعله مفضلاً لفائض الميزانية العادي:

1) أنه لا يتغير بشكل سلبى مع التغيرات في الإنتاج.

2) أنه مقياس أفضل لاتجاه (توسع أو انكماش) السياسة المالية.

9. الحد لزيادة الدخل القومي الإجمالي على المدى القصير يحدد.

الفصل الثاني
النمو والتحليل الاقتصادي

النمو والتحليل الاقتصادي

النمو الاقتصادي

تعريف النمو الاقتصادي (4)

عبارة عـن عمليـة يـتم فيهـا زيـادة الدخل الحقيقـي زيـادة تراكميـة ومستمرة عبر فترة ممتدة من الزمن (ربع قرن)، بحيث تكون هـذة الزيـادة أكبر من معـدل نمـو السـكان مـع تـوفير الخدمات الإنتاجيـة و الاجتماعيـة و حماية الموارد المتجددة من التلوث و الحفاظ علي المـوارد غير المتجددة مـن النضوب.

آفاق النمو الاقتصادي

وفقاً لتوجهات الرؤية الاستراتيجية والخطة الخمسية الثانية، وما أكدته استراتيجية التخفيف من الفقر، لتحقيق معدلات نمو اقتصادي عاليـة وللـدفع بعجلة النشاط الاقتصادي إلى مستويات متقدمة في المـدى المتوسط والبعيـد، فإنه لابد من اعتماد الأسس والمنطلقات الاستراتيجية التالية:

- أن يكون النمو الاقتصادي المنشود مولداً لفرص العمـل ويسـاهم في الحـد من البطالة في أوساط القوى العاملة.

- التقليل من الاعتماد على العوائد النفطية للحد من أثار التقلبـات السـلبية على الأوضاع الاقتصادية.

- تفعيل مصادر النمو غير التقليدية وتعظيم المزايا التي تتمتع بها القطاعات الواعدة في الاقتصاد.

- تعزيز الشراكة مع دول الجوار والجهات المانحة والاقتصادات المزدهـرة في العالم لضمان تدفق رأس المال لتمويل الاستثمار العـام والخـاص للنهـوض بالنشاط الاقتصادي.

أهمية الترابط بين النمو الاقتصادي المنشود والتنمية الإنسانية (8)

يتطلب الترابط بين النمو الاقتصادي المنشود والتنمية الإنسانية إعادة صياغة برامج واستراتيجيات النمو الاقتصادي بما يضمن:

1- توسيع الفرص المدرة للدخل لشرائح المجتمع المختلفة، وهذا يحتاج إلى التركيز على أنماط النمو المولد لفرص العمل والاستثمار في المجالات كثيفة العمل، لضمان تخفيف الفقر من جانب والحد من البطالة من جانب آخر.

2- ضمان المساواة في توزيع الموارد بين القطاعات العام والقطاع الخاص. ويتحقق ذلك من خلال تهيئة البيئة المناسبة للاستثمارات الخاصة – الوطنية والأجنبية، وفي المقابل تخصيص نسب أعلى ومقبولة من الإنفاق العام في راس المال البشري وتحديدا في قطاعات التعليم والصحة.

3- توفير الفرص لمختلف شرائح المجتمع من الحصول على الأصول المنتجة- البنية التحتية والائتمان، وضمان مشاركة كل الأطراف في عملية اتخاذ القرار وخاصة المرأة ومؤسسات المجتمع المدني.

4- تعزيز امكانات المشروعات الصغيرة والقطاع غير الرسمي المنتج في مجال الحصول على تقنيات حديثة والتأهيل والتدريب بالإضافة إلى الائتمان المناسب لتطوير منتجاتها وزيادة إنتاجية العاملين فيها.

تحفيز نمو الاقتصادات العربية (10)

1) تقادم التقانات المستخدمة في المصانع حولها إلى مؤسسات غير قادرة على المنافسة.

2) انتهاج سياسات الحماية للمنتج الوطني.

3) أصبحت الصناعات تشكل عبئا على الاقتصادي الوطني وعامل استنزاف للثروات الوطنية وسبباً رئيسياً لضعف النمو الاقتصادي والتنمية بشكل عام.

4) تغطية احتياجات السوق الحلية أو بعضها من المنتجات المصنعة محلياً ولفترة معينة من الزمن.

معايير تقنية اقتصادية

التركيز على معيار الدخل القومي (أو الداخلي) الإجمالي أو (الدخل الفردي)، وفي هذه الحال تجري حسابات من اجل استخلاص روابط المؤشر الذي ينظر فيه مع الخصائص الأخرى لمستوى التطور الاقتصادي، ومع حالة الموارد البشرية.... الخ، ويتعمق التحليل بفضل دراسة ما يطرأ من تطور على التخلف بواسطة حساب وتائر نمو الدخل القومي وتوزعه حسب القطاعات الاقتصادية... الخ.

وهذه الأبحاث مدعوة لأن تثبت بأنه يوجد نوع من الارتباط المتبادل بين مستوى الدخل القومي من جهة والتخلف أو درجة التطور الاجتماعي من جهة أخرى، وهكذا تبعاً لهذه النتيجة، يصبح الدخل الفردي الذي يقل عن 250 إلى 500 دولار مقياساً للمجتمع الذي يعيش في (المرحلة الانتقالية) أما الدخل الذي يتراوح بين 500 و2000 دولار فهو يختص بالمجتمع الصناعي المتطور.

أن المسائل المتعلقة بالدخل القومي تدرس بصورة جدية من قبل الماركسيين أيضاً، مع فارق مبدئي هو انهم يستبعدون بدراية المقاربة الضيقة التي تتخذ فيها المؤشرات الكمية كأساس لدى تعريف طابع المجتمع والتطور الاجتماعي ومفهوم التخلف.

ويمكن القول أن الدخل القومي المنخفض، يقابل إجمالا المستوى المنخفض من التطور الاقتصادي، ويبقى أن بلداً نجح في تأمين دخل قومي مرتفع، كما نرى مثالاً على ذلك في الدول المنتجة للنفط بشكل خاص، ليس دائماً ولا بالضرورة بلداً متطوراً اقتصادياً، كما وأن حجم الدخل القومي لا يصلح كثيراً بوصفه معياراً لتمييز البنى الاجتماعية - الاقتصادية. ويجدر أن نشير أيضاً إلى أنه في ظروف الثورة العلمية والتقنية التي رفعت بصورة فجائية دور الموارد البشرية (وخاصة دور الأخصائيين ذوي الإعداد العالي) شوهد انخفاض في أهمية الدخل القومي بوصفه مؤشراً كلياً على الحالة التي يكون عليها الاقتصاد، وهناك معيار آخر يستخدمه الكتاب الغربيون بشكل واسع، هو مستوى تراكم رأس المال والأهمية العلمية لهذه المسألة شيء لا يمكن إنكاره، لكن القضية تطرح نفسها بشكل مغاير.

فمن الناحية الأولى، لا يمكن أن يعتبر هذا المعيار مطلقاً، ففي البلدان المنتجة للنفط نلاحظ لدى البعض منها وخاصة في البلدان الأقل تطوراً والتي تعاني من حاجة إلى تحديث اقتصادها ظاهرة معاكسة بالضبط، فلديها فائض من الرساميل تصدّره حتى إلى البلدان الغربية المتطورة.

ومن الناحية الثانية، فانه لا يمكن اعتبار عدم كفاية الرساميل بمثابة مؤشر كاف لتفسير أسباب التخلف ونقص النمو في البلد.

ومن الناحية الثالثة، والأخيرة، فأن الانحسار في هذا المؤشر يغدو جلياً اكثر فاكثر بمقدار ما تتنامى الثورة العلمية والتقنية يشهد بهذا، ما يوجه إلى أنصار هذه النظريات من التخلف القائم على هذا المعيار، من نقد من قبل زملائهم الذين يبرزون كل ما في الرأسمال البشري من أهمية.

مستوى التحليل الاقتصادي (15)

1- التحليل الاقتصادي الجزئيmicro-economie : يتناول السلوك الفردي وقرارات الوحدات الاقتصادية الأساسية الفردية ذات القرار المستقل، فيما يتعلق بعملية الإنتاج أو الاستهلاك، أو الاستثمار والادخار، ولا فرق أن تكون الوحدة الاقتصادية الأساسية فرداً أو مشروعاً، تطور التحليل الاقتصادي الجزئي مع النظرية الهامشية والنظرية الكلاسيكية الجديدة، بنت النظرية الهامشية أو الحدية تحليلها الاقتصادي على أساس اعتبار الوحدة الحدية الأخيرة الأساس في تحديد القيمة، والتحليل الحدي يستند إلى تأثير التغير الضعيف في أحد المتغيرات (زيادة وحدة واحدة في الاستهلاك أو في الإنتاج) على وضع صاحب الفعالية الاقتصادية مستهلكاً كان أم منتجاً (7).

أما وفقاً للنظرية الكلاسيكية الجديدة، فيجري التحليل انطلاقاً من مقولة رشاد (عقلانية) التصرفات الفردية وصولاً إلى إظهار حالة التوازن العام الذي يعني تحقيق الحل الأمثل في المردود الاجتماعي، بمعنى أن التحليل الجزئي في النظرية الكلاسيكية الجديدة يقوم على الاعتقاد بأن المستهلكين يسعون إلى توزيع قدراتهم الشرائية (دخولهم) بين مختلف السلع والحاجات في ضوء الأسعار التي يدفعون والمنافع التي يحصلون عليها، أما المنتجون فيوزعون استثماراتهم بين الأنشطة التي تعطيهم أعلى منفعة (ربح) ممكنة.

2- التحليل الاقتصادي القطاعيmiso-economie : وهو أسلوب تحليل محدث، اقترحه ستيوارت هولاند Stuart Holland في عام 1975، بوصفه

أسلوب تحليل يظهر خصوصية تحليل أوضاع المجموعات الصناعية الكبرى التي تشكل محور اهتمام التحليل الاقتصادي الكلي والكينزي، وتسيطر أيضاً على التحليل الاقتصادي الجزئي الكلاسيكي الجديد.

وهكذا يمكن وصف التحليل الاقتصادي القطاعي، بأنه أسلوب تحليل وسطي بين التحليل الاقتصادي الكلي والتحليل الاقتصادي الجزئي، ويكون محور اهتمامه أحد قطاعات الأنشطة الاقتصادية (زراعة، صناعة، خدمات) أو فرع من النشاط القطاعي (الصحة، التعليم، النقل، صناعة الصلب أو الصناعة الكيميائية وغيرها) (11).

بدأ التحليل الاقتصادي القطاعي يسهم إسهاماً متزايداً في العلوم الاقتصادية، وصارت عنوانات مثل اقتصاد الصناعة، اقتصاد الزراعة، اقتصاد الخدمات أو اقتصاد النقل، الصحة، النقابات، الأحزاب وغير ذلك. تتصدر قائمة الكتب الاقتصادية المنشورة.

3- التحليل الاقتصادي الكلي: macro-economie هو أسلوب التحليل الاقتصادي الذي عرضه «جون مينارد كينز» ودافع عنه أسلوباً منهجياً لفهم آلية حدوث الأزمات في اقتصاد السوق ووسيلة ناجعة لمعالجتها والخروج منها، يتناول التحليل الاقتصادي الكلي معالجة المجاميع الاقتصادية والمتغيرات الإجمالية، معتبراً أن المجاميع (المتغيرات الإجمالية) ليست مجرد حاصل جمع مفرداتها، ومن ثم فإن تغيراتها وسلوك تطورها ليس مجموع التغيرات الحاصلة في سلوك المشروعات والأفراد (الوحدات الاقتصادية المكونة لها)(9).

التحليل الاقتصادي الكلي يعالج عموماً النشاط الاقتصادي على المستوى الوطني (القومي)، ويتناول المجاميع الاقتصادية المتعلقة بالعمليات الاقتصادية الرئيسة: الإنتاج والناتج القومي، الاستهلاك، الادخار، الاستثمار، الاستيراد والتصدير.... الخ. كما يتناول كيفية تحقيق التوازن بين هذه المتغيرات وآثار اختلال توازنها على البطالة والتضخم وأسعار صرف العملة وخاصة على النمو الاقتصادي ومستوى المعيشة.

إحدى الموضوعات الهامة التي تشغل حيزاً كبيراً من التحليل الاقتصادي الكلي، تتمثل في دور الدولة الاقتصادي، لأن الدولة هي الفاعل الاقتصادي الوحيد الذي يعالج المسائل على مستوى النظام الإجمالي، ويمتلك الوسائل للتدخل على هذا المستوى، مثل اعتماد السياسات المالية والنقدية، التدخل على مستوى التخطيط الشمولي، الجزئي، التخطيط الإلزامي أو التوجيهي. وقد كان كينز أول الاقتصاديين الليبراليين الذي عزا دوراً كبيراً للدولة في معالجة الأزمات الاقتصادية.

4- التحليل الاقتصادي العالمي mondo-economie : أسلوب جديد في التحليل الاقتصادي ينظر إلى الاقتصادات القومية كأجزاء متكاملة فيما بينها لتشكيل اقتصاد عالمي واحد، وهذا التحليل يستند إلى التطور المتزايد غير المحدود للقوى المنتجة، وإلى اتساع الشركات المتعددة الجنسية أو ما تسمى بالشركات العابرة للقوميات، إضافة إلى تزايد الاعتماد المتبادل بين مختلف البلدان وأهمية اختصاص كل إقليم بإنتاج السلع والخدمات التي يتمتع بها بمزايا نسبية ليصوغ تحليلاً جديداً يقوم على أساس ترابط النمو والتقدم في

مجموع البلدان. حسب التحليل الاقتصادي العالمي فإن النمو المتحقق في اقتصاد قومي مهدد بالتوقف إذا لم ينتشر هذا النمو إلى كل أو على الأقل معظم الاقتصادات الوطنية. يتناول التحليل الاقتصادي العالمي تحليل العلاقات الاقتصادية بين الدول والأقاليم ليس من منظور **الميزان التجاري وميزان المدفوعات** لدولة من الدول، وإنما من منظور جدوى الحماية الجمركية أو تحرير الاقتصاد الوطني بالنسبة لتحقيق النمو وزيادة الرفاهية على المستوى العالمي، كما يتناول تحليل دور المنظمات الاقتصادية الدولية في دفع عملية النمو وتعميمها على كل الأقاليم.

الفصل الثالث
التنمية الاقتصادية

التنمية الاقتصادية

تعريق التنمية الإقتصادية

هي العملية التي يتم من خلالها الإنتقال من حالة التخلّف إلى حالة التقدم، وبذلك يقتضيـ إحداث تغير في الهياكل الاقتصادية، وبالتالي فهي تنصرف إلى إحداث زيادة الطاقة الإنتاجية للموارد الاقتصادية، كما تعتبر التنمية الاقتصادية على أنها عملية لرفع مستوى الدخل القومي. او هي عملية تطور حضاري، فهي جزء من التنمية الشاملة للمجتمع بأبعادها المختلفة.

أهمية التنمية الاقتصادية (16)

1. تحقيق الأمن القومي للدولة .
2. زيادة الدخل الحقيقي، و بالتالي تحسين معيشة المواطنين.
3. توفير فرص عمل للمواطنين.
4. تحسين وضع ميزان المدفوعات .
5. تقليل الفوارق الأجتماعية و الاقتصادية بين طبقات المجتمع.
6. توفير السلع و الخدمات المطلوبة لاشباع حاجات المواطنين و تحسين المستوي الصحي و التعليمي و الثقافي.
7. تسديد الديون أولاً بأول .

أهداف التنميه الاقتصادية

عندما نتحدث عن النهوض بالمجتمعات وعن التنميه، لابد أن يكون هنالك أهداف وقد تختلف بإختلاف التركيب الاقتصادي والاجتماعي للمجتمعات والأهداف هي:

1- تحقيق السياده والاستقلال الاقتصادي.

2- زياده الرفاهيه الاقتصاديه للأفراد .

3- استثمار الموارد الطبيعيه والبشريه .

4- التصنيع .

5- التنويع في الصادرات .

استراتيجيات التنمية الاقتصادية (17)

1- استراتيجية النمو المتوازن

تستند هذه الاستراتيجية على إعطاء لكل القطاعات الاقتصادية دفع واحد بصفة متوازنة؛ بحيث يأخذ رواد هذه النظرية (نـركس، و روستين-رودان) بعين الاعتبار ما يلي:

أولاً: دور الهياكل الاقتصادية والاجتماعية:

تتمثل هذه الهياكل في كل الإنجازات الجماعية للبد، والتي غالباً ما تكون مقدّمة من طرف الدولة، وهي غير قابلة للتجزئة نظراً لكونها تستلزم حجماً كبيراً كحد أدنى، مما يتطلب استثماراً مبدئياً ضخماً، نظراً لتكاليفها الضخمة كالسّكك الحديدية، الطرق، إلى غير ذلك؛ والتي تتطلب مدة طويلة للإنجاز، وهو استثمار نهائي مـن حيـث الوقت بحيـث لا يمكـن تأجيله، فهو يسبق الاستثمار المنتج مباشرة أو بصفة موازية؛ نظراً لنقص هـذه الهياكـل في البلدان النامية يشكل عائقًا معتبراً لها، حيث تسمح هذه الهياكل بربط الأسواق فيما بينها وبتالي كسر العزلة بـين المناطق، بتوسـيع السـوق الـوطني وفتح منافذ للمؤسسات.

ثانياً: الطبيعة المكملة للطلب :

حتى يتم التغلب على النقص المتواجد في الاقتصاد الراكد و دفعه نحـو مستويات أعلى للإنتاج والدخل، وحتى يكون للهياكل الاقتصادية دور يجب

تطوير صناعات مختلفة، وعليه يجب توفير حد أدنى من الموارد لبرنامج التنمية؛ ولا يكفي توفير إنجاز بعض الصناعات، ولكن يجب على التصنيع أن يكون على عدة وجهات حتى تتمكن الصناعات الجديدة من جني ثمار التطوير الآني للصناعات الأخرى؛ بحيث تمكن من توفير الطلب المكمل، وعليه يصبح المنتجين مستهلكين لسلع الصناعات الأخرى.

من الانتقادات المقدمة لإستراتيجية النمو المتوازن:

أ- الاعتماد على الاكتفاء الذاتي، بحيث أن النمو المتوازن يرفض بصفة أو بأخرى التخصص حسب التفوق المطلق أو النسبي، وبالتالي جني ثمار التجارة الدولية، نظراً لاعتماد هذه الاستراتيجية على تطوير كل القطاعات في آن واحد.

ب- إهمال نشاطات القطاع الزراعي، حيث لا توجد أي طريقة من أجل تحسين إنتاجية هذا القطاع.

جـ- احتمال الاستثمار في العديد من المشاريع الصغيرة غير قابلة للنجاح نظراً لكون حجمها أقل من الحجم الأمثلي الذي يمكننا من الحصول على وفورات الحجم.

د- عدم واقعية مشروع كهذا، نظراً لضرورة توفر أموال ضخمة لتنفيذه

2- استراتيجية النمو غير المتوازن

تتمثل هذه الإستراتيجية في التركيز على نمو قطاع معين، وبالتالي عن طريق هذا القطاع ينتقل النمو إلى القطاعات الأخرى؛ ومن الرواد الأساسيين لهذه النظرية نجد هريشمان، حيث ينتقل هذا الأخير من عدم واقعية استراتيجية النمو المتوازن، وذلك لكون أن عدم التوازن هو الذي يحرك قوى التغيير؛ وبالتالي الدفعة القوية مرتكزة في القطاعات أو الصناعات

الاستراتيجية، ذات أثر حاسم في تحفيز استثمارات أخرى مكملة، وهـذا لكـون التنمية عملية تسمح من انتقال وتطوير الاقتصاد من حالة لاتوازن إلى حالة لا توازن أخرى ولكن على مستوى أعلى من الإنتاج والدخل .

رغم الانتقـادات الموجهـة لاسـتراتيجية النمـو المتوازن المـذكورة أعـلاه والنمو غير المتوازن المتمثلة في كيفيـة اختيـار القطـاع الإسـتراتيجي، و كـون لا توازن موجود لا مفر منه؛ فإن كل اسـتراتيجية ملائمة حسب كـل بلد إن كـان منفتحا على الخارج أم لا، وإمكانية تلاؤم كل استراتيجية حسب مرحلـة تطور البلد.

متطلبات التنمية الاقتصادية (18)

1. التخطيط و توفير البيانات و المعلومات اللازمة.
2. توفير الموارد البشرية المتخصصة.
3. توفير الأمن و الاستقرار اللازم.
4. نشر الوعي التنموي بين المواطنين.
5. الانتاج بجوده و توفير التكنولوجيا الملائمة.
6. وضع السياسات الاقتصادية الملائمة.

نظريات التنمية الاقتصادية (24)

أولاً: النظرية الكلاسيكية:

- سياسة الحرية الاقتصادية يـؤمن الأقتصـاديون الكلاسـيكيين بضـرورة الحريـة الفردية و أهمية أن تكون الأسواق حرة من سـيادة المنافسـة الكاملـة و البعـد عن أي تدخل حكومي في الاقتصاد.

- التكوين الرأسمالي هو مفتاح التقدم يتظر جميع الكلاسيكيين على التكوين الرأسمالي على أنه مفتاح التقدم الأقتصادي, و لذلك اكدوا جميعاً على ضرورة تحقيق قدر كاف من المدخرات.

- الربح هو الحافز علي الإستثمار يمثل الربح الحافز الرئيسي- الذي يدفع الرأسماليين على اتخاذ قرار الاستثمار، و كلما زاد معدل الارباح زاد معدل التكوين الرأسمالي و الاستثمار.

- ميل الارباح للتراجع معدل الارباح لا يتزايد بصورة مستمرة، و إنما يميل للتراجع نظراً لتزايد حدة المنافسة بين الرأسماليين على التراكم الرأسمالي, ويفسر سميث ذلك بزيادة الأجور التي تحدث بسبب حدة المنافسة بين الرأسماليين.

- حالة السكون يعتقد الكلاسيكيين حتمية الوصول إلي حالة الاستقرار كنهاية لعملية التراكم الرأسمالي, ذلك لانة ما أن تبدا الأرباح في التراجع حتى تستمر إلى أن يصل معدل الريح إلى الصفر و يتوقف التراكم الرأسمالي, ويستقر حتى السكان و يصل معدل الأجور إلى مستوي الكفاف, ووفقا لأدم سميث فإن الذي يوقف النمو الاقتصادي هو ندرة الموارد الطبيعية التي تقود الاقتصاد إلى حالة من السكون .

ثانياً: نظرية ميل:

- التحكم في النمو السكاني، اعتقد ميل بصحة نظرية مالتوس في السكان، وقصد بالسكان الذين يؤدون أعمالاً انتاجية فحسب واعتقد أن التحكم في السكان يعد أمرا ضرورياً للتنمية الاقتصادية.

- معدل التراكم الرأسمالي، يرى ميل أن الارباح تعتمد علي تكلفة عنصر العمل، ومن ثم فإن معدل الأرباح يمثل النسبة ما بين الأرباح و الأجور،

فعندما ترتفع الأرباح تنخفض الأجور ويزيد معدل الارباح والتي تؤدي بدورها إلى زيادة التكوين الرأسمالي، وبالمثل فأن الرغبة في الادخار هي التي تـؤدي إلى زيادة معدل التكوين الرأسمالي.

- معدل الربح، يرى ميل أن الميل غير المحدود في الاقتصاد يتمثل في أن معدل الأباح يتراجع نتيجـة لقـانون تنـاقص قلـة الحجـم في الزراعـة، و زيادة عـدد السكان وفق معدل مالتوس و في حالة غياب التحسن التكنولـوجي في الزراعـة وارتفاع معدل نمو السكان بشكل يفوق الـتراكم الرأسمالي فإن معـدل الـربح يصبح عند حده الأدنى و تحدث حالة من ركود.

- حالة السكون، اعتقـد ميـل أن حالـة السكون متوقعـة الحـدوث في الأجل القريب و يتوقع أنهـا ستقود إلى تحسين نمط توزيع الـدخل و تحسـين أحـوال العمال، و لكن ذلك يمكن أن يكون ممكنا من خلال التحكم في معدل الزيـادة في عدد طبقة العمال بالتعليم و تغيير العادات.

- دور الدولة كان ميل من أنصار سياسـة الحريـة الأقتصادية التي يجـب أن تكون القاعدة العامة, لذلك فقد حدد دور الدولة في النشاط الاقتصادي عنـد حدة الأدنى وفي حالات الضرورة فقط مثل اعادة توزيع ملكية وسائل الانتاج.

ثالثاً: نظرية آدم سميث:

- القانون الطبيعي، اعتقـد أدم سـميث امكانيـة تطبيـق القـانون الطبيعـي في الأمور الاقتصادية، و من ثم فإنه يعتبر كـل فـرد مسـؤولاً عـن سـلوكه، أي أنـه افضل من يحكم على مصالحة، و أن هناك يد خفية تقود كل فرد و ترشد أليـة السوق, فأن كل فرد إذا ما ترد حراً فسيبحث عن تعظيم ثروته, و هكـذا كـان ادم سميث ضد تدخل الحكزمات في الصناعة أو التجارة.

- تقسيم العمل، يعد تقسيم العمل نقطة البداية في نظرية النمو الأقتصادي لدى أدم سميث حيث تؤدي إلى أعظم النتائج في القوى المنتجة للعمل.

- عملية تراكم رأس المال، يعتبر سميث التراكم الرأسمالي شرطاً ضرورياً للتنمية الاقتصادية، و يجب أن يسبق تقسيم العمل, فالمشكلة هي مقدرة الأفراد على الادخار أكثر و من ثم الاستثمار أكثر في الاقتصاد الوطني.

- دوافع الرأسماليين على الاستثمار، وفقاً لأفكار سميث فإن تنفبذ الاستثمارات يرجع إلى توقع الرأسماليين بتحقيق الأرباح و أن التوقعات المستقبلية فيما يتعلق بالأرباح تعتمد على مناخ الاستثمار السائد إضافة إلى الأرباح الفعلية المحققة.

- عناصر النمو، وفقاً لأدم سميث تتمثل عناصر النمو في كل من المنتجين و المزارعين و رجال الأعمال، و يساعد على ذلك أن حرية التجارة و العمل و المنافسة تقود هؤلاء إلى توسيع أعمالهم مما يؤدي إلى زيادة التنمية الاقتصادية.

- عملية النمو، يفترض أدم سميث ان الاقتصاد ينمو مثل الشجرة فعملية التنمية تتقدم بشكل ثابت و مستمر فبالرغم من أن كل مجموعة من الأفراد تعمل معاً في مجال انتاجي معين، إلا أنهم يشكلون معا الشجرة ككل.

رابعاً: نظرية شومبيتر:

- الابتكارات وفقاً لشومبيتر تتمثل الابتكارات في ادخال أي منتج جديد أو تحسينات مستمرة فيما هي موجود من منتجات، و تشمل الابتكارات العديد من العناصر مثل:

- ادخال منتج جديد.
- طريقة جديدة للإنتاج.
- إقامة منظمة جديدة لأي صناعة.

- دور المبتكريبـي، خصـص شـومبيتر دور المبتكـر للمـنظم و لـبس لشخصـية الرأسمالي, فالمنظم ليس شخصاً وذو قدرات إدارية عاديـة, و لكنـة قـادر عـلي تقـديم شـئ جديـد تماماً فهـو لا يـوفر أرصـدة نقديـة و لكنـه يحـول مجـال استخدامها.

- دور الأرباح، ووفقاً لشـومبيتر فإنـه في ظـل التـوازن التنافسي- تكـون أسـعار المنتجات مساوية تماماً لتكاليف الانتاج من ثم لا توجد أرباح

- العملية الدائرية، طالماً تم تمويل الاستثمارات من خلال الائتمان المصرفي فإنها تؤدي إلى زيـادة الـدخول النقديـة و الأسـعار، و تسـاعد عـلى خلـق توسـعات تراكمية عبر الاقتصاد ككل. وذلك انه مـع زيـادة القـوة الشرـائية للمسـتهلكين فإن الطلب على المنتجات في الصناعات القديمة سـوف يفـوق المغـروض منهـا، ومن ثم ترتفع الأسعار و تزيد الأرباح.

ويمكن القول أن التطبيق الحرفي لهذا الاطار على الدول النامية أمر صعب رغم مابـه مـن جوانـب إيجابيـة وذلـك للسـبب: إخـتلاف النظـام الإقتصـادي و الإجتماعي.

خامساً: نظرية روستو:

- يعرف المجتمع التقليدي، أو مجتمع التقاليد بأنه المجتمع الذي يحـده إطـار محدود من الاتناج، ولا يستطيع فيه الانتاج إلا القيام بمهام محدودة، و يرتكـز على علم وتكنولوجيا بدائية بعيدة عن العلم و التكنولوجيا الحديثة.

- مرحلة مـا قبـل الانطـلاق، تمثـل المرحلـة الثانيـة حقبـة تقليديـة تبـدأ منهـا الشروط اللازمة لبدء النمو المستمر، لقد نشـأت هـذه الظـروف في بريطانيـا و أوروبا

الغربية ببطئ منذ نهاية القرن الخامس عشر- حتى بدايات القرن السادس عشر، أي خلال فترة إنتهاء العصور الوسطى وظهور الحقبة الحديثة.

يمكن القول أن الشروط اللازمة للتصنيع المستمر وفقاً لأفكار روستو تتطلب تغيرات جذرية في القطاعات الأخرى و هي:

1) إحداث ثورة تكنولوجية في الزراعة لرفع الانتاجية في مواجهة الزيادة في عدد السكان. 2) توسيع نطاق الواردات بما فيها الواردات الرأسمالية التي يتم تمويلها من خلال الإنتاج الكفؤ و التسويق الجيد للموارد الطبيعية بغرض التصدير.

- مرحلة الأنطلاق، تعتبر هذه المرحلة هي المنبع العظيم للتقدم في المجتمع عندها يصبح النمو حالة عادية، وتنتصر قوى التقدم والتخديث على المعوقات المؤسسية والعادات الرجعية، وتتراجع قيم واهتمامات المجتمع التقليدي أمام التطلع إلى الحداثة . الشروط اللازمة لمرحلة الأنطلاق:

1- ارتفاع الأستثمار الصافي من نحو 5%الى مالايقل عن 10%من الدخل القومي .

2- تطوير بعض القطاعات الرائدة، بمعنى ضرورة تطوير قطاع أو أكثر من القطاعات الصناعية الرئيسية بمعدل نمو مرتفع كشرط ضروري لمرحلة الأنطلاق، وينظر روستو لهذا الشرط بأعتبارة العمود الفقري في عملية النمو.

3- الأطار الثقافي واستغلال التوسع، بمعنى وجود قوة دفع سياسية واجتماعية ومؤسسية قادرة على استغلال قوى التوسع في القطاعات الحديثة، اجمالاً فأن مرحلة الأنطلاق تبدأ بظهور قوة دافعة قبل تطور قطاع قائد.

- مرحلة الأتجاة نحو النضج، عرفها روستو بأنها الفترة التي يستطيع فيها المجتمع أن يطبق على نطاق واسع التكنولوجيا الحديثة، يرتبط بلوغ الدول مرحلة النضج التكنولوجي بحدوث تغيرات ثلاث أساسية:

أ. تغير سمات وخصائص قوة العمل، حيث ترتفع المهارات ويميل السكان للعيش في المدن . ب. تغير صفات طبقة المنظمين، حيث يتراجع أرباب العمل ليحل محلهم المديرين الأكفاء.

ج. يرغب المجتمع في تجاوز معجزات التصنيع متطلعا إلى شئ جديد يقود إلى مزيد من التغيرات .

- مرحلة الأستهلاك الكبير، تتصف هذة المرحلة باتجاة السكان نحو التركيز في المدن وضوحيها، وانتشار المركبات واستخدام السلع المعمرة على نطاق واسع في هذة المرحلة يتحول اهتمام المجتمع من جانب العرض إلى جانب الطلب .

سادساً: نظرية نيلسون:

يشخص نيلسون وضع الأقتصاديات المتخلفة كحالة من التوازن الساكن عند مستوى الدخل عند حد الكفاف عند هذا المستوى من التوازن الساكن للدخل الفردي، يكون معدل الأدخار. وبالتالي معدل الأستثمار الصافي عند مستوى منخفض، يؤكد نيلسون أن هناك أربعة شروط اجتماعية وتكنولوجية تفضى إلى هذا الفخ وهي:

1. الأرتباط القوي بين مستوى الدخل الفردي ومعدل نمو السكان .
2. عدم كفاية طرق الأنتاج .
3. ندرة الراضي القابلة للزاعة .
4. انخفاض العلاقة بين الزيادة في الأستثمار والزيادة في الدخل .

أهداف التنمية المستدامة الاقتصادية (15)

يمكن التعرف على اهمية التنمية المستدامة الاقتصادية من خلال مقانتها مع التنمية الاجتماعية والبيئية، وذلك كما يلي:

1- الغذاء:

تهدف الاستدامة الاقتصادية إلى:

- رفع الإنتاجية الزراعية والإنتاج من أجل تحقيق الأمن الغذائي في الإقليمي والتصديري.
- تهدف الاستدامة الاجتماعية إلى تحسين الإنتاجية وأرباح الزراعة الصغيرة وضمن الأمن الغذائي المنزلي.
- تهدف الاستدامة البيئية إلى ضمان الاستخدام المستدام والحفاظ على الأراضي والغابات والمياه والحياة البرية والأسماك وموارد المياه.

2- المياه:

تهدف الاستدامة الاقتصادية فيها إلى:

- ضمان إمداد كافٍ من المياه ورفع كفاءة استخدام المياه في التنمية الزراعية والصناعية والحضرية والريفية.
- تهدف الاستدامة الاجتماعية إلى تأمين الحصول على المياه في المنطقة الكافية للاستعمال المنزلي والزراعة الصغيرة للأغلبية الفقيرة.
- تهدف الاستدامة البيئية إلى ضمان الحماية الكافية للمستجمعات المائية والمياه الجوفية وموارد المياه العذبة وأنظمتها الإيكولوجي.

3- الصحة:

تهدف الاستدامة الاقتصادية فيها إلى:

- زيادة الإنتاجية من خلال الرعاية الصحية والوقائية وتحسين الصحة والأمان في أماكن العمل.

- تهدف الاستدامة الاجتماعية فرض معايير للهواء والمياه والضوضاء لحماية صحة البشر وضمان الرعاية الصحية الأولية للأغلبية الفقيرة.

- تهدف الاستدامة البيئية إلى ضمان الحماية الكافية للموارد البيولوجية و الأنظمة الإيكولوجية والأنظمة الداعمة للحياة.

4- المأوى والخدمات:

تهدف الاستدامة الاقتصادية فيها إلى:

- ضمان الإمداد الكافي والاستعمال الكفء لموارد البناء ونظم المواصلات.

- تهدف الاستدامة الاجتماعية ضمان الحصول على السكن المناسب بالسعر المناسب بالإضافة إلى الصرف الصحي والمواصلات للأغلبية الفقيرة.

- تهدف الاستدامة البيئية إلى ضمان الاستخدام المستدام أو المثالي للأراضي والغابات والطاقة والموارد المعدنية.

5- الدخل:

تهدف الاستدامة الاقتصادية إلى:

- زيادة الكفاءة الاقتصادية والنمو وفرص العمل في القطاع الرسمي.

- تهدف الاستدامة الاجتماعية إلى دعم المشاريع الصغيرة وخلق الوظائف للأغلبية الفقيرة في القطاع غير الرسمي.

- تهدف الاستدامة البيئية إلى ضمان الاستعمال المستدام للموارد الطبيعية الضرورية للنمو الاقتصادي في القطاعين العام والخاص.

الجدول التالي يشرح بالتفصيل المقارنة بين الاستدامة الاقتصادية والاجتماعية والبيئية (48):

الموضوع	الاستدامة الاقتصادية	الاستدامة الاجتماعية	الاستدامة البيئية
1) الغذاء	رفع الإنتاجية الزراعية والإنتاج من أجل تحقيق الأمن الغذائي في الإقليمي والتصديري.	تحسين الإنتاجية وأرباح الزراعة الصغيرة وضمن الأمن الغذائي المنزلي.	ضمان الاستخدام المستدام والحفاظ على الأراضي والغابات والمياه والحياة البرية والأسماك وموارد المياه.
2) المياه	ضمان إمداد كافٍ من المياه ورفع كفاءة استخدام المياه في التنمية الزراعية والصناعية والحضرية والريفية.	تأمين الحصول على المياه في المنطقة الكافية للاستعمال المنزلي والزراعة الصغيرة للأغلبية الفقيرة.	ضمان الحماية الكافية للمستجمعات المائية والمياه الجوفية وموارد المياه العذبة وأنظمتها الإيكولوجي.
3) الصحة	زيادة الإنتاجية من خلال الرعاية الصحية والوقائية وتحسين الصحة والأمان في أماكن العمل.	فرض معايير للهواء والمياه والضوضاء لحماية صحة البشر وضمان الرعاية الصحية الأولية للأغلبية الفقيرة.	ضمان الحماية الكافية للموارد البيولوجية و الأنظمة الإيكولوجية والأنظمة الداعمة للحياة.
4) المأوى والخدمات	ضمان الإمداد الكافي والاستعمال الكفء لموارد البناء ونظم المواصلات.	ضمان الحصول على السكن المناسب بالسعر المناسب بالإضافة إلى الصرف الصحي والمواصلات للأغلبية الفقيرة.	ضمان الاستخدام المستدام أو المثالي للأراضي والغابات والطاقة والموارد المعدنية.
5) الدخل	زيادة الكفاءة الاقتصادية والنمو وفرص العمل في القطاع الرسمي.	دعم المشاريع الصغيرة وخلق الوظائف للأغلبية الفقيرة في القطاع غير الرسمي.	ضمان الاستعمال المستدام للموارد الطبيعية الضرورية للنمو الاقتصادي في القطاعين العام والخاص.

الفصل الرابع

التغيرات الاقتصادية وأهمية الاصلاح الجيد في

الوطن العربي

التغيرات الاقتصادية وأهمية الاصلاح الجيد في الوطن العربي

تمهيد

إن الترابط ما بين المتغيرات الاقتصادية والإصلاح الإداري في العالم العربي هو ترابط عضوي وخصوصاً، ونحن نعيش الآن في بيئة كونية عالمية تجاوزت كل الحدود والمسافات، فالتغير المفاجئ في البيئة الاقتصادية العربية له التأثير القوي والبارز في مسيرة الإصلاح الإداري وجهوده.

كما شهدت الدول العربية في الآونة الأخيرة تغييرات اقتصادية هائلة طالبت بنية الاقتصاد القومي برمته، إذ أحدثت اختلالاً هيكلية في بنية الاقتصاد العربي وبناء على مدخل النظم في الإدارة، فإننا في هذا البحث سوف ننظر إلى العلاقة القائمة ما بين التغيرات الاقتصادية مع بعضها البعض من جهة والإصلاح الإداري من جهة أخرى على أنها علاقة متداخلة (تأثر وتأثير)، فتحليل عملية الإصلاح الإداري والاستجابة للسياسات العامة تعكس في المقام الأول العلاقة ما بين التغيرات الاقتصادية وتحقيق الإنجازات الإدارية على المستوى الكلي.

وعلى الجانب الآخر فإن هنالك دوراً حيوياً للجهود الإدارية في تحقيق النمو الاقتصادي، ولأغراض التحليل فقد تم تقسيم دول الوطن العربي إلى مجموعات حتى تسهل عمليات الدراسة، وتم النظر إليها وفقاً لمنظورين أساسيين هما:

أ- المنظور العالمي: والذي ينظر إلى دول العالم العربي كوحدة واحدة.

ب- المنظور شبه العالمي (الجزئي): إذ قسم الاقتصاد العربي إلى أربعة مجموعات كل مجموعة تشمل عدداً من الدول وهذه المجموعات هي:

- المجموعـة الأولـى: وتشـمل (الإمـارات، السـعودية، عـمان، الكويـت، ليبيا).

- المجموعة الثانية: وتشمل (البحرين، تونس، الجزائر، سوريا، العراق، مصر).

- المجموعة الثالثة: وتشمل (الأردن، لبنان، والمغرب).

- المجموعة الرابعة: وتشمل (جيبوتي، الصومال، موريتانيا، اليمن).

معلومات حول العالم العربي (13)

- يتألف العالم العربي من اثنين وعشرين دولة تتوزع جغرافياً على قارات آسيا وإفريقيا، ويبلغ عدد سكان الوطن العربي حوالي 312,364,392 مليـون نسـمة تقريباً، حسب تقديرات عام 2003، مع التنويـه ان هناك فئـات مـن السـكان الـذين لا يتكلمـون العربيـة في دول مثـل الصومـال، جيبـوتي، جـزر القمـر، السودان، موريتانيا، والمغرب، وفي عدد أصغر الجزائر والعراق وسوريا.

الا انه يوجد فئات أخرى من السكان الذين يتكلمون العربيـة لكـنهم يسكنون دولا أخرى غير منضمة لجامعة الدول العربي مثل ايران، تشاد، تركيا، النيجر، تنزانيا، اريتيريا، مالي ونيجيريا وما يجب قوله هنا ان أغلبية هذه الدول تحد الدول العربية جغرافيا لذلك كان لا بد من أن يكون بعض سكانها عربا او قبائل قد تأثرت باللغـة العربيـة فكانـت هـي المتداولـة بينهم. وبالرجوع الى موسـوعة Microsoft Encarta 2004 نجـد أن عـدد المتكلمـين بالعربيـة قـد وصل الى 422,039,637 شخص تقريباً.

- الولادات والوفيات، يبلغ معدل الولادات في الوطن العربي 29.38 لكل ألـف نسمة, بينما معدل الوفيات 7.17 لكل ألف نسمة. أعلى معدل وفيات

الأطفال يسجل في الصومال 123.97 لكل ألف مولود حي, وفي جيبوتي 101.5 حالة وفاة لكل ألف طفل حي, أما أقل معدل فهو في الكويت حيث يبلغ 11.82 حالة وفاة لكل ألف مولود حي, ثم الإمارات حيث تبلغ 16.68 حالة لكل ألف مولود حي.

- تبلغ مساحته حوالي (297, 180, 12) مليون كم ^{2}، كما ويقع العالم العربي في موقع متوسط من العالم إذ يربط قارات العالم مع بعضها البعض.

- اللغة الرسمية فهي اللغة العربية وهي لغة القرآن الكريم وهي اللغة العالمية للوطن العربي، أما اللغات الأخرى الشائعة فهي اللغة الإنجليزية والفرنسية، أما الدين الرسمي فهو الدين الإسلامي، بالإضافة على وجود الدين المسيحي.

- القوى العاملة، يقدر عدد القوى العاملة في الوطن العربي بحوالي 82.51 مليونا، وتشكل ما نسبته 28% من سكان الوطن العربي, يقطن منها 67.75% في الجزء الأفريقي و37.45% في حوض النيل.

- الأراضي الزراعية، تشكل مساحة الأراضي الصالحة للزراعة في الوطن العربي ما نسبته 3.63% من مساحته, و30% من هذه المساحات تقع في حوض النيل, و44% تقع في اتحاد المغربي العربي, و22% في الهلال الخصيب, والبقية في شبه الجزيرة العربية.

- اقتصاديات الدول العربية، فتعتمد في المقام الأول على الزراعة باستثناء بعض الدول الخليجية مثل السعودية، العراق، والكويت.

- على المستوى الصناعي فما زالت الصناعة حول المستوى الصغير أو المتوسط بالرغم من التطورات الملموسة في القطاع الصناعي ولا سيما في مجال قطاع التعدين والصناعات التحويلية.

- فيما يتعلق بالثروات الطبيعية، فإن الوطن العربي يزخر بـأنواع مختلفـة مـن المواد الخام مثل (الفوسفات، الحديد، الزنك، والمغنيسيوم... إلخ).

- أما ظهور النفط الخليج العربي فقد غـير معـام الاقتصـاد العـربي ولا سـيما في تلك البلدان، إذ أن النفط هو المحرك الأساسي في عملية التنمية الاقتصادية.

- أمـا عـلى الصـعيد السـياسي، فقـد خضـعت معظـم أقطـار الـدول العربيـة للاستعمار الغربي، فمثلاً الاستعمار البريطاني والفرنسي- الـذي كـان لـه تـأثيرات واسـعة عـلى الحيـاة الاجتماعيـة والثقافيـة والاقتصـادية العربيـة فكثـير مـن التشريعات والقوانين العربية هي مستمدة من قوانين بريطانية وفرنسية.

يمكن استجلاء بعض المتغيرات الاقتصادية التي كان لها أبرز الأثـر عـلى الحيـاة العربيـة في مختلـف نواحيهـا(الاجتماعيـة، السياسـية، الإداريـة، ...الـخ). علنـا نتوصل إلى صورة واضحة حـول العلاقـة القائمـة مـا بـين التغـيرات الاقتصـادية وجهود الإصلاح الإداري في العالم العربي.

- التغير الاقتصادي (المؤشرات الاقتصـادية الأساسـية) Economic Change :(Major Economic Indicators)

المؤشرات الاقتصادية الهامة في البلدان العربية

فيما يلي مجموعة من المؤشرات الاقتصادية الهامة والتي تلعب دوراً حيوياً في تحليل التغيرات الاقتصادية في البلدان العربية

أولاً: الناتج المحلي الإجمالي (14):

تعريف الناتج المحلي الاجمالي:

هو اجمالي ما ينتج في اقتصاد ما من السلع و الخدمات المعدة للاستخدام النهائي، التي ينتجها المقيمون وغير المقيمين بصرف النظر عن تخصيصها للمطاليب الداخلية او الخارجية، وهو لا يشمل الخصومات لانخفاض قيمة رأس المال او استنفاد الموارد الطبيعية او تدهورها.

1- فترة السبعينات والثمانينات من القرن المنصرم:

تجدر الإشارة في هذا المقام إلى أن الأرقام الواردة تمثل أرقاماً تعود إلى حقبة الثمانينات من القرن المنصرم، وبناء على ذلك سوف نأخذ بعين الاعتبار المؤشرات التاريخية لزيادة أو نقصان الناتج المحلي الإجمالي.

فقد تراجع الناتج المحلي الإجمالي في العالم العربي من (405 بليون) دولار عام 1983 إلى (6, 403) بليون دولار عام 1984 وتجدر الإشارة إلى أن نسب الزيادة في الناتج المحلي الإجمالي هي متباينة بين الدول العربية ففي الفترة التي زادت بها في دول الخليج مثلاً نقص على الجانب الآخر في دول أخرى مثل الأردن وسوريا.

وفيما يلي جدولاً يبين معدلات نسب النمو مع ثبات الأسعار عام 1980 في المجموعات الأربعة من العالم العربي:

المجموعة	1975- 1980	1980- 1983	1975- 1980	1980- 1983
الأولى	9 ,1	3 ,0-	7 ,9	0 ,2
الثانية	2 ,6	2 ,1	7 ,4	5 ,9
الثالثة	9 ,1	10 ,2	5 ,2	3 ,5
الرابعة	3 ,5	25 ,9-	2 ,8	4 ,2

نلاحظ من الجدول السابق زيادة معدلات النمو على مستوى القطاعات في:

- المجموعة الأولى: ولا سيما في قطاع التمويل والبنوك وهذا راجع إلى زيادة النمو في العائدات النفطية، كما انعكس هذا الجانب على زيادة مستوى الخدمات والرعاية الصحية والتعليم في تلك الدول.

- أما الناتج المحلي الإجمالي في المجموعة الثانية: فقد بلغ 6, 29% من إجمالي الناتج في الوطن العربي مع ثبات الأسعار: إذ تمثل نسبة السكان الدرجة الأولى من حيث العدد.

- أما المجموعة الثالثة: فقد بلغ الناتج المحلي حوالي 4, 4% من إجمالي الناتج في دول العالم العربي مع ثبات الأسعار على ما هي عليه أما نسبة السكان فهي 9, 14 من إجمالي عدد السكان في الوطن العربي.

- وأخيراً المجموعة الرابعة: فقد سجلت ارتفاعاً بسيطاً في الناتج المحلي الإجمالي كما، وتمثل نسبة السكان الخمس تقريباً من سكان العالم العربي.

2- فترة ما بعد عام 2000:

يقدر الناتج المحلي الإجمالي ما بعد عام ال 2000، يصل في الوطن العربي إلى نحو 1195.074 مليار دولار أميركي بأسعار السوق الجارية، وفي

الاتحاد المغاربي 33% تقريبا من الناتج المحلي الإجمالي للوطن العربي، ويشكل في دول مجلس التعاون الخليجي ما نسبته 30% من الناتج المحلي الإجمالي للوطن العربي .

يصل متوسط معدل نصيب الفرد من الناتج المحلي الإجمالي في الوطن العربي إلى 4095 دولارا أميركيا, أعلى معدل يسجل في الإمارات العربية حيث يصل نصيب الفرد إلى 22800 دولار. وأقله في الصومال حيث يصل إلى 600 دولار, وفي اليمن 830 دولاراً أميركيا.

ويقدر الناتج المحلي الاجمالي الحقيقي للدول العربية عام 2000بـ 540 مليار دولار، بحسب تقديرات براد بورلاند الخبير الاقتصادي في البنك السعودي الامريكي، في حين يقدره التقرير الاقتصادي العربي الموحد بـ(709) مليارات دولار بالاسعار الجارية ونصيب الفرد منه 2450 دولار كمتوسط عام، غير انه يسجل تفاوتاً كبيراً من بلد عربي الى اخر فهولايتجاوز الـ500 دولار للفرد في موريتانيا والصومال، بينما تجاوز الـ21 الف دولارفي قطر والامارات.

ويمكن اجمالي النمو في الناتج المحلي الاجمالي الحقيقي للدول العربية في عام 2006 كما في الارقام التالية:

- يبلغ عدد سكان العالم العربي نحو 330 مليون نسمة تقريبا حسب تقديرات عام 2006.

- يقدر عدد القوى العاملة في الدول العربية نحو 82.51 مليونا، وتشكل ما نسبته 28 % من السكان.

- تنتج الدول العربية نحو 60 % من الإنتاج النفطي العالمي، ولديها أكثر من ثلثي الاحتياطي النفطي العالمي المؤكد.

- ربع سكان العالم العربي يعيشون تحت خط الفقر.

- يوجد نحو 200 ألف مليونير عربي يستحوذون على ثروة تصل الى نحو 800 مليار دولار.

- ما بين 20 و25 % من مجموع الأيدي العاملة يعانون من البطالة، بينما لا يتجاوز متوسط معدل البطالة في العالم 6 % بحسب احصاءات عام 2004، ما يجعل العالم العربي المنطقة التي تضم اكبر نسبة من العاطلين عن العمل.

- تظهر بعض الإحصاءات الدولية أن عدد العاطلين في العالم العربي قد يقفز إلى 80 مليون عاطل بحلول عام 2020.

- حجم الاستثمارات الاجنبية المباشرة في الدول العربية نحو 63 مليار دولار فقط بحسب احصاءات عام 2006 في حين استقبلت دولة اوربية واحدة هي فرنسا في العام ذاته استثمارات بلغت 121 مليار دولار.

- بلغت الفجوة الغذائية العربية 20 مليار دولار طبقا لتقديرات مجلس الوحدة الاقتصادية العربية عام 2001 وتزداد بواقع 3 % سنوياً.

- يعيش نحو 62 مليون عربي على دولار واحد فقط في اليوم.

- ويعيش قرابة 52 % من تعداد السكان العرب، على دخل يومي يتراوح ما بين 2 و5 دولارات.

- أكثر من 70 مليون نسمة لايقرأون ولايكتبون في العالم العربي حسب تقديرات المنظمة العربية للتربية والثقافة والعلوم «الإليسكو»، وتبلغ نسبة النساء الأميات في البلدان العربية فاقت 46.5 % بينما لم تتجاوز نسبة الذكور25.1 %.

- 1• % فقط من إجمالي الناتج المحلي الإجمالي هو حجم الانفاق العربي سنوياً على البحث والتطوير العلمي.

وتعود الزيادة في الناتج المحلي الإجمالي إلى زيادة الاعتماد على الدين الخارجي إذ اعتمدت على سياسات التمويل بالعجز لإنجاز المشاريع التنموية المختلفة، كما ويلاحظ زيادة الأداء الاقتصادي في جميع دول العالم العربي نتيجة تبني تلك الدول سياسات الإصلاح الاقتصادي وتبني برامج الإصلاح الاقتصادي على المستوى القطري والإقليمي، وبالرغم من أن النمو الاقتصادي في القطاع النفطي قد تراجع إلا أنه تم تعويض ذلك في قطاعات أخرى ولا سيما قطاع الزراعة والصناعات التحويلية، كما هو الحال في جمهورية مصر العربية.

ثانياً: السكان Population (19):

قدر سكان العالم العربي بحوالي 187 مليون نسمة، أما الآن فقد تجاوز هذا الرقم 300 مليون نسمة، ومن المتوقع أن يزيد هذا الرقم ليصل إلى حوالي 400 مليون نسمة بحلول عام 2020، ومن الجدير بالذكر أن هذه النسب متباينة من دولة إلى أخرى، ففي الوقت الذي كانت به مصر ـ قرابة الـ 75 مليون نلاحظ دول مثل الإمارات ما زالت حوالي مليون نسمة فالاختلال في التوزيع السكاني يخلق مشكلة كبيرة في الاقتصاد الكلي والقومي.

أما علاقة ذلك الإدارة فإن الزيادة بنسب السكان تخلق ضغطاً متزايداً على الإدارات الحكومية، إذ يتطلب ذلك مزيداً من الخدمات العامة كالتعليم والصحة، وكل هذا يساهم في استنزاف الموارد المالية لتلك الدول وزيادة حجم المديونية لتلبية تلك الاحتياجات.

فالزيادة الهائلة في أعداد السكان أثرت على البنية العمرية للسكان The Age Structure في دول الوطن العربي، إذ ازدادت نسبة الشباب من عمر

15 - 65 عاماً، إذ بالمجمل تعتبر دول العالم العربي دولاً فتية من حيث السكان.

ثالثاً: القوى العاملة: Labor Force

تتسم دول العالم بأنها شعوب فتية تزداد فيها نسبة الشباب من عمر 15 - 65 عاماً، ويقصد بالقوى العاملة تلك الفئة من السكان القادرة على العمل والرغبة فيه، كما ويتضمن عناصر مفهوم القوى العاملة عناصر أساسية هي:

أ- قدرة الفرد على العمل Ability to work .

ب- رغبة الفرد في العمل Willingness to work .

ج- استعداد الفرد للعمل Redance to work .

في عقد 1980 كما أن ما يميز الدول العربية من حيث القوى العاملة هو انخفاض مستوى مشاركة المرأة في العمل، إذ ترتفع هذه النسبة فقط في لبنان لتصل إلى حوالي 15%، وقد زاد هذا الرقم عما هو عليه، ولكن في بقية الدول العربية وبنسب متفاوتة ويعود الانخفاض في مشاركة المرأة في العمل إلى العادات والتقاليد التي لا تحبذ عمل المرأة إلا في قطاعات معينة ولاسيما التعليم، كما وتتسم العمالة العربية بأنها تمتلك مهارات واسعة ومقدرات تعليمية إذ تصدر الدول العربية العقول البشرية وخصوصاً في مجال تكنولوجيا المعلومات.

فالأردن مثلاً يحتل المركز الثاني في تكنولوجيا المعلومات بعد مصر، إذ عملت مذكرات تفاهم مع شركة Microsoft من أجل خلق بيئة ملائمة للاستثمار في قطاع تكنولوجيا المعلومات والبرمجيات (تأثير على القوى العاملة) من حيث تطوير الآلات .

رابعاً: المالية العامة Public Finance (20):

شهدت الـدول العربيـة تغـيرات حركيـة ضـخمة وخاصة في الهيكـل الاقتصادي العربي الذي أثر بدوره على المالية العامة العربية، إذ تبنت الـدول العربيـة برامج تنمويـة متعددة شـملت قطاعـات النقـل والمواصـلات والبنيـة التحتية، فكل هذا شكل ضغطاً متزايداً عـلى ماليـات الـدول العربيـة إذ زادت المديونية ونسب العجز في الموازنات العامة.

أما على الصعيد السياسي فقد تأثرت ماليـات الـدول العربيـة نتيجـة للأزمات التي عاشها الوطن العربي وخاصة أزمة الخليج الأولى والثانيـة وحـرب العراق الأخيرة، إذ على ضوء تلك التغيرات الاقتصادية (حاولت الـدول العربيـة تعديل سياساتها المالية) المتمثلة بترشيد الإنفاق الحكومي والعمل عـلى زيـادة الإيرادات وتقليص العجز في الميزان التجاري وميزان المدفوعات، ونتيجـة لهـذه التغيرات زادت نسب تضخم الأسعار وتراجعت أسعار صرف العملات في بعض الدول العربية مثل مصر وغيرها.

خامساً: عجز الموازنة Budget Deficits (25):

من خلال مراجعـة السياسـات الماليـة للموازنـة العامـة يتضح تركيـزاً متزايداً على المساعدات والموارد المالية المحلية، ومن أجل مواجهة عجز الموازنة فقد تم التركيز على تنمية القدرات المالية المحلية، كما ونلاحـظ أن العجز في موازنات الدول العربية لا يستهان به، إذ يمثل نسبة عاليـة إذ تشـكل قرابـة 11% من حجم الناتج القومي الإجمالي.

وفي الأردن فإنه يتوقع أن يصل العجز المالي للموازنة العامة حوالي 270 مليون دينار أو ما نسبته (3, 3%) مـن النـاتج المحـلي الإجمالي المقدر لعـام 2005، مقابل ما مقداره (239) مليون دينار أو ما نسبته (9, 3%) من الناتج

المحلي الإجمالي المقدر لعام 2004، أما العجز قبل المساعدات فقد بلغ حوالي (1330) مليون دينار أو ما نسبته (1, 16%) من الناتج المحلي الإجمالي، في حين بلغ وفقاً للأرقام المقدرة في موازنة عام 2004 حوالي (1295) مليون دينار أو ما نسبته (1, 17%) من الناتج المحلي الإجمالي.

سادساً: الإيرادات Revenues :

في جميع دول الوطن العربي من المتوقع زيادة الإيرادات بنسبة تقارب الخمس، وهذه النسب ترجع إلى زيادة حجم الاستثمارات وجهود التنمية في شتى دول العالم العربي بالإضافه إلى عائدات النفط في دول الخليج العربي والعائدات من الضرائب، أما الإيرادات العامة في الأردن فهي في تزايد مستمر، إذ قدرت الإيرادات المحلية لعام 2005 بمبلغ (2000) مليون دينار مقابل (1945) مليون دينار أعيد تقديرها لعام 2004 بزيادة مقدارها (55) مليون دينار، أي ما نسبته (8, 2%) ومقارنة بتقديرات قانون الموازنة لعام 2004 أظهرت الإيرادات المحلية ارتفاعاً بمقدرا (175) مليون دينار أوما نسبته (6, 9%) ويعزى السبب الرئيس وراء هذا الارتفاع إلى الأثر الإيجابي الناجم عن دمج دائرتي ضريبتي الدخل والمبيعات، والذي أسهم بشكل واضح في تحسين مستوى التحصيل الضريبي، وكذلك إلى التحسين المتوقع في أداء الاقتصاد الوطني خلال عام 2005، كما وقدرت المنح بمبلغ (3060) مليون دينار لتسجل ارتفاعاً عن مستواها المعاد تقديره لعام 2004 والبالغ (2729) مليون دينار.

سابعاً: النفقات العامة Public Expenditures (21):

من خلال مراجعة الموازنات العامة للدول العربية يتضح لنا نمواً متزايداً في حجم النفقات العامة، إذ وصلت هذه النسبة إلى 13% في عام 1984، ويرجع السبب في نمو النفقات إلى التغير في هيكل النفقات الذي يتجه نحوالزيادة في النفقات الجارية والاستثمارية نتيجة للمتغيرات الحاصلة في البيئة

العربية من زيادة مضطردة في أعداد السكان وزيادة الاستثمارات في المشاريع العامة.

وفي الأردن قدرت النفقات الجارية لعام 2005 بمبلغ (2545) مليون دينار منها (310) مليون دينار كلفة دعم المشتقات النفطية، بينما كانت النفقات الجارية لعام 2004 بمبلغ (2310)، وبذلك فإن الزيادة في النفقات الجارية تبلغ (235) مليون دينار، وذلك أيضاً بسبب زيادة رواتب العاملين والمتقاعدين العسكريين والمندنيين بنحو (35) مليون دينار و (44) مليون دينار على الترتيب.

أما النفقات الرأسمالية في الأردن فقد قدرت لعام 2005 بمبلغ (785) مليون دينار مقابل مبل (697) مليون دينار لعام 2004، أي بزيادة مقدراها (88) مليون دينار، وفي ضوء ذلك فقد قدرت النفقات العامة بمبلغ (3330) مليون دينار مقابل حوالي (3007) مليون دينار لعام 2004 أي بارتفاع مقدراه (323) مليون دينار أوما نسبته حوالي (7, 10%).

ثامناً: الدين العام الداخلي Internal Public Debt :

ازدادت نسب الدين العام الداخلي في دول العالم العربي في الفترة ما بين 1982- 1984، ويعود السبب في ذلك إلى انتهاج سياسة الاعتماد على التمويل الداخلي الذي يخفف من حدة التبعية للدول المانحة والمقرضة، وبالتالي تناقض حجم الدين العام الخارجي عما هو عليه.

وفي الأردن بلغ صافي الدين العام في نهاية شهر تشرين أول لعام 2005 ما قيمته (1718) مليون دينار أوما نسبته (4, 22%) من الناتج المحلي الإجمالي المقدر لعام 2004 مقابل ما مقدراه (1703) مليون دينار في نهاية عام 2003 أو ما نسبته (1, 24%) من الناتج المحلي الإجمالي.

تاسعاً: الدين العام الخارجي Foreign Debt (22):

زادت نسب الدين العام الخارجي في الفترة ما بين 1983- 1984 بالرغم من انخفاض التسارع في نسب الدين العام الخارجي لعام 1979، والبالغة 2, 22% كما أن خدمة الدين العام قد ازدادت كذلك أما في الأردن فتشير البيانات المتعلقة بالدين العام الخارجي إلى أن رصيده بلغ في نهاية شهر تشرين أول من عام 2005 حوالي (5281) مليون دينار، أو ما نسبته (9, 68%) من الناتج المحلي الإجمالي المقدر لعام 2004 مقابل ما مقداره (5392) مليون دينار في نهاية عام 2003 أو ما نسبته (4, 76%) من الناتج المحلي الإجمالي.

وبذلك نلاحظ أن الرقم المطلق للمديونية الخارجية قد انخفض بحوالي (111) مليون دينار أو ما نسبته (1, 2%) عن مستواه في نهاية عام 2003. أما فيما يتعلق بخدمة الدين العام الخارجي فقد بلغت خلال الشهور العشرة الأولى من عام 2004 حوالي (547) مليون دينار منها (406) مليون دينار أقساط و (141) مليون دينار فوائد.

عاشراً: المساعدات العربية Arab Development Aid :

من خلال مراجعة البيانات المتعلقة بشان المساعدات العربية فإننا نلاحظ انخفاضاً ملموساً فيها، وكما نعلم فإن أهم الدول التي تقدم مساعدات إلى باقي الدول العربية هي الكويت والسعودية والعراق، وسبب التراجع فإن ذلك يعود إلى انخفاض العائدات من النفط وإلى الأزمات التي تعرضت لها هذه الدول نتيجة أزمات الخليج المتتابعة، مما زاد من نسب الإنفاق العام وبالتالي تقليل حجم المساعدات إلى الدول العربية الأخرى.

الإصلاح الإقتصادي في الدول العربية (23)

1- **الاستجابة المؤسسية والسيايسة للتغيرات الاقتصادية:**

هنالك تنوع في أساليب الإصلاح الإداري، وكذلك تنوعاً في نوع الاستجابات للتغيرات الاقتصادية والتنموية، وبشكل نسبي يعاني الوطن العربي من توفر المعلومات المنظمة حول الاستجابات الإدارية وتأثيراتها على الاقتصاد والإدارة.

2- **استجابة السياسة العامة للتغير الاقتصادي :**

تبنت الدول العربية مجموعة من السياسات العامة من أجل مواجهة التغيرات الاقتصادية المتسارعة، فقد عمدت إلى تغير سياستها المالية والضريبية من أجل إدارة الاحتياجات الاقتصادية، وفي الأردن تسعى الحكومة من خلال برامجها المتعددة إلى إيجاد جهاز حكومي متطور يتمتع بكفاءة عالية ويواكب المستجدات والتطورات الحديثة ويوفر البيئة المحفزة للاستثمار، ويكون قادراً على تقديم الخدمات المتميزة بكفاءة ورسم السياسات العامة بمنهجية علمية والمحافظة على الأمن وصول الحريات العامة.

كما نعلم فإن أهم أولويات الدول العربية هو موضوع التنمية الاقتصادية والتطوير وإصلاح القطاع العام فهي عبارة عن أهداف مشتركة بين كافة الدول العربية.

3- **التعديلات الهيكلية:**

شملت التعديلات الهيكلة في اقتصاديات الدول العربية عدة مجالات رئيسية كان في مقدمتها زيادة حجم الاستثمارات في القطاعات المختلفة، وكذلك توجيه الموارد المالية نحو تحقيق الأهداف التنموية وزيادة مستوى

الخدمات المقدمة للسكان والتركيز على إصلاح البنية التحتية وتوفير البيئة الاستثمارية الجاذبة.

4- **التمويل الخارجي:**

بعض الدول العربية استطاعت التكيف مع الصعوبات الاقتصادية التي واجهتها من خلال التأقلم مع التعديلات الهيكلية للتغيرات الاقتصادية، ومع الانخفاض الحاد في عائدات النفط فقد زاد الطلب على التمويل الخارجي الذي في العادة يفرض شروطاً صعبة إذ ترفع نسبة الفوائد وخدمات الدي العام الخارجي.

5- **مجابهة الإنفاق العام:**

من أجل التقليل في عجز الموازنة تبنت بعض الدول العربية سياسات مالية تهدف إلى ضبط وترشيد الإنفاق العام وتوجيه هذا الإنفاق نحو القطاعات الاستثمارية والإنتاجية التي من شأنها أن تعود بالنفع على جميع أفراد المجتمع، وفي ظل التوجه نحو إصلاح القطاع العام وبما فيه سياسات التوظيف وتقليل حجم العاملين في القطاع العام والتوجه نحو الاستثمار.

6- **تسريع التدريب:**

في ظل التوسع بالاستثمار في القطاع العام وفي ظل التغيرات التقنية المتسارعة ظهرت حاجة ملحة إلى العاملين المهرة وبذلك تبنت الدول العربية سياسات تدريب وتنمية العاملين التي تهدف إلى صقل مهاراتهم ورفع كفاءاتهم الإنتاجية إذ يعتبر العنصر البشري حجر الزاوية في تسريع عجلة التنمية الاقتصادية، الإدارية، الاجتماعية. ولتحقيق التنمية وتلبية الاحتياجات من العمالة الماهرة فقد تبنت كثير من الدول العربية تطوير برامج تدريبية تواكب المستجدات في البيئة الإدارية وترفع من كفاءة وفاعلية العاملين في كافة

مجالات القطاع العام، وقد أنشئت على هذا الأساس مجموعة من معاهد التنمية والتدريب مثل معهد الإدارة العامة في الأردن والذي أصبح بعد ذلك المعهد الوطني للتدريب.

الاستجابات المؤسسية للتغيرات الاقتصادية (26)

هنالك بعض الإصلاحات المؤسسية والتي تعتبر استجابة لمتغيرات اقتصادية متسارعة، وتشمل هذه الإصلاحات:

الإصلاحات المؤسسية:

1- إصلاح الخدمة المدنية:

أولت جميع الدول العربية قضية إصلاح أنظمة الخدمة المدنية أوالعامة اهتماماً كبيراً، فقد ركزت على تبني إصلاحات جوهرية في أساليب ونظم الخدمة المدنية، إذ ارتبطت هذه الإصلاحات بقضايا أساسية مثل التعيين والاستقطاب، والعقوبات، والترقية وغيرها ناهيك عن برامج التنمية والتطوير ورفع كفاءة العنصر البشري وقد عدلت مستويات الرواتب للموظفين العامة وتقديم الحوافز التشجيعية من أجل زيادة الإنتاجية.

أما أحد المشاكل التي واجهت جهود الإصلاح في نظم الخدمة المدنية هي قضية المركزية الشديدة، إذ تشكل تحدياً ومعوقاً لعمليات التنمية والتطوير في العالم العربي، ولكن حاولت بعض الدول العربية من تخفيف حدة المركزية وذلك بزيادة مسويات التفويض الإداري (تفويض السلطة)، ولإنجاز مشاريع اللامركزية، فقد أخذت بعض الدول المواءمة في هياكلها التنظيمية لتجمع ما بين المركزية واللامركزية إذ ركزت على الإدارة المحلية والتي تمثل قمة اللامركزية ومن هذه الدول الأردن.

2- الإصلاح المؤسسي:

إن البنية التحتية للإصلاح المؤسسي- في العالم العربي تطورات بشكل ملحوظ وذلك من خلال اعتماد مبادئ الجدارة والاستحقاق في عمليات التعيين في مؤسسات الدولة (القطاع العام).

كما تبنت استرتيجيات التدريب والتطوير وتنمية الموارد البشرية، وكل ذلك استجابة للتغيرات الاقتصادية والاجتماعية الحاصلة في البيئة العربية، إذ أنشئت مؤسسات وطنية لتطوير القطاع العام وشكلت لجان على مستوى الدولة لحل المشاكل البيروقراطية، ففي الأردن هنالك جهات مسؤولة عن إصلاح القطاع العام إذ أنشئت وزارة لهذا الغرض هدفها معالجة الاختلالات الهيكلية في القطاع العام. وبذلك مع ظهور مفاهيم جديدة في الإدارة الحديثة مثل مفهوم الشفافية والمساءلة وجودة الخدمة ومفاهيم إدارة المعرفة والحكومة الإلكترونية، كل ذلك ساعد الحكومات العربية على تولي سياسات التطوير والتحسين المستمر.

3- تنمية القوى العاملة:

في ظل التسارع في أعداد السكان والتغير في الاقتصاد والزيادة المضطردة في النشاطات الحكومية، فقد سعت الدول العربية إلى محاولة رفع كفاءة وتطوير مهارات وقدرات القوى العاملة عن طريق تبني برامج التنمية والتطوير وربط المسار التدريبي مع المسار الوظيفي، فالموارد البشرية هي الأساس في رقي وتقدم الدول ولا سيما في دول العالم العربي قليلة الموارد نسبياً، فالاستثمار في الموارد البشرية هو أمر ملح وضروري فالمورد البشري هو أحد الأصول الهامة والتي تحتاج إلى تنمية وتطوير وبشكل مستمر.

إن هـدف التـدريب في القطـاع العـام في الـدول العربيـة هـو تزويـد العـاملين بالمعلومات والمهارات والأسـاليب المختلفة والمتجددة عـن طبيعـة أعمالهم الموكولة لهم، وتحسـين وتطوير مهـاراتهم وقدراتهم ومحاولـة تغيير سـلوكهم واتجاهـاتهم بشـكل إيجـابي وبالتـالي رفع مسـتوى الأداء والكفـاءة الإنتاجية.

التغيير والإصلاح الاقتصادي في دول العالم العربي
نظرة مستقبلية

إن الأداء الاقتصادي في الدول العربية مختلف مـن دولـة إلى أخـرى، ومـن خلال نظرة شـاملة لتلك الاختلافات يتوجب علينـا أن نتطلـع إلى المسـتقبل لمعالجة الكثير من المشاكل الاقتصادية والتي لها الأثر الكبير على جهود الإصلاح الإداري في الوطن العربي، ففي ظل تراجع العائدات النفطيـة في دول الخليج العربي ومع تزايد حجم العجز في الموازنة العامة، فـلا بـد مـن التفكير بصـورة جدية نحو المستقبل، ولعلاج هذه المشاكل لابد من النظر إلى زاويتين إذ يركـز الجانـب الأول عـلى التغـيرات الاقتصـادية، والجانـب الآخـر يركـز عـلى قضايا الإصلاح الإداري، يمكن تلخيص ذلك من خلال النقاط التالية:

1- معالجة الاختلالات الاقتصادية ومحاولة التقليل من آثارها السلبية.

2- التوجه نحو الاعتماد على الاقتراض الداخلي أكثر من الخارجي.

3- التوده نحوتشجيع البيئة الاستثمارية، وخاصة في القطاعات الإنتاجية.

4- تبني أفكار إبداعيـة في عمليـة الإصلاح الإقتصادي تركـز عـلى مبادئ المساءلة والشفافية و التميز في الأداء الحكومي.

5- تطبيق المعايير الدولية لضبط النوعية ولا سيما نوعية الإدارة مثل الـ ISO .

6- تطوير معايير جديد لقياس الأداء.

7- محاولة التقليل من حجم المديونية الخارجية.

هوامش و مراجع الباب الثاني

1- العميان، محمود، (2004). السلوك التنظيمي في منظمات الأعمال، (ط2). دار وائل للنشر والتوزيع. عمان - الأردن.

2- الركابي , كاظم نزار , (2004). الإدارة الإستراتيجية , العولمة والمنافسة , (ط1) . دار وائل للنشر والتوزيع , عمان - الأردن.

3- اللوزي , موسى , (2003) . التطوير التنظيمي - أساسيات ومفاهيم حديثة , دار وائل للنشر والتوزيع , (ط2) , عمان - الأردن.

4- James.Simon, Nobes, (2001). Christopher – The Economics of Taxation: Principles, Policy and Practice, Seventh Edition Updated Financial Times/Prentice Hall.

5- G. March, James and A. Simon Herbet, (1993). Organizations, U.S., 2nd. Ed.

6- www.iraqcenter.net/vb/16738.html

7- عريقات، حربي، مرجع سابق.

8- الصايغ , ناصر محمد , مرجع سابق.

9- عبد الوهاب، محمد، (2000). أساسيات الإدارة العامة، دار المطبوعات الجامعية.

10-www.cba.edu.kw/malomar/CH_8.doc.

12- Randalkfiller, (1999). Markets Development Economic, Growth London.

13- الصيرفي، محمد عبد الفتاح، (2003) . مفاهيم إدارية حديثة، (ط) الدار العلمية الدولية للنشر والتوزيع ودار الثقافة للنشر والتوزيع عمان - الأردن.

14- المرسي، جمال الدين، مرجع سابق.

15www.mpicyemen.org/2006/nhdr/arabic/.../human_development.do.

16www.forum.univbiskra.net/index.php?topic=5032.

17- www. ar.wikipedia.org/wiki.

18-www.social-team.com/forum/archive/.../t-2144.html.

19- المدهون، موسى، مرجع سابق.

20- عامر، سعيد يسن، مرجع سابق.

21- توفيق، عبد الرحمن، مرجع سابق.

22- Jones.Sally M., (2004). Principles of Taxation for Business and Investment Planning, the MC Graw Hill Irwin Companies.

23- Poole, Andrew, (1996). Training and Jobs, The Economist.

24- www.marefa.org/index.php.

25- عبد الرحمن، توفيق، مرجع سابق.

26- Guislian pieers, (1997). the privatization challeng , astrategic legal & institutional analysis of inter national expeience, the wold bank, wahington D.C.

الباب الثالث

التنمية الادارية والاقتصادية (تطبيقاً)

الفصل الاول

تطبيقات في علم الادارة

تطبيقات في علم الادارة

تطور علم الادارة

يمكن تصنيفها كما يلي:

1) المدرسة الكلاسيكية :

ومن اهمها (1):

- الإدارة العلمية

1. وجوب تحقيق الكفاية الإنتاجية:

النسبة بين كمية الإنتاج وجودته وسرعته وبين الموارد المستخدمة للحصول عليه أي النسبة بين النتائج والتكاليف، وقد اهتمت الإدارة في بدء عهدها بتحديد الكفاية الإنتاجية للعامل وللوحدة الإنتاجية .

2. البحث العلمي:

أي الملاحظة والتجربة وخضوع العمل للبحث العلمي والمعرفة بدلاً من الاعتماد على الآراء التقليدية القديمة .

3. القواعد والأصول:

يعني أن الإدارة قواعد و أصول علمية واضحة يجب اكتشافها والاعتماد عليها وإحلالها محل التخمين .

4. تقسيم العمل والتخصص به:

أي تقسيم العمل بين الإدارة والعمال، وذلك من خلال منح الإدارة سلطات أكبر للتخطيط والإشراف والتبسيط في طرق تشغيل العمال والآلات ووضع هذا الطرق في صورة قواعد وأسس.

رواد الإدارة العلمية

1- فردريك تايلور (مبادئ الإدارة العلمية).

2- هنري فايول (لإدارة العامة والصناعية).

3- هنري غانت (المهنة والعلاوة).

2) **المدرسة السلوكية (4):** اهتمت المدرسة السلوكية بحركة العلاقات الإنسانية، من أهم الدراسات في حركة العلاقات الإنسانية هي دراسات (هوثورن) بإشراف العالم

(مايوروثلز برجس) والتركيز على إتباع أسلوب الديمقراطي مثل التنميط في القيادة .

ربطت بشكل العام بين رضى الفرد والعامل وإنتاجيته، وضرورة تطوير نظام اتصال فعال بين مستويات المنشأة المختلفة للتبادل المعلومات، وحاجة مدير المنشأة إلى مهارات اجتماعية بقدر احتياجهم إلى مهارات فنية وفكرية .

رواد المدرسة السلوكية

1- ماري باركرفوليت وبرنا رد: حيث ركز فوليت على أثر الجماعة على الفرد.

2- ماسلو: ومن أهم أعماله هي الدوافع.

3) **المدارس الحديثة: منها:**

أ- **مدرسة النظم:** النظام هو الكل المنظم أو الوحدة المركبة تركيباً كلياً موحداً، وبموجب هذه الفكرة فأن المنشأة هي عبارة عن نظام اجتماعي مصمم لتحقيق أهداف معينة .

ب- مدرسة علم الإدارة: نشأت مدرسة علم الإدارة نتيجة بحوث الإدارة و نتيجة للأبحاث التي أجريت في الحرب العالمية الثانية، والتي تناولت بصورة أساسية تطبيق الأساليب الكمية في حل المشاكل العسكرية والمشاكل التي تتعلق بالنقل والتوزيع .

ج- مدرسة الظرفية: وهي تمثل اتجاه حديث في الفكر الإداري والذي يقوم على أساس أن هناك ليس مدرسة أو نظرية إدارية يمكن تطبيقها باستمرار وفي مختلف الظروف وعلى كل أنواع المنشآت، وإنما يجب استخدام هذه المدارس والنظريات بشكل انتقائي بحيث تتلآئم مع الظروف والأوضاع التي تعيشها المنشأة أسلوب الإدارة بالإهداف ووضعه، والتي اعتبرت (بيتر) فكرة إدارة في الأهداف في أوائل الخمسينات ونالت الكثير من التأييد والاهتمام ووضعت موضوع الاختبار والتمحيص .

مفهوم الادارة

عرفها فريدرك تايلور على أنها: المعرفة الدقيقة بما تريد من الرجال أن يعملوه أو الأفراد أو العاملين أن يعملوه، ثم التأكيد على من إنهم يقومون بعملها بأحسن طريقة وأقلها تكاليفاً ويعتبر تايلورمؤسس المدرسة الكلاسيكية.

او هي عملية التخطيط والتنظيم والتوجيه والرقابة للوصول إلى هدف منشود أو موضوع من خلالها ومع الأفراد بأفضل الطرق والأساليب وأقلها تكاليفاً .

أهمية الإدارة (2)

1- الإدارة مسؤولية ليس لها أهمية في ذاتها، وانما مسؤولية عن تحقيق نتائج.

2- لا يمكن تصور منظمة أو شركة أو مؤسسة بدون إدارة.

3- الإدارة مثل القلب هي العضو المسؤول عن تحقيق نتائج المنظمة، مثل القلب المسؤول عن امداد الجسم بالدم اللازم لبقائه.

4- أهمية الإدارة مستمدة من النتائج المفروض أن تحققها في المجتمع في جميع المجالات.

5- الإدارة مطلوبة وضرورية لكل أنشطة المنظمات ولكل مستويات الإدارة.

المهارات الإدارية (5)

تشمل ما يلي:

(أ) مهارات فكرية:

كالقدرة على الرؤية الشمولية للمنظمة ككل، وربط أجزاء الموضوع ببعضها البعض... الخ. وهذه المهارة مطلوبة أكثر في الإدارة العليا.

(ب) مهارات إنسانية:

وتعني باختصار القدرة على التعامل مع الآخرين، وهي مطلوبة بشكل متساوي في جميع المستويات الإدارية.

(ج) مهارات فنية:

كاكتساب مهارة اللغة والمحاسبة، واستخدام الحاسوب، وهي مطلوبة أكثر في المستويات الإدارية الدنيا.

خصائص الوظائف الإدارية (3)

1- **العمومية:** أي انه لابد على المدير أن يقوم بها أي أنها واجب على كل مدير أي كان اسمه.

2- **الشمول:** أي أن الوظائف الإدارية تشمل جميع الأعمال في المنشأة ويجب عليه أن يمارس التخطيط التنظيم الرقابة التوجيه .

3- **التكامل:** تكون بين الوظائف الإدارية للوصول الى هدف وأي استثناء لأي وظيفة منها لن يتحقق الهدف .

4- **الاستمرار:** أي أن كل وظيفة من هذه الوظائف تستمر .

وظائف الإدارة

يوجد اربعة وظائف للادارة نجملها بما يلي:

1- **التخطيط (6):**

مفهوم التخطيط

بشكل مختصر ـ هي عبارة عن عملية شاملة تشمل وضع الأهداف والمخططات والنشاطات المتعلقة بذلك .

وتعريف الخطة: الطريقة التي توصل الهدف أو الاتجاه إلى الوصول إلى الهدف.

عناصر التخطيط

1- تحديد غاية أو مهمة أو رسالة المنظمة.

2- وضع الأهداف: وضع الأهداف يرفع من فعالية وكفاءة المنشأة .

3- وضع الخطة: حتى تتمكن المنشأة من الوصول إلى الأهداف، وتكون ناجحة لابد أن تضع المخططات للوصول إلى الأهداف.

أنواع الخطط

1- **الخطط حسب تكرار الاستعمال، وتقسم إلى:**

1- **السياسات:** وهي الإرشادات العامة التي تحدد القواعد والأسس التي يجب على الإدارة والعاملين اتباعها عند أدائهم لاعمالهم، وتنبع الحاجة لوضع السياسات من أجل تحقيق التجانس في اتخاذ القرارات والاقتصاد في اتخاذ القرارات .

2- **الإجراءات:** وهي وصف مثالي بخطوات متطورة يتم تطويرها عند حدوث ظروف متكررة، والإجراءات تكون أكثر دقة وتفصيلاً من السياسات وتكون موضحة خطوة تلو الخطوة .

3- **القواعد:** وهي عرض مفصل بما يجب القيام به أو الإقناع عنه في ظروف محددة، وتختلف عن الإجراءات بأنها لاتحدد الخطوات وهي تحدد ما يجب فعله في التحديد .

2- **الخطط الغير متكرر الإستعمال، وتشمل:**

1. **البرامج (Programs):** وهي شاملة تنسق مجموعة أنشطة معقدة ذات علاقة بهدف رئيسي غير متكرر.

2. **الموازنة (Budgets):** هي عبارة عن بيان رقمي بمصادر الأموال المطلوبة لجميع النشاطات الموجودة في البرامج .

3. **المشاريع:** وهي مخطط ينسق مجموعة محددة من النشاطات التي تحتاج الى التجزءة، أو رئيسية بهدف الوصول الى هدف غير متكرر والمشروع يمكن أن يكون جزء من البرامج.

عملية الربط بين الخطط والأهداف

عملية الربط بين الأهداف والخطط تتم من خلال دراسة غاية المنظمة الأساسية أو رسالتها، فتكون الخطوة الأولى تحديد الهدف الإستراتيجي، ومن ثم وضع الخطط الإستراتيجية بناءً على غاية المنظمة ورسالتها والأهداف الإستراتيجية الموضوعة، ومن ثم تجزء الهدف الإستراتيجي الى أهداف تكتيكية باعتماد على الخطط الاستراتيجية الموضوعة، وذلك لوضع خطط تكتيكية، وثم وضع أهداف تشغيلية مبنية على الأهداف التكتيكية والخطط التكتيكية من اجل وضع خطط تشغيلية وتعتمد هذه العملية على غاية المنظمة .

2- التنظيم (7):

مفهوم التنظيم

هي وظيفة إدارية يتم فيها توزيع وترتيب الموارد البشرية منها، والغير بشرية كما وردت أو الموارد بالخطة والتي ستوصل المنشأة إلى بلوغ الهدف.

خصائص التنظيم

أ- **مراعاة الظروف المحيطة**: التنظيم الجيد يهتم بالظروف المحيطة مما سيمكن المنشأة من مواجهة هذه الظروف بالإستراتيجية للتغيرات التي سوف تطرأ، فتكون عملية التغير سهلة وميسرة فتساير المنشأة هذه التغيرات الناتجة عن التغير في البيئة المحيطة بها .

ب- **الاهتمام بالنشاطات المهمة للمنشأة**: نشاطات المنشأة تختلف بدرجة الأهمية، وبذلك فالتنظيم الجيد يميز النشاطات المهمة من النشاطات التي تكون فيها درجة الأهمية أقل مما يعطي الأنشطة الرئيسية اهتماماً مما يؤدي الى وضعها في مستوى إداري يتناسب مع درجة أهميتها.

ج- الاستفادة من التخصص: التخصص له عدة فوائد فهو يحقق سعة في الإنتاج وإتقان العمل الإضافي لتخفيض التكاليف، وبهذا فالاستفادة من التخصص مهمة جداً وتقضي بإيجاد وحدة مختصة بكل عمل أو أن يقوم الفرد بعمل معين ودور معين، وبهذا فإن الفرد يتقن العمل المناط به مما سيجعله أكثر سرعة في إنجازه وتقليل التكاليف من حيث الوقت والمال .

د- عدم الإسراف: من خلال التنظيم يمكن تقدير التكاليف والإيرادات المتوقعة من إنشاء وحدات تنظيمية مما يسهل عملية التقسيمات التي سوف تحقق عائدات وفوائد كبيرة .

فوائد التنظيم

1- تنمية الأفراد، وذلك من خلالها تدريبهم وتفههم لاتخاذ قرارات بشكل سليم بما يخدم المصلحة المشتركة والمنشأة .

2- تحديد العلاقات، في الأفراد في المنشأة فيتم تحديدها بوضوح وتساعد الأفراد على معرفة وإدراك موقعه في المنشأة وما هو الدور المطلوب منه .

3- إنشاء إجراءات قياسية، وذلك من خلال وضع طرق وإجراءات العمل، فتساعد العاملين على العمل.

4- القضاء على الازدواجية، في العمل فالتنظيم يزود وظيفة كل فرد وواجباته لذلك العمل .

5- تحديد السلطة الممنوحة، و من خلال التنظيم يتم تحديد السلطات لكل فرد ويتم تحديد أوجه ممارستها .

6- الاستجابة للتغيرات، التي قد تحدث للمنشأة بفعل العوامل المؤثرة سواء الخارجية أو الداخلية فمن خلالها التنظيم يتم تهيئة المنشأة للتغير في حال وجود ما يتطلب ذلك .

أنواع التنظيم
يقسم إلى نوعين رئيسيين هما:

1) **التنظيم الرسمي:** وهو التنظيم الذي يهتم بالهيكل التنظيمي وبتحديد العلاقات بين الأفراد والمستويات وتقسيم الأعمال والنشاطات وذلك بحسب أو كما وردت في الوثيقة التي تكونت المنشأة بموجبها ويكون مصمم من قبل الإدارة .

2) **التنظيم الغير رسمي:** وهو التنظيم الذي ينشا بطريقة عفوية بين الأفراد للتعامل الطبيعي داخل المنشأة وبفعل الصداقات والمصالح المشتركة بينهم، ويرتبط التنظيم الغير رسمي بالتنظيم الرسمي .

3- التوجيه (1):

مفهوم التوجيه
هو الكيفية التي تتمكن الإدارة من خلالها تحقيق التعاون بين العاملين وحفزهم للعمل لبذل أقصى طاقاتهم، وتوفير البيئة الملائمة التي ستمكنهم من إشباع حاجياتهم ورغباتهم.

شروط التوجيه الناجح
1- توجيه الفرد يكون بمفرده وبمعزل عن الآخرين، وذلك في حالة التأكد من ارتكابه خطأ في العمل .

2- ضرورة التأكد من الحاجة إلى التوجيه، وذلك بعد التأكد من وجود خطأ أو انحراف في الأداء وإلا سيكون للتوجيه أثر سلبى على المرؤوس .

3- التوجيه لا بد وأن يكون فى إطار مناسب وفي مكانه المناسب، وذلك بأن لا تتم عملية توجيه العاملين أمام زملائهم حتى لا يشعروا بالإحباط وحتى لا يشمت فيهم زملاؤهم.

4- يفضل أن يتم التوجيه في حالة ظاهرة اجتماعية، بطريقة غير مباشرة بمعنى أن يقولالمدير عندما يريد توجيه العاملين " ما بالكم إذا كان هناك أفراد يقومون بعمل كذا، ولكن نظراً لأن سياسة المنظمة لا تتفق وهذا الأداء فعلينا جميعاً أن نفعل كذا ... الخ .

5- على الموجهين مراقبة تصحيح الأداء وفقاً لتوجيهاتهم وتشجيع الملتزمين بالتصحيح، والعمل على زيادة إعطاء الفرصة لمن يؤدي واجبه ويصحح أداءه بغير قصد .

6- على الأفراد أن يتقبلوا التوجيهات والنصائح من رؤسائهم كما هي دونما أخذ الأمور بصفة شخصية أو بحساسية زائدة .

أدوات التوجيه

هناك من الادوات المستخدمة في عملية التوجيه نعرض هنا بعضها:

أولاً: الأوامر:

تعرف الأوامر بأنها القرارات التي يصدرها المدير، ويطلب من مرؤوسيه كلهم أو بعضهم حسب الأحوال وتنفيذها .

والأوامر من أهم وسائل التوجيه، إذ قد يتطلب من خلالها بوقف عمل ما أو بدء عمل أو تحريك عمل ساكن وتعديل مساره . وفي جميع الأحوال لابد وأن تكون الأوامر واضحة وكاملة وتحدد الواجبات بدقة،

ويستحسن البعض أن تكون الأوامر بصفة ودية – غير رسمية – حتى يتعاطف معها منفذوها، ولكن هذا يتوقف على درجة الثقة بين المدير ومرؤوسيه، وإصدار الأمر ليس غالية في حد ذاته ولكنه وسيلة إدارية من أجل تحقيق الأداء بأفضل أسلوب .

خصائص الأمر الجيد

هناك العديد من الخصائص التي تجعل الأوامر في صورة جيدة:

1- يجب أن يكون الأمر معقولاً وقابلاً للتنفيذ حتى لا يؤثر على معنويات العاملين بالسلب وحتى يؤثر في العلاقة بين الأفراد ومرؤوسيهم .

2- يجب أن يكون الأمر كاملاً، بمعنى ألا يترك استفسارات حول كيفية تنفيذه ومتى نبدأ في التنفيذ ومكان التنفيذ ......الخ .

3- يجب أن يكون الأمر واضحاً، بمعنى أن يفهم العاملون ماذا يراد بذلك الأمر وحتى لا يترك مجالاً لتفسيرات مختلفة، فلا يكفى إطلاقاً أن يكون الأمر واضحاً في ذهن المدير، بل لابد من التأكد من أنه واضح وغير عرضة للتأويل، وبالتالي نضمن تنفيذ المطلوب بالفعل .

4- أن يكون الأمر مكتوباً وفي هذا يكون هناك دليل على وجود الأمر وبيان لماهيته ولمن أصدره، لأن الأوامر التي تعطى شفاهية تكون أقل تأثيراً وأقل فهماً من العديد من الأفراد أو قد يختلفوا في تفسيرها .

وهناك مثال على ذلك، إذا أن أحد الأساتذة في إحدى الجامعات الأمريكية قد أعطى ورقة مكتوبة لأحد الطلاب وبها عبارة واحدة، وقال هذه العبارة للطالب شفاهة دون أن يسمعها الآخرين وبلغه بأن ينقلها ويعطيه الورقة مغلقة، وبعد نقل الورقة بين طلاب الفصل ونقل العبارة شفاهة معها دونما معرفة ما بهذه الورقة سأل الأستاذ آخر طالب في القاعة ما هي العبارة

التي وصلتك شفاهة فقال عبارة ثم طل بمنه أن يفتح الورقة التي وصلته ويقرأ ما فيها، ففتح الورقة وقرأ عبارة أخرى لا تمت بصلة للعبارة التي قالها .

وبهذه التجربة أثبت الأستاذ للطلاب أن الأوامر الشفوية إذا تناقلت بين عدة أفراد فسوف تصل في النهاية على غير ما كانت، وبالتالي فإن الأوامر المكتوبة تكون أكثر فاعلية .

ثانياً: التعليمات:

الأداة الثانية الهامة من أدوات التوجيه هي التعليمات، وتعرف بأنها: الإيضاحات التي يصدرها المدير لتوضيح الكيفية التي يجب أن يتم بها التنفيذ الفعلي والواجبات التي صدرت الأوامر بشأنها .

وتتميز التعليمات بأنها أكثر تفصيلاً وتوضيحاً لكيفية أداء الأعمال وبيان الخطوات اللازمة لهذا الأمر والتى يجب اتباعها في عملية التنفيذ .

وتتضح أهمية التعليمات من أنها تساعد التعليمات من أنها تساعد العاملين في المنظمة على معرفة الأسلوب الأمثل لإنجاز العمل المكلف به .

القيادة

نظريات القيادة

1- **نظرية السمات:** ترتبط هذه النظرية ارتباطاً وثيقاً بما يدعى (نظرية الرجل العظيم) والتي أساسها أن البعض يصبحون قادة لأنهم ولدوا وهم يحملون صفات القيادة، وقد جرت دراسات عديدة وجهت نحو دراسة الصفات الجسمية والعقلية ولم تركز هذه الأبحاث على الإداريين وإنما أيضاً على القادة السياسيين وقادة الطوائف الدينية .

2- **نظريات سلوك القائد:** بعد فشل نظرية السمات في تحديد سمات عالية تميز القائد الفعال جرت عدة دراسات في الخمسينات والستينات في محاولة تحديد يد سلوك القائد الفعال . ومن هذه الدراسات ما يلي:

أ- **دراسات جامعة (أوهايو) (Ohio Safte Study)**

قام مجموعة من الباحثين في جامعة (أوهيو) بدراسة القيادة حيث قام هؤلاء الباحثين بمحاولة تحديد بعدين للسلول القادة هما:-

1- تفهم واعتبار مشاعر الآخرين، وهذا السلوك يميل القائد لأن ينمي جواً من الصداقة والثقة المتبادلة بينه وبين المرؤوسين والاحترام لأراء مرؤوسيه ومشاعرهم .

2- المبادرة وتحديد العمل وتنظيمه، وفي هذا السلوك يميل القائد للتدخل في تخطيط الأنشطة ويحدد أدوارهم في إنجاز الأهداف ويؤسس قنوات اتصال واضحة بينه وبين مرؤوسيه ويقوم بتوزيع العمل ويقوم بالمراقبة.

ب - دراسات جامعية ميشقان (michgan)

قام مجموعة من الباحثين في جامعـة (Michigan) عـدة دراسـات وقـاموا بدراسة قادة فعالين وقادة غير فعالين لمعرفة الفرق بين مـا يقومـون بـه، وقـد حددوا سلوكيين رئيسيين هما:

1- **الاهتمام بالعـاملين:** سـلوك اهـتمام القائـد بالعلاقـات ذو أهميـة مـع المرؤوسين ومشاكلهم وتنمية جماعة فعالة في العمل موجهة .

2- **الاهتمام بالإنتاج أو العمل:** سلوك تشديد القائد عـلى الإنتـاج والأمـور الفنية المتعلقة بالعمل مع النظر للعاملين على أنهم الوسائل التـي مـن خلالها يتم العمل .

ج - الشبكة الإدارية(the Mangeriad)

طور(رو برت بـلاك Robert blake) و(جـين مـاوتون jane Mauton) نظريـة الشبكة الإدارية، وقد حددا أسلوب السلوك القائد وهما:

1- الاهتمام بالفرد.

2- الاهتمام بالإنتاج.

النظرية الظرفية: ويقوم هذه النظرية على أساس أن القائد الناجح هو الذي يستطيع تكيف أسلوبه بما يتلاءم مع الوضع أو الظروف أو المواقف التي تصادفه، وتكون لديه درجة عالية من المرونة بحيث يستطيع تغير أسلوبه وفقاً للحاله ومن أهم النظريات الظرفية هي نظرية فيدلر (fidler).

3- **نظرية هيرزبيرغ:** قام فريدرك هيبرزبيرغ بتطوير نظرية المتغيرين بناء على أبحاث قام بها على مجموعـة مـن المـديرين حيـث بحـث في دراسـته عـن إجابة للسؤال:

ماذا يريد الأفراد من أعمالهم؟

حيث طلب من الأفراد وصف حالات شعورهم السيئ والجيد تجاه أعمالهم بشكل تفصيلي وقام بجمع هذه المعلومات وتبويبها، ولقد بينت هذه النظرية بأن العوامل المؤثرة في بيئة العمل والتي تؤدي الى الرضى هي ليست بالضرورة نفس العوامل التي تؤدي الى عدم الرضى، وقد قسم هيبرزبيرغ العوامل في بيئة العمل الى قسمين:

1- عوامل صيانة أو وقائية .

2- عوامل حافزة .

5- **نظرية التوقع (Expectancy Theory):** قام بتطوير هذه النظرية هيكتور فروم عام 1964، وتعتبر من النظريات المهمة في تفسير الحفز عند الأفراد، وتشير هذه النظرية الى الرغبة أو الميل للعمل يعتمد على قوة التوقع بأن ذلك العمل سيتبعه نتائج، كما يعتمد أيضاً على رغبة الفرد في تلك النتائج، فقوة الحفز عند الفرد لبذل الجهد اللازم لإنجاز عمل ما يعتمد على مدى توقعه في النجاح بالوصول الى ذلك الإنجاز، وهذا التوقع الأول وأضاف فروم بأنه إذا توصل أو حقق الفرد إنجازه فهل سيكافأ على الإنجاز أم لا وهذا هو التوقع الثاني عند فروم .

فهناك نوعان من التوقع هما:

1- التوقع الأول: قناعة واعتقاد الشخص أن القيام بسلوك معين سوف يؤدي إلى نتيجة معينة .

2- التوقع الثاني: وهو حساب النتائج المتوقعة إذا قام الفرد بذلك السلوك و ماذا سيحصل بعد إتمام عملية الإنجاز .

4- الرقابة (8):

مفهوم الرقابة

هي قياس النتائج ومقارنتها مع الأهداف الموضوعة كماً ونوعاً، أو عرفها هنري فايول بأنها: (الإشراف والمراجعة من سلطة أعلى بقصد معرفة كيفية سير الأعمال والتأكد من أن المواد المتاحة تستخدم وفقاً للخطة الموضوعة).

عناصر نظام الرقابة

1- تحديد الهدف من الرقابة .
2- وجود نظام جيد للتبليغ .
3- تحديد من هو صاحب الحق في اتخاذ إجراءات تصحيحية .
4- وجود معيار .
5- تحديد أسلوب الرقابة ووسائلها.
6- تحديد نوع الرقابة .

خصائص الرقابة

1- **الملائمة:** أي ملائمة نظام الرقابة مع طبيعة عمل المنشأة وحجمها .
2- **توازن التكاليف مع المردود:** بحيث أن تكون التكاليف المبذولة لنظام الرقابة متناسبة مع المردود أو العائدات والذي وضع من أجلها .
3- **الوضوح:** أي أن يكون نظام الرقابة ووسائل الرقابة واضحة لجميع العاملين في المنشأة.
4- **المرونة: أي** أن تكون قابلة للتعديل والتطوير بما يتلاءم مع المتغيرات التي تطرأ تبعاً للظروف .

أساليب الرقابة

1- **أساليب وصفية:** سجلات دوام الموظفين، الرسوم البيانية سجلات الزمن، التحاليل المخبرية .

2- **أساليب ميدانية:** عن طريق الجدولات التفتيشية .

3- **الأساليب الكمية:** التحليلات المالية والنسب المالية ومعدلات الدورات وقوائم المقبوضات والمدفوعات والميزانيات التقديرية .

4- **الأساليب الشبكية:** شبكة بيرق والمسار الحرج .

الفصل الثاني
تنمية وتطوير مهارات
الاتصال تطبيقاً

تنمية وتطوير مهارات الاتصال تطبيقاً

مفهوم الاتصال (9)

هي عملية مشتركة هدفها نقل معلومات ذات غرض محدد ومن شخص لآخر، تتطلب مرسل للمعلومات ومستقبل لها (المعلومات والأفكار)، كما ان مسمار الربط بين كافة أرجاء التنظيم الإدارى فهو الجهاز العصبي للمنظمة والتي تبعث فيها الحياة وتدفعها اقتراباً نحو الهدف وبدون الاتصال لا يكون هناك تنظيم .

أهداف وأهمية الاتصال

1- تدعيم العلاقة مع المجتمع .
2- تفهم الفرد للعمل المكلف به .
3- تحقيق الفاعلية لعمل الإدارة .
4- تدعيم المركز التنافسي للمنشأة .
5- التعرف على مشكلات ومعوقات العمل .
6- تدعيم مفهوم العلاقات الإنسانية .
7- تحقيق التناسق في الأداء .
8- تقليل الإشاعات في التنظيم .

خطوات عملية الاتصال (11)

1- تحدد الهدف الأساسي من الاتصال: حدد الهدف الأساسي من الاتصال من خلال الاجابة على ما يلي:

- هل هو مجرد توصيل معلومة؟ أم تحفيز وتنبيه الفكر؟

- هل يسعى المرسل إلى إقناع المستقبل أو المستقبلين بعقيدة معينة؟ أم أنه يحاول أن يقنع المستقبل أو المستقبلين بالتصرف على نحو ما بواسطة الأمر المباشر؟ أم بالإقناع؟

- (إذا كان المرسل يستخدم الإقناع فإن الاتصال يصبح جزءاً من عملية البيع)، وبالتالي ما هو الفعل أو التصرف المرغوب؟.

2- ملائمة الرسالة للمستقبليه:

من الملاحظ أن كل مستقبل يهتم برسالة معينة بدرجات مختلفة ولأسباب مختلفة، فيرجح أي رسالة ستلقى قبولاً أكب، وبالتالي ستجد طريقها للتنفيذ إذا وضع المرسل هذه الاعتبارات بين عينيه:

- من هم المستقبلون؟
- ما هي طبيعة اهتماماتهم؟
- هل هم جميعاً مهتمون بالأمر بنفس الدرجة؟
- هل من الضروري تغليف الرسالة بمظهر جذاب أو مقبول؟
- إذا كانت الرسالة تتطلب استجابة من نوع ما، فما هي أسهل وسيلة يستجب بها المستقبل؟

وبناء على الإجابات التي تحد لها لتلك الأسئلة قد يتضح أنه يوجد في الواقع مجموعات متعددة من المستقبلين وقد يقتضى الأمر دراسة كل منهما على حده .

3- حدد المشكلة: تشمل الاسئلة التالية:

- ما هي الظروف التي أوجدت لديك تلك الحاجة الملحة إلى أن (تتكلم)؟ ما هي الحاجات التي ينبغى الوفاء بها؟

- من هم المستقبلون؟ وما عددهم؟ هل هم متجانسون في مصالحهم واهتماماتهم؟ أم تنوعوا المصالح والاهتمامات؟ هل لديهم معرفة بها طيبة وصحيحة بالمشكلة أم لديهم معرفة بها ولكنها ناقصة أو خاطئة أو مضللة؟ هل هم معادون أم منصفون أم غير بالغين بالمشكلة على الإطلاق؟ هل هم يتصرفون على نحو خاطئ أم هم لا يقومون بأى تصرف على الإطلاق؟

- ما هي طبيعة العلاقة بين المرسل والمستقبل؟ وما مدى قدرة المرسل على أن يطلب من المستقبلين تخصيص بعض وقتهم له؟

إن التوصل إلى إجابات دقيقة لتلك الأسئلة المترابطة سوف يحدد إلى مدى بعيد الشكل النهائي لمجهود الاتصال ومدى كفاءته وفاعليته .

4- اقامة العلاقة: يجب اقامة العلاقة وتوسيعها من خلال:

- انتق الوسيلة أو وسائل الاتصال الأكثر ملائمة للهدف من بين وسائل الاتصال المتاحة.
- ضع الرسالة في الصورة الأكثر ملائمة .

ومن السهل على المرسل أن يستسلم لإغراءات وسائل الاتصال وسحرها باستخدام وسائل التمايل لذاتها وخاصة حينما يكون هدف الرسالة غامضاً ولكن يجب ألا يغيب عن أذهاننا، أن وسائل الاتصال وأساليبها الفنية ما هي إلا أدوات يستعان بها لتوصيل الرسالة وبالتالي يجب ألا تستحوذ تلك الأساليب على اهتمامنا إلا بالقدر الذي يتناسب مع دورها هذا .

5- اعداد الصيغة النهائية للرسالة: قم بإعداد الصيغة النهائية للرسالة كما يلي:

- اجمع المعلومات المتصلة بالموضوع .
- ضع الأفكار العامة للمشروع .

- قم بإعداد مسودة الرسالة .

هل هي خالية من الثغرات؟ هل تساعد حقاً على حل المشكلة .

وهذه المسودة يجب أن تكون بنّاءة قائمة على بحث ودراسة الحقائق وظروف الموقف والاعتبارات الأساسية في الحالة والشرح والإيضاحات المرتبطة بالموضوع، وإذا كانت الرسالة تدعو إلى اتخاذ إجراء ما (محاولات "بيع") فإن المسودة يجب أن توضح أسلوب الاستجابة للرسالة .

أنواع الاتصال (6)

1- الاتصال الشفهي مباشرتاً لفظي- يعتبر الاتصال شفهياً إذا أرسلت الألفاظ عبر الهواء مباشرة، ويغلب عليها أنها مباشرة مثل الهاتف/الشخصي.

2- الاتصال الكتابي غير مباشر لفظي – وهو الاتصال عبر تدوين الألفاظ والكلمات بالأبجدية أو الرموز أو الأرقام؛ ومثل:
الخطابات/ التعليمات/ القرارات/ الدراسات.

3- الاتصال المرئي غير المباشر الغير لفظي – والذي تحظى العين بتركيز عالي وكبير منه، فهو مشاهد، وعادة ما يكون بالإعلان أو لتوضيح الأفكار والصور، مثل: الرموز/ الرسوم البيانية.

4- الاتصال بلغة الجسم مباشرة وغير لفظي – وهي كل التعابير التي يحملها الجسم، أو أعضاؤه خلال عملية الكلام، أو كردود فعل صامتة مثل:
- الجلسة.
- العين.
- حركة الأيدي والأرجل.

تنمية عملية الاتصال الجيد (10)

1- وجود هدف يراد تحقيقه .

2- وساءل اتصال من أسفل إلى أعلى أو من أعلى إلى اسفل فلا بد من وجود الرغبة في عملية استقبال المعلومة أو الفكرة - الرسالة - حتى تحقق فاعليتها.

3- وجود قنوات اتصال فعالة تجعل الأفراد في حالة حركة دائمة لبلوغ الهدف، وفي ضوء عملية الاتصال لابد وأن تكون الرسالة للآخرين، ويكون هناك استعداد لقبول الرسالة من المرسل إليهم وهم العاملين في المنظمة .

4- إقبال الأفراد ورغبتهم فى تحقيق الهدف .

نجاح جلسات الحوار (3)

ولنجاح جلسات الحوار, لا بد من توضيح بعض المفاتيح التقنية الأساسية، ومن أهمها :

- احترام حرية عدم الإجابة من قبل المشاركين على أي سؤال .
- التمهيد للانتقال بالمشارك من مرحلة لأخرى, من خلال توفير أجواء مريحة وودية, مع شيء من المرح .
- طرح الأفكار والمعلومات المتناسبة مع استعداد المشاركين لمناقشتها ضمن المجموعة .
- التحفظ تجنباً لجرح مشاعر الآخرين .
- تزويد المشاركين بالمعلومات وبعناوين النقاش والنقاط المتعلقة بهم .
- التأكيد على وجوب احترام قيم الآخرين وآرائهم .
- إبداء المرونة واستبعاد ردات الفعل والأحكام النهائية مع إحاطة الآخرين بالاهتمام وتتبع ردات فعلهم أثناء النقاش .

- الحضور القوي, وما يقصد به لا يعني اعتماد اللغة لدى الحوار فحسب, بـل اللجـوء أيضاً إلى لغة الجسد والحركات.

- التريث عند الاستماع إلى آراء بعض المشاركين المخالفة لآرائه .

وسائل الاتصال (12)

هناك نوعان من وسائل الاتصال:

- النـوع الرسـمي والنـوع غـير الرسـمي، والنـوع الأخـير هـو الـذي تسـتخدمه جماعـات التنظيمات غير الرسمية في المنشأة وهو يتمتع على درجة عالية من التصديق من جانب أعضاء هذه الجماعات، وبالرغم من ذلك فإن معلوماته لا تأتي من مصادر رسمية، ومـن ثم يمكنه أن ينقل معلوماته لا تأتي من مصادر رسمية، ومن ثم يمكنه أن ينقل معلومات لا تمثل الحقيقة وكذا الإشاعات وما شابه ذلك، وفي هذه الناحية يمكن حظر الاتصال غـير الرسمة .

ولكنه نشاط طبيعى في أية منشأة وسيكون موجوداً عندنا طالما أن هناك جماعة مـن الأفراد تعمل مع بعضها البعض، ولها مصالحها واهتماماتها الخاصة وأمام هـذه الحقيقـة فإن المدير العملي يستخدمه كجزء من مسالك الاتصال للمنظمة كلـما أمكنه ذلك، أمـا وسائل الاتصال الرسمي فتتضمن بالإضافة إلى المسالك التنظيميـة المحـددة العديـد مـن الوسائل منها الآتي (5):

1- المقابلات الخاصة .

2- الاجتماعات على مستوى الإدارة أو القسم .

3- الاجتماعات العامة .

4- المؤتمرات .

5- المكالمات التليفونية .

6- المحلات والجرائد الداخلية (التي تصدرها الشركة) .

7- التقرير السنوى للموظفين .

8- الخطابات البريدية المباشرة .

9- الملصقات على الحائط .

10- النشرات الدورية .

11- النشرات الخاصة .

دوافع البشر وكيفية التعامل مع السلوك الإنساني

كشف العالم النفسي إبراهام ماسلوا أن كل البشر يشعرون بحاجات محددة ويسعون إلى إشباعها، ولقد توصل ماسلوا إلى أن الحاجات البشرية تقنع الإنسان وتتحكم في سلوكه .

و توصل إلى تجميع الحاجات الانسانية إلى خمس مستويات إذا أنه يعتقد أن الإنسان يسعى إلى إشباع الحاجات التي في المستويات الأعلى، بعد أن يحقق إشباعه للحاجات التي تكون في المستويات الأدنى، وذلك وفقاً لسلم الحاجات المشهور الذي قام بتحديده .

ولقد وصف ماسلوا الحاجات الانسانية في مجموعاتها أو مستوياتها الخمس كما يلي:

1- الحاجات الأولية: وتتمثل في الحاجة إلى الماء والهواء والطعام، والمأوى.. إلخ، والتي تمثل الحاجات الأساسية اللازمة للبقاء على وجه الحياة .

وبالتالي فهي تمثل الحاجات المادية والفطرية الأساسية، التي يسعى الإنسان لإشباعها وذلك على الرغم من أن الكثير من البشر في العالم لم يتمكنوا إلى الآن من إشباع الحد الأدنى منها .

2- الحاجة إلى الأمن والامان:وقد يواجه كثير مـن النـاس أيضاً صـعوبة في هذه الحاجات، وخاصة منهم مـن يعـيش في مناطق البراكـين والـزلازل، أو البلدان التى تتسم بالتقلبات السياسية، وهناك أفراد يعملـون في وظـائف تتسم بالمخاطرة أيضاً، مثل عمال المناجم وغيرهم .

وعموماً .. فإن الفرد يسعى دائماً إلى الشعور بالأمن والأمان، كـما يسعى الفرد مثلاً إلى الشعور بالأمان في العمل والاستقرار فيه وعدم الخـوف مـن الفصل أو الاستئناف عنه.

3- الحاجة إلى إثبات الذات: وهي أعـلى مسـتوى للإنجـاز البشـرى طبقـاً لفلسفة ماسلو، وهي تقع في المستوى الذي يستطيع فيه الفرد أن يفهـم حقيقته ويدركها، وأن يعرف قيمة كفاءته والقدرات الكامنة فيه، ويسـعى إلى تطويرها وتنميتها .

4- الحاجـة إلى الحـب والانتـماء: وتتمثـل في الحاجـات الاجتماعيـة التـي تجمل الفرد ببذل الجهد ويقضي كثيراً من السعى إلى الآخرين والعمل على أن يكون محبوباً من الغير .

فالانسان حيوان اجتماعي بطبعه، ولا يمكنه أن يحقق السـعادة دون إتمـام عملية الاتصال بالآخرين وتبادل الحب والود معهم .

5- حاجات المركز والمكانة: وتتمثل في الحاجات إلى احترام النفس والـذات، وهـي الحاجـات القريبـة مـن قمـة السـلم أو نهايتـه، والتي قـد يصـعب الوصول إليها لأنها تطلب أن يفهم افرد نفسه ويحترمها حتى يمكن لـه أن يفهم الغير ويحترمه .

العوامل التي تؤثر على تنمية الإدراك لدى الاشخاص (13)

1- المشاعر والاتجاهات والحاجات الكامنة لدى الفرد .

2- المستوى الثقافي والتعليمي للفرد .

3- الحواس وقدراتها على الاستقبال .

4- القيم الدينية التي يؤمن بها الفرد .

5- الدور الاجتماعي الذي يشغله الفرد .

6- توقعات الفرد لما سيتم استقباله من مثيرات .

7- الخبرات السابقة والمعلومات المختزنة لدى الفرد .

8- البيئة الحضارية التى يعيش فيها الفرد.

تنمية مهارات خاصة في الاتصال الفعال

1) مهارات كتابية:

هناك عدد من العوامل التي يجب مراعاتها لزيادة مهارة الكتابة، وهـذه العوامـل هي:

1- يتعين عند الكتابة تقسيم الرسالة أو الخطاب إلى فقرات مـن حيث المقدمـة والمحتوى والنهاية .

2- يجب مراعاة عناصر التكاليف المرتبطـة بالكتابـة، وبالتـالي فيجب أن نسـأل أنفسنا في كل مرة نعد فيا خطاباً أو أوامر ...الخ .

3- استخدم الكلمات البسيطة وتجنب الكلمات الثقيلة عند الكتابة:

- اجعل مقدمة الخطاب بسيطة .

- أحسن تقديم الرسالة مع استخدام اللغة الاقتصادية .

- لا تستخدم الكتابة فى الرسائل والاتصالات التـى يكون فيهـا نقـل المشـاعر مهمة.

- تجنب التكرار .
- حدد الغرض الرئيسي من كل خطاب .
- نظم دورات تدريبية إذا لزم الأمر لتحسين مهارات الكتابة .
- قسم الخطابات والرسائل إلى أربع مجموعات:
1- مجموعة خاصة بالمعلومات الروتينية أو رسائل الأخبار .
2- رسائل الرفض أو الإخبار السيئة .
3- رسائل الإقناع والتحرير .
4- رسائل خاصة بالمشاركة في ممارسة أعمال معينة .
- احضر العوامل التي تساعد على تحسين الخطابات المنظمة .

2) مهارات الحديث:

هناك عدد من الطرق الخاصة بتحسين مهارات الاتصال عند الحديث، وهذه الطرق هي:

1- استخدام النغمة السهلة وأن يكون إيقاع اللفظ سهل وغير رسمي ويمكنك استخدام اسم
الشخص في المخاطبة حسب نوعية العلاقة .
2- تحكم في حركات شفتيك وحواجبك .
3- استخدام المعلومات المألوفة ولا تجهد المستمع بالمعلومات الفنية .
4- راعي عامل السرعة في الحديث فلا تبطئ ولا تسرع بل اعتدل في السرعة في الكلام .
5- ابتعد عن التهديد في المناقشة .
6- كن صريحاً عندما يوجه الآخرون سؤال معين، مع إعطاء أكبر قدر من المعلومات .

7- أحسن استخدام الدعابة لتخفيف حالة القلق ولا تسرف في استخدامها .

8- تلاشى الحكم السريع على المواقف والأحداث والأشخاص .

3) مهارات الإصغاء:

فيما يلي بعض الإرشادات المفيدة عند التخاطب وجهاً لوجه:

1- كن سهلاً في مناقشتك فلا تضع الناس في موقف دفاعي قد يصل إلى حـد الغضب .

2- قف عن الكلام فلا تستطيع الإصغاء وأنت تتكلم .

3- شارك وجدان المتكلم .

4- أشعر المـتكلم برغبتـك في السـماع، وذلـك مـن خـلال المتابعـة بـاهتمام ومحاولة التفهم بدلاً من المعارضة .

5- تحرر من الذهول والارتباك، وذلك بضبط تصرفاتك وعدم الانصراف إلى أشياء أخرى .

6- ضع المتكلم في وضع مريح وطبيعي، وبالتالي يمكن مساعدة المتحدث على الكلام بحرية.

7- اطرح بعض الأسئلة وذلك يشير إلى إصغائك ومن الأفضل أن تقدم أشياء موضوعية.

8- قف عن الكلام هـذا هـو الإرشـاد الأول والأخير نظراً لتوقف الإرشادات الأخرى عليها.

9- كن صبوراً يلزم السماع لأكبر وقت مع عدم مقاطعة المتحدث .

10- اضبط أعصابك حيث أن الشخص الغضبان يستقبل المعنى بقصد خطأ .

عناصر الاتصال الفعال (14)

1- تذكر أن الاتصال الفعال يعتمد على التفسير الجدي للرسالة، أي شرح المعنى بأسلوب تحفيزي يتقبله الطرف الآخر ويفهمه بناء على خبراته ومعلوماته السابقة .

2- يجب أن تأخذ في اعتبارك أن الاتصال عبارة عن علاقة تبادلية إنسانية، أي هي تأثير الناس على الناس .

3- تذكر أن في المقابلة الشخصية (لوجهاً لوجه) غالباً ما تعتبر طريقة المخاطبة أهم كثيراً من المعنى .

4- يجب أن تكن رسالتك ذات قيمة للطرف الآخر على حسب مفاهيمه للأشياء ذات القيمة.

5- حدد أهدافك من الاتصال مع مراعاة الكيفية التي يمكن أن يفسر بها الطرف الآخر هذه الأهداف ويتجاوب معها، وكما أن عليك أن تتفهم أهدافه التى تتعارض أو تختلف مع أهدافك.

6- تذكر أنك تعبر عما تريد أن تقوله بعدة وسائل هي: (الكلمات ووضع الجسم، وتعبيرات الوجه، ونبرة الصوت، والتركيز على المقاطع) .

7- قبل الاتصال عليك أن تكتشف الأشياء التي تثير اهتمام الطرف الآخر والأشياء التي قد تثير شكوكه أو ضيقه أو غضبه.

8- عليك أن تعطى الطرف الثاني وقتاً كافياً للاشتراك في الحوار .

9- حول أن تتنبأ بالاستقبال المحتمل لرسالتك من الطرف الآخر

10- ليكن كلامك في حدود العلاقة التي تربطك بالطرف الآخر ولا تتعده هذه الحدود .

11- كن حساساً لوقع الصمت المعبر عن الاتصال .

12-تذكر أن لغة المشاعر والاحساسات تكون أغلب الأحيان أكثر إقناعاً من لغة العقل .

13-تخير الكلمات مع الأخذ في الاعتبار تأثيرها المحتمل على العقل والعواطف

14-تعرف على مدى احترام الطرف الآخر لك، وعلى أسبابه.

15-تذكر تماماً أنك مهما كنت حريصاً فإنك غـير معصـوم مـن الخطأ وأن مـن الصعب على الإنسان أن يميل إلى شخص يتعالى عليه بمعلوماته .

معوقات الاتصال بالآخرين وكيفية تنميتها (حلها)

1- العبارات التقريرية والتخصصية (15):

عندما نستخدم العبارات التقريرية أي تلك التي تعيد التقرير والحسم أو العبارات التخصصية، تلك التي تفيـد التخصيص فأنت تـدفع الآخرين إلى اتخاذ جانب الدفاع والمقاومة، فلو أنك استخدمت إحدى هاتين العبارتين مع أحد المتعاملين معك:

- دائماً تأتي متأخراً .

- لم يحدث أن جئتني بعملية خالية من المشاكل .

فأنت تلقي بقفازك في وجهه مما يضطره إلى الدفاع عـن نفسـه، وبـدلاً من أن يبدأ حديثاً عادياً معك فإنه يجتهد في البحث عـن أحـد المواقف التي تثبت خطأ ما قلت أو عكس مـا قلت، وعنـدما يحـدث هـذا تضيع الرسالة الأساسية التي تـود توصيلها في معركـة التفاصيل، إذ تبـدأ درجة الاستماع في الانخفاض رويداً رويداً حتى تتلاشى وينسى كل منكما المشكلة الحقيقية والحل المطلوب لها .

كيفية تنميتها

- تحاشى العبارات التخصيصية والتقريرية كلما أمكن ذلك، فاستخدامها يؤدي دائماً إلى خلق حالة من القلق .

- استشهد ببعض المواقف التي تؤيد ملاحظاتكم التقريبية .

- استخدام العبارات التقريرية في التعبير عما تريد مثل " يبدو لي أنك سجلت كثيراً من كشوف المتأخرين في الأيام الأخيرة "، فمثل هذا التعبير يؤدي إلى الاسترخاء النفسي للطرف الآخر ويجنبك دفاعه .

2- التسرع في التقييم أو التعليق:

كثيراً ما يكون التسرع في التقييم وإبداء الملاحظات مسار شكوى الكثيرين، إذ أن التسرع في الاستنتاج وإصدار الاحكام قبل الإلمام بأكبر قدر من المعلومات يؤديان إلى إصدار التعليمات غير المفيدة، والأحكام غير الناضجة، ولعلنا نحسن صنعاً إذ استرشدنا بهذه القواعد .

كيفية تنميتها

- تأكد من استيعابك لكل النقاط والمسائل كما يراها الطرف الآخر، وليس كما يحلوا لك أن تراها .

- الالتزام بمبدأ تأجيل الحكم أو التروي بمعنى أن تحتفظ باستنتاجك وتعليقاتك إلى أن تنتهي مناقشة جميع الأفكار .

- لا تتوان عن توجيه الأسئلة الإيضاحية حتى في الحالات التي تشعر فيها بإلمامك بكل المعلومات .

- استخدم مهارات الاستفسار والاستماع الفعال .

- تأكد من معنى الحركات التعبيرية التي قد تلاحظها .

- استوضح تعليقات الآخرين والنقاط التي يناقشون فيها بإثارة الأسئلة

3- الغضب عند المقاطعة والاستفسار (16):

يقصد بالغضب أن يصدر منك أقوال أو أفعـال عنـد المقاطعـة أو الاستفسار تؤدي إلى اتخاذ مواقف دفاعية أو رد فعل سلبي، وينجم عنها تقليل فعاليـة الاتصال، ولا شك أن المقاطعة أو الاستفسار أثناء الحديث تحتاج منك إلى نـوع خاص من المعاملة إذ من الطبيعي أن نغضب إذا مـا قوطعنا أو بـدا أننا غـير مفهومين للآخرين .

كيفية تنميتها

- استخدم التعليقات الغير مباشرة التي تنفس بها عن غضبك مثل:

- لا تقلق بشأن هذه المسألة، اعتقد أنها ستكون أكثر وضوحاً عندما انتهـى من الحديث.

(بعد أن ينتهي المقاطع من تعليقه).

- قبل أن ينتهى اجتماعنا أشعر أني لم أكن واضحاً تماماً فيما قلت، فهل لك أن تفهمنى بمفهومك؟

- من المفضل دائماً، ألا تظهر عدم استماعه لك بطريقـة مجحفـة بـل عـالج الموقف بحكمة مثل:

- يخيل ان اهتمامك بهذه المسألة هـو الـذي يـدفعك لطلب المزيـد مـن المعلومات وها أنا مستعد لزيادة الإيضاح .

- استخدم النغمة الهادئة المنخفضة للصوت عند صياغة الأسئلة .

- توقف عن الحديث بين الفكرة والأخرى، وانتظـر برهـة ثم تسـاءل عـن مدى وضوحها .

- استخدام النغمة الاستفسارية عندما نستوضح عـن مـدى فهـم الطرف الآخر حتى لا يظن أنك تبكته .

- استخدم التلخيص وإعادة الصياغة حتى تزيد من مدى فهم الآخرين لك .

4- مقاطعة الآخرين:

لا شك أن مقاطعة الآخرين هي أخطر ما يهدد استرسال الآخرين في الحديث والمناقشة المجدية، فمقاطعة الآخرين تشل تفكيرهم وتسبب لهم الارتباك وبالطبع النتيجة الحتمية، لذلك قليلاً من المعلومات وكثيراً من الضوضاء . إن أكثر الأضرار التي تنجم عن المقاطعة ذلك الأثر النفسي ـ الذي ينتاب الآخرين فهي تعني بالنسبة لهم عدم الاكتراث بهم وعدم الاهتمام بأفكارهم مما قد يدفع بهم إلى الانسحاب والاختصار في الحديث .

كيفية تنميتها

- تجنب مقاطعة الآخرين .
- أنصت جيداً حتى تتمكن من تلخيص وجهة نظر المتحدث قبل أن تبدأ في الإدلاء بما تريد.
- لا تجلس متحفز للرد، بل استرخى في مجلسك على أمل أن تصل إلى ما تريد فلن تستطيع أن تنصت جيداً إذا شغلت ذهنك بالرد.
- استخدم كل ما لديك من مهارات الاستفسار والاستماع الجيد .
- ركز الإنصات على النقاط الرئيسية.
- وجه بعض الأسئلة الاستيضاحية حتى تبدوا راغباً في الاستماع لأفكار الغير ومتفهماً لوجهة نظرهم .

5- الاستئثار بالحديث:

من المهم ترك للتعامل معك فرصة الحديث، فلو أنك أمطرته بوابل من العبارات المتتالية، فعلى جانب أنك تسلبه حق الكلمة، فأنت تشعره أيضاً

بعدم اهتمامك بما سيقول، إن عدم مشاركة الآخرين في الحديث لمدة طويلة يفقدهم الاهتمام، فالمشاركة تثري المناقشة والحوار، كما يجب عليك ألا تنسى أنك بحاجة إلى أفكار الغير ومعلوماتهم حتى يمكنك اتخاذ القرارات الصائبة .

تخيل أنك جلست مستمعاً لمدة طويلة ثم سئلت عن رأيك، ما الذي يحدث غالباً؟ في معظم الأحيان تكون الإجابة قصيرة لا توزيد عن " لا أعرف " أو " نعم " " هذا صحيح " لقد أدلي المتحدث باعديد من النقاط وطرق الكثير من المسائل والموضوعات حتى أنك لم تعد تتذكر شيئاً منها، وفي أحسن الاحوال نقطة أو نقطتين، تذكر هذا الموقف عندما لا تريد الإجابة التي تتلقاها عن " نعم " أو " لا " ثق أنك تحدثت كثيرً إلى الناس وليس معهم .

كيفية تنميتها

-لا تعتل منبر الحديث وحدك .

-استعن بالامثلة والخكم الموجز التي تفيد في توضح ما تريد .

-استخدم الأسئلة المفتوحة التي تشجع الآخرين على الحديث .

-ركز تعليقاتك ولا تكرر نفسك .

6- التهكم والسخرية (17):

يلجأ بعض الناس إلى التهكم والسخرية في اتصالاتهم بالآخرين، فيصدرون التعليقات التي تحمل في مضمونها الاستهزاء بأفكار الغير أو ذكائهم، ويعتقدون خطأ أنه لا غبار ولا خطأ ينجم عن تعليقاتهم هذا طالما أنها تمر في موجة من موجات الضحك، ولقد أثبتت بعض البحوث المبدئية أنه كلما زادت درجة الضحك التي يثرها التعليق الساخر زادت درجة الخنق والخوف الغضب لدى الغير حتى إن لم يبدأ ذلك علانية، ويظل متحفزاً إلى أن

تأته الفرصـة للـرد واسـترجاع كرامتـه . ولا يعنـى التـزام التـزمّت في الاتصال بالآخرين وارتداء حلة رسمية كاملة، بل من المفضل أحياناً التباسط في الحيث بما يزيد الفهم المتبادل .

كيفية تنميتها

- اسأل نفسك هل يمكننـى أن أصيغ ملاحظاتـي في شـكل عبارات أو أسـئلة بعيدة عن السخرية، وهل يمكننـى توجيهها بطريقـة جديـة والقدرة عـلى التعامل مع ما سـوف يبديه من تعليقات؟ إذا كانت إجابتك بـالنفي فمـن الأفضل أن تتناسى هذه الملاحظات .

- عبر عما تريد في عبارات بسيطة في كلمات مباشرة .

- تجنب السخرية تماماً .

- ضع نفسك مكان الطرف الآخر وفكر فيما يمكن أن يكون عليه شعورك لـو تهكم عليك أحد .

- إذا أردت اسـتخدام الدعابة من قبيـل التباسـط مـع الغير والتخفيـف مـن قيود العلاقـات الرسـمية، فعليـك أن تحلـل محتويـات النكتـة التـي تنـوى إطلاقها وما تقصده منها وهل تقصد من ورائها تغيير أمـر معـين؟ أم أنـك تسوقها لمجرد السخرية من شخص معين؟ فيما يتعلق بـالأمر فيمكنك أن تتبدأ بالدعابة بشرط أن تكون مناسبة للموقف، أمـا فيما يتعلق بـالأمر الثاني (مجـرد السـخرية) فإننـا نحيلـك إلى البند الأول مـن هـذه الوصفـة العلاجية .

7- اسئلة الاستدراج:

الاسئلة الاستدراجية هي تلك الأسئلة التي تخلق المواقف الاضطرارية التي تشعر مستقبلها بالتآمر والغضب، فهو يشعر بتآمرك لأن أسئلتك لم تترك

له فرصة الاختيار في الإجابة، كما أنه سوف ينتبه للمصيدة التي تنصبها فلا تتوهم أنك أذكى من .

إن مثل هذه الأسئلة تؤدي بك إلى فقدان ثقة الآخرين وعدم اتفاقهم معك فيما تبديه من آراء وحلول ولو كانت صائبة، ومن أمثلة تلك الأسئلة:

- لقد كانت غلطتك أليس كذلك .

- الا توافقنى أن ضياع هذه الفرصة يرجع إلى الصعوبة التي واجهتكم في تخطيط الوقت .

- أعتقد أنك لا تظن بي ذلك .

كيفية تنميتها

- احترس من المعوقات الأخرى التي قد تصحب اسئلة الاستدراج مثل (اللوم، التعالي، العبارات التخصصية).
- استعن بمهاراتك في الاستماع الجيد .
- لا تكثر من الأسئلة المباشرة بل استعن بالأسئلة المفتوحة كلما أمكن ذلك.
- أخبر بما تريد في عبارات صحيحة .
- لا تطلب موافقة الآخرين التلقائية على ما تطرحة من قضايا .

8- المجادلة:

يندر أن تأتي المجادلة بنتائج بناءة، فالمناقشات التي تنتهى دائماً بـ " أنت على حق وأنت على باطل " تفسد العلاقات الطيبة وتترك انطباعاً بعدم السعادة للالتقاء، كلما أنها تقلل من احتمال عقد المقابلات، فمن خصائص المجادلة أنها تقلل درجة الرشد عند كلا الطرفين وتزيد من تماسك كل منهما رأيه وتصلبه في موقفه .

كيفية تنميتها

- دع الطرف الآخر يفرغ الشحنة الكلاميـة التـي بصـدره مـع مراعـاة حسـن الاستماع له حتى يمكنك أن تقلل من حدة توتره العصبي .
- حدد نقاط الاتفاق ونقاط الاختلاف.
- ركز حديثك على ما هو الصواب وليس من هو المحق .
- استعن بالنموذج التالي الذي يساعدك على الاسترجاع.
- استخدم بعض الأسئلة الاستضاحية، فقد تؤدي إلى تراجع الطرف الآخر عـن موقفه .
- اطلب بعض الأمثلة التي توضح النقاط التي يتمسك بها .

9- ممارسة بعض العادات المعوقة (18):

كثيراً ما يصدر عنا بعـض الأفعـال أو الحركـات أثنـاء الاسـتماع دون أن ندري، والواقع أن مثل هذه الحركات تخلق شعوراً من الضـيق لـدى المتحـدث وتجعله يتردد في الاستمرار في الحديث وسواء كنا على وعي بهـذه الحركـات أو غير واعين بها فإننا لا نستطيع أن نقدر مدى تأثيرها على الطرف الآخر وتحديد ما يغضبه وما لا يغضبه منها لاختلاف إدراك كل منا عن الآخر .

كيفية تنميتها

- تمعن في القائمة السابقة واسأل نفسك:
- أي من هذه الأفعال يضايقني إذا كنت متحدث؟
- أي من هذه الأفعال يصدر مني .
- تجنب الأفعال التي يبق أن حددتها في إجابة السؤال الأول والثاني .
- شارك الم تحدث في حديثه بتوجيه بعض الأسئلة وقليـل مـن المناقشـة المجديه .

- استرجع مهارات الاسترجاع الجيد.

10- التركيز على الأخطاء:

عندما يرتكب الناس خطأ أو يسيئون الحكم في أحد المواقف فإنهم عادة ما يدركون ذلك، ويفكرون في طريقة أفضل لمعالجة الأمور في المستقبل، ولذلك فالإطالة في ناقشة أخطائهم والتركيز والإصرار على إظهار حماقاتهم يؤدي إلى مضايقتهم، ومن الأفضل أن تجعل تحسين العلاقة في المستقبل هدفاً لك، فلا يفيد المتعامل معك في شئ أن تركز على أخطائه بقدر ما يفيده اهتمامك بمعالجة الموقف .

كيفية تنميتها

أ- ناقش الأخطاء بالقدر الذي يفيد في المستقبل وليس بقدر التكرار أو الشماتة .

ب- تأكد من إلمامك بكل حقائق الموقف قبل التعليق .

ت- تحاشى كلما أمكن مثل هذه العبارات:

- أرجوا أن تكون قد تعلمت شيئاً الآن .

- بالطبع أنت المسؤول عن كل هذه المناقشات .

- أعتقد أنك تحققت من غلطتك الآن .

- ركز على الاهتمام بالمستقبل في تعليقاتك .

الفصل الثالث
تطبيق مداخل التنمية الإدارية

تطبيق مداخل التنمية الإدارية

تمهيد

تبرز أهمية التنمية الإدارية في كونها الأداة التي تستطيع الـدول مـن خلالها رفع كفاءة أجهزتها الإداريـة، بما يكفل قيامها بمتطلبات خططها التنموية، ونسعى هنا لدراسـة المداخل والمنطلقـات البـدء بالتنميـة الإداريـة القديمـة والحديثـة مـع تسـليط الضـوء عـلى المداخل المختلفـة، والتـي يمكـن تطبيقها على المنظمات.

مفهوم مداخل التنمية الإدارية (19)

يقصد بالمدخل مجموعة من المفاهيم التي تبحث العلاقات الافتراضية بين الأفكار والفرضيات المختلفة، بهدف التنمية الإدارية.

تقسيم مداخل التنمية الإدارية

يقسم بالباحثين في الإدارة المداخل ومسالك البـدء بالتنميـة الإداريـة إلى قسمين رئيسين هما:

1- المدخل التقليدي.

2- المداخل الحديثة.

أولاً: المداخل التقليدية:

أ- المدخل القانوني:

لقد شاع هـذا المدخل كتطبيـق عمـلي في أواخـر القـرن التاسـع عشرـ وأوائل القرن العشرين، وذلك لارتباطه الوثيـق بـين القانون الإداري والقـانون الدستوري، إذا اعتبر التصرف الإداري قانوني، ولذلك لابد تغير وتعديل

القوانين عند إجراء أي تغير أواستحداث تنظيم للجهاز الإداري وما يعاب على هذا المدخل هو:

أن تغير القوانين لا يعني بالضرورة تمسك العاملين بها، ولهذا فإن من المحتمل عدم حدوث تغير يمثل هذا الاتجاه حجر عثرة في طريق أي اجتهاد وإبداع في الظروف التي يعجز عنها التنظيم، كما أن هذا المدخل لا يؤمن بأثر الإنسان وسلوكه وتوجهاته في عملية التنمية ولا يقيم للناحية السلوكية أي اهتمام ولا للبيئة إذ يعتبر المنظمة مغلقة.

ب- المدخل التنظيمي والإجرائي:

ووفقاً لهذا المدخل فإن عملية التنمية الإدارية تعتمد على مقدرة القيادة في تصميم وبناء شبكة المؤسسات لتعبئة الموارد البشرية وتنمية موارد الدولة الطبيعية، كما أن التنمية الإدارية تعني بناء مؤسسات وهيكل تنظيمية قادرة على الخلق والإبداع، ويركز مؤيدو هذا المدخل على الإصلاح الهرم الإداري وإنشاء هياكل ومؤسسات جديدة وقيام أقسام ودوائر جديدة وتطوير الإجراءات الإدارية، لتسهيل انسياب العمل في القنوات الإدارية المختلفة ويعاب على هذا المدخل ما يلي:

1- تركيزه على الجانب الساكن دون التركيز على العنصر البشري كمؤثر.

2- يعتبر المنظمة نظاماً مغلقاً وأن التنمية الإدارية تتم دون النظر إلى البيئة الخارجية.

3- كثرة القيود الإجرائية قد تربك العمل وتقيد حرية الفرد الإبداع.

ثانياً: المداخل الحديثة للتنمية الإدارية (21):

مدخل التطوير والتحسين المستمر

الخصائص:

1- التركيزعلى التحسينات في العملية التنظيمية ممايكسبه دفعة قوية إلى الإمام.

2- إدراك الحاجة لوجود شركات منافسة على مستوى عالمي، لتغير العلميات الأساسية وتطوير مستمر.

3- العمليات الإنتاجية والتنظيمية مقبولة ومدعومة من الإدارة العليا.

4- تجلي هذا المدخل في مفاهيم إدارة الشاملة.

5- لا يمكن تطبيقه بشكل جزئي بل يجب أن تكون عملية التطبيق متكاملة وارتباطه بعملية تطوير وتحسين مستمرة وشمولي لكافة أجزاء المنظمة.

إن عدم فهم الأفراد لهذا المدخل عند تطبيقه ومقدار الجهد الذي يجب أن يبذلوه سيؤدي إلى فشل في عملية التنمية الإدارية.

الخطوات السبعة في عملية التحسين والتطوير المستمر:

1. تحديد خطة التحسين (Identify Improvement Plant) وتشمل معرفة:
   - وضع المنظمة.
   - مجال فرص التحسين والتطوير.
   - من الزبون.
   - مدى أهمية خطة التحسين والتطوير.
   - من المستفيد من خطة التحسين.
2. معرفة الوضع الحالي للمنظمة (Current Situation) وتشمل ما يلي:

- هل هنالك مخطط لسبب والأثر الـذي يحلـل التوقفـات والفشـل في خطـة التطوير والتحسين؟

- هل هنالك خارطة لتدفق العلميات؟

- ما هي حواجز ومعوقات خطة التحسين والتطوير؟

- ما مؤشرات الجودة العالمية؟

- هل تتفق حواجز خارطة تدفق العمليات مع وضع المنظمة؟

3. فهم المشكلة (Understand Problem) وتشمل العناصر التالية:

- أي من الأسباب له تأثير أكبر على العملية الإنتاجية والتنظيمية؟

- معرفة الأسباب المناسبة لتوقف النظام؟

- ما أنواع البيانات المستعملة؟

- هل تتفق الأسباب مع البيانات المرتبطة بالتحسين والتطوير؟

- هل هنالك خطة لجمع البيانات وهل توضح يف يتم جمع البيانات ومـن يجمعها؟

4. اختيار الحلول (Select Solution) وشمل ما يلي:

- هل قرر الفريق أن يرفد الحل بدوره ديمنغ؟

- هل هنالك حلول محتملة للتطوير والتحسين؟

- هل هنالك فرص أخرى للتحسين والتطوير؟

- كيف اختار الفريق الحل للتحسين؟

5. النتائج (Results) وتشمل ما يلي:

- هل قرر الفريق أن يستمر في التحسين؟

- هل قدمت العملية تحسينات فعالة؟

- هل تحقق أهداف التحسين؟

6. التنميط (Standardization) وتشمل ما يلي:

- هل هنالك خارطة تدفق عمليات تصف العمليات الجديدة بعد التحسين؟

- هل لفريق خطة التحسين والتطوير في المكان الصحيح؟

- ماذا تعلم الفريق من المحاولة؟

- هل لدى الفريق خطة لتنميط العملية المستعملة للتحسين؟

7. الخطة المستقبلية (Future plan) وتشمل هذه الخطوة:

- هل لدى الفريق فرصة أخرى للتحسين؟

- ما الخطط المستقبلية للفريق؟

مبادئ ديمنغ في التطوير والتحسين (20):

1- تبني فلسفة جديدة مواكبة للمرحلة الاقتصادية الجديدة متفادية الأخطاء وعيوب العمل.

2- تبني الطرق الحديثة في الأشراف وأن يكون هدفها مساعدة العمال وحسن استخدام الآلات من أجل أداء جيد.

3- العمل على بناء أساس للجودة للسلع والخدمات بالشكل الصحيح والتوقف عن ممارسة طرائق المعاينة في تحقيق الجودة.

4- وجود هدف مستقر لتحسين السلع والخدمات من أجل المنافسة والبقاء وإيجاد فرص العمل.

5- استخدام الطرائق الحديثة في التعليم والتدريب بما في ذلك تدريب وتعليم رجال الإدارة.

6- إقامة مجموعة من البرامج التدريبية والتحسين الذاتي لجميع العمال لمواكبة التقدم التكنولوجي والأساليب الإحصائية.

7- التوقف عن ممارسة تقويم الأعمال على أساس السعر المحدد وفقط وإن يكون البـديل هـو تخفـيض الكلفـة الفعليـة الكليـة وليس المبدائية عند التعامل مع الموردين.

8- التحسـين المسـتمر في كـل العمليـات المتصلـة بالتخطيط والإنتـاج والخدمة وتخفيض الهدر وبتالي تخفيض التكاليف.

9- إزالة الحواجز التي تحرم العمـال مـن الوصـول إلى مسـتوى الابتكار والإبداع.

10- إعطاء الآمن والاطمئنان الوظيفي للعمال والموظفين.

11- التخلي عن الشعارات والهتافات واسـتخدام الأسـاليب العلميـة مـن أجل الوصول إلى مرحلة الأعطال صفر (Zero Defects).

12- وضع جميع العمال في المنظمة ي صورة مجموعات عمل مع إنجاز العمليات الإنتاجية والإدارية، وتأتي من خلال تكامل النقاط الثلاث عشر السابقة.

13- إزالـة الحـواجز والخلافـات بـين أقسـام وإدارات المنظمـة للعمـل كفريق واحد لحل المشاكل والصعوبات.

14- تخفـيض معـايير العمـل للقـوى العاملـة وإتبـاع نمـوذج الإدارة بالأهداف.

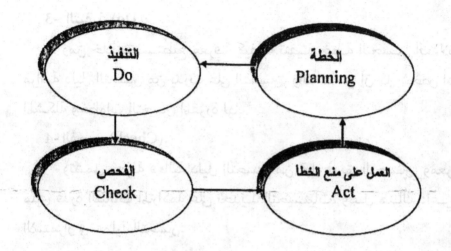

مراحل دورة ديمنغ في التطوير التحسين

ومن خلال الشكل السابق نستطيع أن نوضح المراحل الأساسية الأربعة لدورة ديمنغ كما يلي:

1- الخطة Planning)):

وتشمل معرفة عنصرين أساسين هما:

1- معرفة خطة الفريق بالنسبة للتحسين المرشد.

2- معرفة مؤشرات الخطة من تكرار التغيرات والمؤثرت والتدرب على علاج هذه التغيرات.

3- التنفيذ (Do):

ومن خلالها نستطيع معرفة كيفية تنفيذ خطة التحسين العقلانية مراقبة دليل التحسين من يدرب على التحسين، والتأكد من أن كل شخص أدرك المشكلة وخطوات التحسين المقررة لها.

4- الفحص (Check):

وتشمل معرفة فعالية دليل التحسين من قبل فريق التحسين، ومعرفة مدى قدرة البيانات المتراكمة على تحديد التحسنيات، وهل هناك داعي في الاستمرار في عملية التحسين.

5- العمل على منع الخطأ (Act):

وتسعى إلى معرفة البيانات التي جمعت خلال دليل التحسين، ومدى التغير الذي حصل في تلك البيانات بعد أداء المرحلة الثالثة ومعرفة دواعي استمرار خطة التحسين.

ويتضح من المراحل الأربعة السابقة إن الإدارة تسعى لمعرفة النتائج في خطوات التحسين والتطوير المستمر في جميع الأوقات، من أجل رفد العاملين بالمهارات والتعليم والخبرات الأزمة والتجربة والتدريب من أجل مواجهة المشكلات وتجنبها في سبيل التنمية الإدارية.

وسائل تطبيق مدخل التطوير والتحسين المستمر في التنمية الإدارية (22):

تسعى أغلب المنظمات لتحسين أداءها للوصول إلى مستوى من النمو يساعدها في البقاء في ظل التنافسية والعولمة والتكنولوجيا الجديدة التي تجتاح العالم اليوم، مكثفتا جهودها في الاستمرار في برامج التحسين والتطوير المستمر

نتيجة الضغوط التي تتعرض لها سواء من المنافسين أو الزبائن، ورغبتا في التوسع في الأعمال والعلميات تسعى لتطبيق مدخل التحسين والتطوير المستمر من خلال الوسائل التالية:

1- البحوث والتطوير.
2- المنافسون.
3- الزبائن.
4- الموارد البشرية.
5- الإدارة.

دورة الإدارة في تطبيق مدخل التطوير والتحسين المستمر في التنمية الإدارية:

تمثل الإدارة الوسيلة الأساسية لتطبيق هذا المدخل في ميدان التنمية الإدارية من خلال التأكيد الإدارة العليا التزاماتها ورغبتها بتقديم الدعم المطلوب للحصول على تنمية إدارية فعالة متميزة، من خلال وضوح أهداف الإدارة والمثابرة على تحقيق تلك الأهداف لتقديم سلع وخدمات بشكلها الصحيح والتأكد من فعالية البرامج.

الاستمرار في التطوير والتحسين:

إن عملية التعليم واكتساب الخبرات عملية غير منتهية، تحتاج إلى العمل الجاد والتفكير المنطقي للوصول إلى شيء جديد يضاف إلى ذخيرتنا الفكرية وتطوير الذات، فالصفة الاستمرارية في التطوير والتحسين لتحقيق التنمية الإدارية الفعالة تنجز من خلال ما يلي:

- تحديد القواعد المهمة للتطوير والتحسين من خلال إيجاد قاعدة مناسبة تناسب وضع المنظمة.

- وضع خطة خاصة للتطوير والتحسين.

- تحديد مدى وشكل نطاق التطوير والتحسين.

- تحديد الأشكال الأخرى لتقديم الدعم والعون والاستفادة منها.

- اختيار طرائق التطوير والتحسين الخاصة بناء على الهدف والنتائج المطلوبة.

- استخدام معلمين ومدربين خاصين من أجل دعم وتقديم الأفكار الجديدة للأفراد من ذوي أشخاص قد خاضوا التجربة من قبل ولهم قدرات خاصة على التعليم.

مدخل إدارة الأداء:

تعرف إدارة الأداء على أنها الجهود الهادفة من قبل المنظمات المختلفة لتخطيط وتنظيم وتوجيه الأداء الفردي والجماعي، ووضع معايير ومقاييس واضحة ومقبولة كهدف يسعى الجميع للوصول إليها.

أهداف إدارة الأداء:

أ- تسهيل عملية قيام المشرفين بتوجيه وإرشاد الموارد البشرية.

ب- وضع نظام معلومات عن أداء الموارد البشرية وما يطرأ عليها من تغيرات.

ج- التقويم المستمر للأداء الخاطئ قبل أن يتحول جزء من السلوك الدائم للموارد البشرية.

د- إعطاء الفرصة لتبادل الآراء والمعلومات والخبرات بين هذه الموارد وقيادتها.

ه‍- تهيئة المناخ المناسب للتعاون بين الموارد البشرية وقيادتها في تحديد أهداف ومعايير الأداء.

و‍- التركيز على تصحيح الأداء على مفهوم الموارد البشرية وقيادتها في تحديد أهداف ومعايير الأداء.

ز‍- توفير مناخ مناسب للتفاوض حول المشكلات.

ح‍- تسهيل عملية اختيار القيادات وتفويض المساعدين.

أهداف تقيم الأداء:

1- تخطيط سياسات وبرامج الترقية والتدريج والمسار الوظيفي.
2- القيام بعملية التخطيط للموارد البشرية بشكل صحيح.
3- مساعدة الموارد البشرية في التعرف على نقاط الضعف والقوة.
4- تقويم سياسة التعين والنقل والتدريب.
5- كشف نقاط الضعف والقصور في مهارات الاتصال.
6- تقويم سياسة الاختيار.
7- تقويم سياسة التدريب والتطوير.
8- تقويم سياسة الأجور والحوافز.

عناصر إدارة الأداء وعلاقتها بالتنمية الإدارية:

تركز إدارة الأداء على أربعة عناصر أساسية هي:

1- تخطيط الأداء، ويشمل:

- تحديد الأهداف.

- تحليل الأداء المحلي.

- تحديد الأداء المطلوب.

- تحليل المعايير.

2- تنظيم الأداء، ويشمل:

- الخرائط التنظيمية.

- قنوات الاتصال.

- المسؤوليات والمهام.

- اللوائح والقوانين.

3- توجيه الأداء، ويشمل:

- تبسيط الإجراءات.

- تصحيح الأخطاء.

- الإرشاد.

- ملاحظة التقدم.

- التغذية العسكية.

4- تقيم الأداء، ويشمل:

- بيانات اتخاذ القرارات المرتبطة بالأفراد.

- القصور في الأداء.

- العدالة والرضا.

- الاحتياجات التدريبية.

- المهارات المتوفرة.

نظام إدارة الأداء الموجه بالتنمية الإدارية

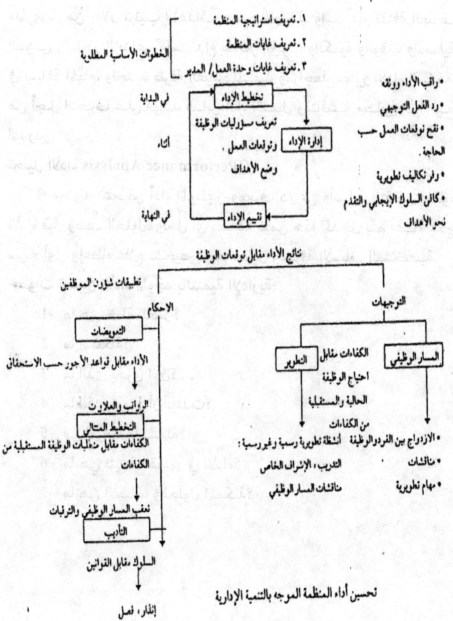

١ . تعريف استراتيجية المنظمة
٢ . تعريف غايات المنظمة
٣ . تعريف غايات وحدة العمل/ المدير
الخطوات الأساسية المطلوبة
• راقب الأداء ووثقه
• رد الفعل التوجيهي
• نقح توقعات العمل حسب الحاجة .
• وفر تكاليف تطويرية
• كافئ السلوك الإيجابي والتقدم نحو الأهداف
في البداية
تخطيط الإداء
تعريف مسؤوليات الوظيفة وتوقعات العمل ، وضع الأهداف
أثناء
إدارة الإداء
في النهاية
تقييم الإداء
نتائج الأداء مقابل توقعات الوظيفة
تطبيقات شؤون الموظفين
الاحكام
التوجيهات
التعويضات
الأداء مقابل قواعد الأجور حسب الاستحقاق
الرواتب والعلاوات
التخطيط المتالي
الكفاءات مقابل متطلبات الوظيفة المستقبلية من الكفاءات
تعقب المسار الوظيفي والترقيات
التأديب
السلوك مقابل القوانين
إنذار ، فصل
التطوير
الكفاءات مقابل احتياج الوظيفة الحالية والمستقبلية من الكفاءات
أنشطة تطويرية رسمية وغير رسمية :
التدريب ، الإشراف الخاص
مناقشات المسار الوظيفي
المسار الوظيفي
• الازدواج بين الفرد والوظيفة
• مناقشات
• مهام تطويرية
تحسين أداء المنظمة الموجه بالتنمية الإدارية

معايير الأداء: (Performance Standards)

بيان مختصر يصف النتيجة النهاية التي يتوقعها المدير من الشخص الذي يؤدي العمل، ويشكل القانون الأساسي الذي تم الاتفاق عليه بين الرئيس والمرؤوس من خلال ترتيب الأهداف حسب الأولوية، واستخدام ثقافة العصف الذهني والتفكير الإبداعي واستخدام عناصر الجودة والكمية والوقت والعملية في صياغة المهام، وتحديد طرقة القياس للتنفيذ ومراجعة معايير الأداء السابقة، من أجل التعرف على فوائد قياس أداء العمل ومناقشة معايير الأداء مع المدربين.

تحليل الأداء (Performance Analysis))

محاولة تشخيص أداء الموظفين ومعرف دواعي وأسباب التقصير وسوء الأداء قبل وصف الحلول، ولحل أي مشكلة ضمن هذا المدخل يتم أعطاء علاج سريع أولي وإعطاء علاج تشخيصي بعد تحليل ومعرفة الأسباب التشخيصية.

خطوات تحسين الأداء الموجه بالتنمية الإدارية:

1- ما هي خطة العمل؟
2- ما المشكلة؟
3- ما الذي يجري الآن؟
4- ما الذي تريده أن يحدث؟
5- من المرتبط بالمشكلة؟
6- ما هي نتيجة القصور في الأداء؟
7- ما هي الأسباب والحلول الممكنة؟

مدخل أعادة الهندسة (Reengineering Approach) (23):

تعرف على أنها: إعادة التفكير المبدئي والأساسي وإعادة تصميم نظم العمل بصفة جذرية من أجل تحقيق تحسينات جوهرية فائقة في معايير الأداء الحاسمة، مثل التكلفة والجودة والخدمة والسرعة، وذلك باستخدام تكنولوجيا المعلومات المتطورة كعامل تمكين أساسي يسمح للمنظمات بإعادة هندسة نظم أعمالها. وقد ظهرت هذه الفكرة في بداية التسعينات كأساس للبحث في فرضيات إدارية جديدة تناسب القرن الواحد والعشرين .

الخصائص:

1- الاستخدام الابتكاري لتكنولوجيا المعلومات.
2- يركز هذا المدخل على العلية كأساس للفكرة، والتي تعني مجموعة من الإجراءات والأنشطة المتكاملة التي ينتج عنها ماله قيمة للزبون في النهاية.
3- إعادة التفكير بالأساس وإعادة التصميم الجذري، وتحقيق تحسينات متميزة.
4- الطموح والثورة على القديم وكسر القواعد والتقاليد المورثة.
5- التوجه نحو دراسة العمليات وليس الجزئيات الفرعية.

المبادئ:

1- معرفة أولئك الذين يستعلمون مخرجات العملية.
2- التنظيم على أساس النتائج وليس المهام.
3- ربط النشاطات المتزامنة بدلا من تكامل المهام.
4- تصنيف عمل تشغيل المعلومات إلى الأعمال الحقيقية التي تنتج المعلومات.

5- إذا كانت الموارد مبددة مركزية يجب التعامل معها جغرافيا، هناك نظام مركزي يستحسن استخدام اللامركزية.

6- وضع نقطة القرار حيث ينجز العمل وتبنى الرقابة في العملية.

7- الحصول على المعلومات من المصدر المناسب.

التغيرات التنظيمية الناتجة عن استخدام إعادة الهندسة:

1- تغيرات إعداد العمل من التدريب إلى الثقافة.

2- تركز مقاييس الأداء على النتائج بدلاً من النشاط.

3- تغير أدوار الأفراد من المراقبة إلى المدعمة.

4- تغير وحدات العمل من الأقسام الوظائفية إلى فرق عملية.

5- تغير الهياكل التنظيمية من هرمية إلى مستوية.

6- تغير الأعمال من المهام البسيطة إلى الأعمال ذات الأبعاد المتعددة.

ارتباط إعادة الهندسة بالتنمية الإدارية:

ترتبط إعادة الهندسة بالتنمية الإدارية من خلال الآثار الواضحة التي تتركها إعادة الهندسة على عمليات التنمية الإدارية من خلال ما يلي:

1- الاحتفاظ بعدد مناسب من الموارد البشرية.

2- إعادة التفكير في العمل.

3- جعل الزبائن والعاملين والموردين جزاء من النظام المعلومات الكتروني.

4- تقديم الرعاية الصحية الكافية.

5- الاستغناء قدر الإمكان عن العمل الورقي.

6- الاحتفاظ بعدد مناسب من العاملين.

7- إشراك شبكات الحاسب الآلي في قواعد المعلومات المركزية.

8- وضع آلية لشكف الأخطاء ومراقبة الحالات.

9- الاستغناء عن القيود الرقابية.

إعادة الهندسة والموارد البشرية والتدريب:

ترتبط أبعاد الهندسة بالموارد البشرية من خلال العناصر المهمة التالية:

1- دراسة المبادئ التنظيمية غير التقليدية من خلال توضيح الحاجة لمدخل جديد، وإقامة الفرق ذات الأداء العالي وعلاقتها بإعادة الهندسة بالاستعانة بالطرق اليابانية والأمريكية المستخدمة .

2- تقديم التدريب الفعلي عن طريق الحاسب الآلي في محطة العمل الخاصة بالموظف باستخدام النظم الاستثمارية الخاصة.

3- الارتباطات بين إعادة الهندسة والمسائل الشخصية الفردية الخاصة بالموارد البشرية، ولا سيما وأنها ترتبط بمفاهيم أساسية في إعادة الهندسة، مثل اعتبار رأس المال البشري الأكثر أهمية وقيمة من خلال التحقق من تخفيض تكاليف الموظفين وتحدي الأعمال الجديدة وإعادة التدريب والتنمية البشرية العاملة في المنظمات.

4- بناء قدرات جديدة الموارد البشرية واستثمارها بالشكل والمناسب والصحيح.

مدخل التخطيط الاستراتيجي

(Strategic planning Approach) (19):

يعرف التخطيط الاستراتيجي على أنه العملية التي تتم بواسطتها تصور وتخيـل مسـتقبل المنظمـة، وعمليـة تطـوير الأجـراءات والعمليـات الضـرورية لتحقيقها المستقبل".

الخصائص:

1- تحديد الخصائص الكلية للمهام والأهداف التي تسعى إليها المنظمة من خلال تحليل الظروف البيئية.

2- عملية تتضمن مراجعة السوق واحتياجات المستهلك.

3- التركيز على العلاقة الطويلة الآجل ما بين المنظمة والبيئة التي تعمـل بها.

4- معرفة مدى توفر العناصر الإنتاجية التي تؤدي إلى اسـتغلال الفـرص ومجابهة التحديات من قبل المنظمة.

5- الحاجة إلى معرفة الأجوبة عن الأسئلة التالية: أين تذهب؟ وما هـي البيئة التي نذهب إليها؟ وكيف نصل إلى ما نريد؟

مراحل التخطيط الاستراتيجي:

1- تحديد أهداف ومهام جديدة للمنظمة أو تعـديل المهـام والأهـداف المرجوة.

2- تحديـد الاسـتراتيجية الجديـدة المطلوبـة لتحقيـق الأهـداف والمهـام الجديدة.

3- دراسة البيئة الداخلية للمنظمة للتعرف علة الموارد البشرية المتاحة، وتحديد نقاط الضعف والقوة فيها.

4- دراسة البيئة الخارجية المختلفة لتحديد الفرص والتحديات التي تواجه المنظمة.

5- تطبيق الاستراتيجية الجديدة من خلال إحداث تغيرات داخل المنظمة والهياكل التنظيمية والقيادة والموارد البشرية.

6- تحليل الاستراتيجية الحالية للمنظمة وما تتضمنه من أهداف ومهام.

دور ومهام المخطط الاستراتيجي ومجلس الإدارة في عملية التخطيط الاستراتيجي:

- المساعدة من قبل الإدارات الوسطى في جمع المعلومات والبيانات، وتزويد المدراء الاستراتيجيون بها.

- إعادة ترتيب الأولويات من قبل المدراء للأهداف، وإعادة تنقيح الخطط الاستراتيجية بشكل دوري وعادة ما تكون سنة.

- تقيم مهارات مديري الإدارة العليا بشأن صنع الإستراتيجية، وتنفيذها من قبل الإدارة العليا بعد مراجعة التحركات الإستراتيجية الهامة للشركة والموافقة على الخطط الإستراتيجية.

مستويات صنع الاستراتيجية:

1- استراتيجية الشركة(Corporate Stategy)): الصياغة تتم من قبل الرئيس التنفيذي الأعلى وكبار المدراء.

2- استراتيجية العمل (Business Strategy) الصياغة تتم فيها عن طريق رؤساء الأنشطة الرئيسية ومديري وحدات وخطوط الإنتاج.

3- الاستراتيجية الوظائفية ((Functional Strategy)) تتم فيهـا الصياغة عن طريق رؤساء الأقسام والمجالات الوظيفية .

4- الاستراتيجية التشغيلية (Operational Strategy) تتم فيها الصياغة عن طريق رؤساء الإدارات التشغيلية ومدراء الوحدات الجغرافية.

مدخل التمييز (Banchmarking Approach) (24):

يشير مفهوم التميـز القيـاس إلى أفضل نمـط (عملية مستمرة لقياس السلع والخدمات والممارسات مقابل المنافسين الأشداء أو تلك المـنظمات التي هي بمثابة رائدة في مجالها".

الخصائص:

1- البحث عن الأداء المتميز في الممارسات الصناعية المتميزة.

2- الوصول إلى أحسن أداء لتدعيم التوجه نحوالتحسين المستمر في أداء المنظمـة واختيـار أولويـات التحسـين ورفع مستوى الأداء لمقابلـة توقعات العملاء.

3- مقارنة الأداء الحالي للمنظمة مع المنظمات الريادية ومعرفة نقاط الاختلاف والتميز في محاولة للمحاكاة أو الإبداع.

أنواع التمييز:

1- التميز الداخلي:(Internal Benchmarking) مقارنـة موقـع بموقع ومدينة بمدينة وقسم بقسم ضمن أرداء المنظمة.

2- التميـز الـوظيفي (Functional Benchmarking) مقارنـة أداء المنظمـة لـيس فقـط في مجـال المنافسـين المباشرين بـل أفضـل المنظمات العاملة في نفس المجال والنشاط.

3- تميز المنافسين (Competitor s Benchmarking) مقارنة أداء المنظمة بالمنافسين المباشرين.

4- التميز العام (Generic Benchmarking) مقارنة المنظمة مع الأفضل في جميع الأنشطة الصناعية.

خطوات التميز الناجح:

أدانه خطوات التميز الناجح:

1- تحديد الحاجة إلى بيانات التخطيط.

2- جميع البيانات حساب الفجوة مشروع الأداء المستقبلي التحليل.

3- تطبيق خطط العمل متابع التقدم إعداد معايير نقاط التميز الحصول على موقع الريادة العمل.

4- تكامل التميز في ثقافة المنظمة النضوج.

5- الخطوات تحديد السلعة أوالعملية.

6- تحديد المنطقة المقارنة.

7- إيصال النتائج تحديد الأهداف الوظيفية تطوير خطط العمل التكامل.

الانتقادات الموجهة لمدخل التميز:

1- التميز هي تقليد للآخرين والمنافسين.

2- التميز ليس الدواء الشافي لحل مشاكل التنمية الإدارية، حيث أن التقليد لا يقدم فرص جيد للمنظمة.

3- قد يفشل في حال أن شعر المدره بأنهم مهددين.

4- لكل منظمة لها ظروفها الخاصة ومحاولة محاكاة المنظمات الأخرى، وتقليدها وقد تفشل بسبب اختلاف البيئة.

مدخل التفكير الإبداعي (Creative Innovative Approach) (20):

يعـرف التفكـير الإبـداعي عـلى أنـه طريقـة جماعيـة تشـجع التفكـير الجماعي الإيجاد وخلق الأفكار.

الخصائص:

1-الهـدف الأسـاسي مـن التفكـير الجماعـي هـو تشـجيع عمليـة توليـد الأفكار.

2-زيادة الاستخدام والمشاركة وتغذية الفكر الإيجابي.

3-الحصول على أغلب الأفكار في أقل وقت.

4-القيمة الأساسية في هذا المدخل هـو تنـوع طـرق التفكير والنظر في حل المشكلة وتناولها ودراستها بشكل جيد.

5-إهمال الانتقاد وتقيم الأفكار وتخفيض الخجل والخوف من النقد.

ممزيات التفكير الإبداعي والابتكاري:

1- يرتبط التفكير الابتكاري الابداعي بسلوك معالجة المعلومات بالعقل.

2- أن التفكير الابتكاري الابداعي يهتم بتغير الأنماط.

3- إعادة التقويم الإداري.

4- أن التفكير الابتكاري الابداعي اتجاه طريقة لاستخدام المعلومات.

5- منع حدوث انقسامات حادة.

التقنيات المتقدمة لتفكير الابتكاري الابداعي:

1-التقنية الجماعية الاسمية (Nominal Group Technique).

2-مخطط العلاقات الصلات (Affinity Diagram) .

خطوات عملية التفكير الابداعي:

1- توليد الأفكار Generate Ideas)):

تمثل الأفكار الجديدة دم الحياة للتطوير والتنمية، وهذا يعني أن التنمية الإدارية الحديثة تحتاج إلى مزيد من الأفكار قبل الممارسة، وهذا يتطلب فحص الأفكار المقدمة استعمال أساليب الابتكار والابداع التي تشجع على توليد الأفكار الهامة.

2- تقديم الأفكار (Evaluate Ideas):

يفحص الفريق قيمة كل فكرة، وتعرض كل نقطة للانتقاد البناء وتقارن لأفكار والمجموعات البديلة أو توحد مع أفكار أخرى.

3- استعمال الإجماع (Using Consenus):

يعني أن كون كل فرد في المجموعة يقبل ويؤيد القرار المتخذ من خلال الاتصال الاتصالات المفتوحة بين جميع أعضاء الفريق.

طرق التفكير الابتكاري الابداعي:

- مبادئ التعلم والتعليم وتنظيم اختيار الأفكار.
- طريقة المباراة المستديرة (Round- Robin Method).
- إيجاد مناخ ملائم للتفكير الابداعي.
- طريقة العجلة أو الحرية المطلقة (Free Wheeling Method).
- طريقة الانسياب (Slip Method).
- مبادئ التفكير الابتكاري الابداعي ذات العلاقة بالتنمية الإدارية.
- مبدأ احترام وتقرير الأفكار الابداعية.
- طرائق تنمية الابتكار والابداع في المنظمات.

هنالك العديد من الطرائق المعروفة جيداً والتي تستعمل في تنمية وتطوير الإمكانيات الابتكارية والإبداعات الفردية والجماعية، وتستعمل تلك الطرائق في المجالات التالية:

- التعليم والثقافة.

- الإدارة العامة.

- العلوم.

- الوكالات الحكومية.

ولعل من أبرز تلك الطرق العصف الذهني، التشخيص، السيناريوهات والقصص الغير منتهية، التحليل المورفوجي، وأسلوب دلفي. ويحدد استخدام إحدى الطرق السابقة وفقا لطبيعة الموضوع والقرار ونوعية الموارد البشرية الموجودة والعوامل البيئية.

التدريب الإبداعي:

التطوير المنظم للمعارف والمهارات والاتجاهات المرتبطة بالأفراد ليقوموا بالأداء الصحيح والمطلوب في الوقت الحالي والمستقبلي، وتمن أهمية التدريب الإبداعي في تعديله لسلوكيات وإضافة مهارات سلوكية مهمة للفرد والمنظمة التي يعمل بها، باتباع طرائق علمية وعملية ويستخدم التدريب الابداعي لمعالجة القصور في الأنظمة التعليمية ومواطبة التطورات الحاصلة في المعارف والعلوم المختلفة ولا سيما مع كثرة التعقيدات والمشاكل التي تواجهها المنظمات.

أهم المداخل الحديثة في القرن 21 في التنمية الإدارية(19):

1) مدخل التنمية المهنية الذاتية:

وهي أن يأخذ عضو التنظيم المبادرة في تنمية قدراته بالاعتماد على شخصه وقدراته الذاتية. أن التنمية يجب أن تكون شخصية، وذاتية، بمعنى أن المدير يأخذ المبادرة في تنمية قدراته، ويكون الغرض من البرامج الموضوعة، في هذه الحالة تسهيل التنمية الذاتية Self Develoment بل يجب أيضاً أن يساهموا في تنمية مساعديهم، وفي توفير الجو الصحيح والظروف المطلوبة لذلك، حتى أنه في بعض المنظمات يدخل ضمن العومل التي يقيم المديرون على أساسها مدى نجاحهم في التنمية الشخصية للأفراد المساعدين لهم.

نشاطات التنمية الذاتية للمديرين:

يرتبط بالتنمية الذاتية للمديرين النشاطات التالية:

1- تفسير الذات وسلوكيات الآخرين.

2- معرفة الحقائق الموقفية التي يتعرض لها المدير.

3- إدارة وقت المدير.

4- التعامل مع الرؤساء والمديرين.

5- القيام بالاتصالات الشخصية.

6- الحضور في الموعد المحدد.

7- التعامل مع المواقف.

8- الإصغاء الجيد.

9- اتخاذ القرارات.

10- اختيار الحلول أثناء التعامل مع التغير.

11- تقييم الذات.

12- تحليل الأدوار.

13- تحليل التجارب.

14- رقابة الميزانيات.

2) مدخل إدارة الجودة الشاملة:

إن إدارة الجودة الشاملة هي تعزيز الأسلوب التقليدي للقيام بالعمل بهدف ضمان البقاء والسيطرة في الأسواق التنافسية العالمية، ويتضمن إدارة الجودة المفاهيم التالية:

- الشاملة:Total وهي مأخوذة من المفهوم الكلي وليس الجزئي.

- الجودة: Quality درجة الامتياز السلعة او الخدمة.

- الإدارة: Management العمل والفن وأساليب طرائق المراقبة والتوجيه ...إلخ.

وبذلك فإن إدارة الجودة الشاملة هي إدارة الكل لتحقيق الامتياز وأن هذه القاعدة الذهبية تعني أن تعمل للآخرين كما تعمل لنفسك، ولا شك أن إدارة الجودة الشاملة تعنى بخلق ثقافة أداء حيث يعمل ويكافح الموظفين المدراء من أجل تحقيق توقعات المستهلكين والزبائن.

وفي المعنى الواسع ينظر إلى إدارة الجودة الشاملة إلى أنها تعزيز لجميع النشاطات الجودة، حيث يبدأ الالتزام الكلي للجودة من القمة ممثلة في المدير ومجلس الإدارة حتى يمتد إلى القاعدة شاملاً كل المنظمة، مغطية بذلك كافة الأنشطة والعمليات التي تقوم بها المنظمة.

عناصر الجودة الشاملة المقادة بالتنمية الإدارية:

1- الاتصال: وسيلة لتماسك الجماعات والفرق أو الأفراد وحتى المنظمة لتأكد من حسن توصيل الرسائل بكفاءة إلى الآخرين.

2- الالتـزام: ويعنـي الالتـزام الكامـل بـالجودة في العمـل فهـو الاختيـار الشخصي أو التنظيمي المتمثل بالخطة التي يتم الانفاق عليها.

3- الكفاءة: التأكد من تلبية المتطلبات المتفق عليهـا بنجـاح التي تـدل على سن الجودة .

متطلبات نجاح الجودة المنقادة بعملية التنمية الإدارية:

1- التعليم والتدريب المستمر لجميع العاملين.

2- الاتصالات الفعالة والتنسيق بين كافة الأنشطة.

3- القيادة الإدارية المتميزة والتي تدعم إلى تحسين مستمر.

4- وجـود هيكـل تنظيمـي غـير رسـمي لـدعم تطبيـق إدارة الجـودة الشاملة.

5- ضرورة أن تكون المنظمة مبنيـة عـلى أسـاس واضحة مثل ألا يـزو 9000.

6- التطوير التنظيمي لبناء الثقافة تنظيمية إيجابية.

أهمية دوائر الجودة ودورها في التنمية الإدارية والبشرية:

1- يجعل الموظفين يشعرون بالفة والانسجام.

2- إيجاد العمل المشترك المتعاون.

3- يولد شعوراً بحجم المسؤولية والصلاحية والسلطة التي يتمتع بها أعضاء التنظيم.

4- الوعي بأهداف المنظمة والالتزام بها.

5- إحداث تعزيزات في احترام الذات وتعزيز الانتماء.

6- تنمية المهارات.

مراحل التحول إلى الجودة الشاملة:

1- بيان الهدف: تقيم للفوائد الممكنة المتحققة أدراك أهمية الجودة الشاملة للقيام بعمليات التحول.

2- وعي الإدارة: ويهدف منها تقيم وقبول حاجات التغير واقتراح الاستراتيجية والبنية الإدارية المناسبة.

3- التشخيص: تحديد الفوائد الممكنة لاستخدام الجودة الشاملة.

4- الإدراك: يجب أن يدرك المشرفون والمنفذون ومدراء الإدارة العليا مفاهيم وأدوات وطرائق الجودة الشاملة.

5- الانطلاقة: وتعني التدريب والاتصال لتحقيق الالتزام من الإدارة والموظفين في كل مكان في المنظمة.

6- الاستراتيجية الميدانية: وضع الأسس المبدائية من نتيجة قياس المنافع ووضع تخطيط كأسلوب متقدم مبنية على رسالة المنظمة.

3) مدخل التطور التنظيمي:

تعريف التطوير التنظيمي:

هو عبارة عن شبكة معقدة من الأوضاع التي تحسن من قدرة أعضاء المنظمة على إدارة كيان منظماتهم عن طريق جعلهم أكثر ابتكاراً وابداعاً في حل مشكلاتها، ومساعدتها على التكيف والتلاؤم مع البيئة الخارجية.

ومن المتوقع أن تؤدي جهود التطوير التنظيمي إلى تحقيق نتائج إيجابية من أهمها:

1- تحقيق إدارة أفضل من الأعلى إلى الأدنى.

2- تحسين استخدام فرق ومجموعات العمل داخل المجموعات وفيما بينها.

3- تحسين فعالية المنظمة من حيث تحسين الإنتاجية والـروح المعنويـة وفعالية وضع

الأهداف والتخطيط والتنظيم بحيث تحقق أهداف ومسـؤوليات أوضـح واستخدامات افضل الموارد البشرية المتاحة.

4- التزامه واندماج أكبر من أعضاء التنظيم في جعل المنظمة أكثر نجاحاً.

5- فهم أفضل لنقاط القوة والضعف في المنظمة.

عناصر التطوير التنظيمي:

تتمثل عناصر التطوير التنظيمي في:

1- التعامل مع ثقافة المنظمة.

2- الصحة العامة والفعالية الكلية.

3- المدى الطويل والأثر في المستقبل.

4- النظريات السلوكية.

5- فرق العمل والجماعة .

6- حل المشكلات واتخاذ القرارات.

7- التكيف والتغير في بيئة ديناميكية متغيرة.

مراحل التطوير التنظيمي:

تتمثل مراحل التطوير التنظيمي في:

1- جمع البيانات.

2- وضع خطة للعمل.

3- التشخيص.

أهداف التطوير التنظيمي:

تتمثل أهداف التطوير التنظيمي في:

1- التوافق بين الأهداف الفردية والأهداف التنظيمية.

2- إشاعة جو من الثقة بين العاملين.

3- زيادة فهم عمليات الاتصال وأساليب القيادة.

4- تبني طرق إدارية ديموقراطية في الإشراف كالإدارة بالأهداف.

5- إيجاد انفتاح في المناخ التنظيمي.

6- توفير المعلومات اللازمة لمتخذ القرار بشكل مستمر.

7- تشجيع روح المنافسة ضمن روح الفرق مما يزيد من فاعلية الجماعات.

8- جعل العاملين يمارسون الرقابة الذاتية عليها كأساس وبديل للرقابة الخارجية.

معوقات التطوير التنظيمي:

تتمثل معوقات التطوير التنظيمي في ما يلي:

1- وضع أهداف غير واقعية.

2- عدم رغبة الإدارة العليا في التطوير.

3- الجهود المبعثرة للتطوير.

4- الفجوة بين القيم والمبادئ التي تؤمن بها المنظمة وإدارتها.

5- ضعف حماس المديرين.

4) مدخل إدارة التغيير:

تعرف إدارة التغيير على أنها تحرك الإدارة المواجهة الأوضاع الجديدة وإعادة ترتيب الأمور، بحيث تستفيد من عوامل التغيير الإيجابي وتجنب أو تقليل عوامل التغيير السلبي، أي أنها تعبر عن كيفية استخدام أفضل الطرائق اقتصاداً وفعالية لإحداث التغيير لخدمة الأهداف المنشودة.

وتستخدم إدارة التغير أحد الأسلوبين التالين:

1- **الأسلوب التقليدي:**

ويتمثل هذا الأسلوب في محاولة سد الثغرات أو ترميم الأضرار التي يسببها التغير، وهو أسلوب دفاعي بطبيعته و يتخذ شكل رد الفعل Reaction، أي أن الإدارة تنظر حتى يحدث التغيير ثم تحاول البحث عن وسيلة للتعامل مع الأوضاع الجديدة.

2- **الأسلوب الحديث التنبؤ:**

ويتمثل هذا الأسلوب ففي توقع وتنبؤ التغيير والإعداد المسبق للتعامل مع الظروف الجديدة، ومن ثم يمكن تحقيق نتائج أفضل وهو اسلوب هجومي في طبيعته، وتلجأ الإدارة فيه إلى المبادرة باتخاذ إجراءات وقائية لمنع التغيير المتوقع أو تجنبه.

إن الأسلوب الحديث يتطلب مقومات الأساسية في تنظيم المنظمة وهي:

1- توفر نظام جيد لتحليل مؤشرات الأداء للمنظمة.

2- توفر نظام جيد لاتخاذ القرارات بسرة.

3- توفر نظام جيد لجمع البيانات الداخلية والخارجية.

وتنقسم القوى المؤثرة على إدارة التغيير إلى قوى خارجية وقوى داخلية.

ثالثاً: مداخل التنمية الإدارية التطبيقية في الدول العربية:

إن المدقق في حركة التنمية الإدارية المطبقة في الوطن العربي سيلاحظ أن مسيرة الدول العربية قد مرت بعدة مراحل طبقت فيها تلك الدول مجموعة من المداخل كما يلي:

أ- مرحلة الستينيات:

تعتبر هذه المرحلة مرحلة المداخل القديمة واقتباسها من المداخل الغربية في التنمية متمثلة في ما يلي:

1- مدخل التدريب الإداري:

وهي مدخل يركز على تدريب الأفراد وتنمية مداركه التطورات التي تحدث في الدولة والمجتع، كما يطلب منه إعادة النظر في سلوكه ليتفق مع اتجاهات العمل والمنظمة، ويمثل التدريب الوسيلة التي يحقق الجهاز ملائمة كفاءة الأفراد ومتطلبات المجتمع الجديد.

2- مدخل الأبحاث الإدارية.

ويتمثل هذا الاتجاه بما يقدمه مركز البحث العلمي من أبحاث في مواجهة المشكلات الإدارية وتحقيق التنمية الإدارية .

3- مدخل الاستشارات الإدارية:

وهي أنواع متعددة من الاستشارات لجأت إليها الدول العربية من الشركات الأجنبية والدول والمنظمات الأجنبية ومشاركة عامليها في دورات خارجية.

ب- مرحلة السبعينيات والثمانينات:

وتمثل هذه المرحلة الارتقاء بالتنمية الإدارية، حيث أدخلت أفكار جديدة وعدلت أفكار وجدثت للمداخل السابقة ومن هذه المداخل:

1) مدخل تخطيط التنمية الإدارية:

وهي مدخل يتضمن تخطيطا شمولياً للتنمية الإدارية تتجه لمعالجة كافة المشكلات الإدارية منها المشكلات العمالية ومشكلات نظم العمل وأساليبه، ويتضمن ذلك خططا للتنمية الإدارية لفترة معينة تسطر فيها الأهداف

الإدارية، وتسعى الدول العربية لمواطبة خطط التنمية الإدارية مع الخطط القومية وقد تشرك مؤسست الدولة في وضع هذه الخطة وفي تنفيذها بشكل لامركزي.

2) مدخل إنشاء مراكز التغير الإداري:

لقد تمثل ذلك بإنشاء وحدات تنظيمية في أجهزة الدولة المختلفة داخل المنظمات الحكومية لتقوم بالفعاليات والأنشطة في التنمية الإدارية بإنشاء وحدات التنظيم والاساليب ومركز التطوير الإداري والأبحاث الإدارية.

3) مدخل النظم الإدارية الشاملة:

لقد جربت الدول العربية هذا المدخل، ويتمثل بالنظام المحاسبي الموحد ونظام السيطرة النوعية.

4) مدخل الأبحاث الميدانية الشاملة:

وتتعلق بأبحاث شمولية ليس لها طابع فردي جزئي، مثال ذلك أبحاث إغناء العمل والرضا الوظيفي وهي امتداد لأبحاث (التون مايو).

ج- مرحلة التسعينات إلى اليوم:

من خلال سياسات التنمية المطبقة اليوم نستطيع أن نستشف بعض الأفكار حول المداخل التي تطبق اليوم وهي:

1- مدخل الحكومة الكترونية:

حيث تسعى الحكومات اليوم إلى إدخال الحاسب الآلي كأداة عمل رئيسة واستخدام التقنيات الحديثة، والتي توفر الكثير من المميزات للعمل الإداري، ومن ابرز أفكار هذا المدخل تطبيق مقولة حكومة بلا أوراق، والتي تسعى المنظمات بتغير وسائل الاتصال والمخاطبات والأرشفة، وأساليب العمل باستخدام التقنيات الحديثة وما يوفره العلم اليوم من أجهزة ومعدات.

2- مدخل الشراكة مع القطاع الخاص.

حيث تسعى الحكومات من التخلص مـن مظاهر الترهـل والفسـاد في بعض المنظمات الغير أساسية بتحويـل ملكيتهـا الجزئيـة أو الكاملـة للقطـاع الخاص ويتمثل ذلك بمفهوم التخاصية.

3- مدخل التعاون مع المنظمات الدولية:

وهي طلب المشورة من المؤسسات الدوليـة المهتمـة في مجـال التنميـة بشكل دائم ومستمر واطلاعهم على الإنجازات المحققة، ومثـال ذلـك برنامج الأمم المتحدة النمائي ومنظمة الشفافية الدولية والمنظمة أمريكية للتنمية، كما يوجد بعض المنظمات الدولية التي قد تفرض الإصلاح والتنمية على بض الدول مثل صندوق النقد الدولي والبنك الـدولي ونادي بـاريس مسـتخدمة الـديون كوسيلة ضغط على الدول المدينة في حتمية تبنيها آراءها.

4- مدخل التميز:

يمثل هذا المدخل اليوم في جائزة الملك عبد الـلـه للتميز والذي يشـجع الأشخاص والمنظمات الرائدة في مجال عملها.

5- مدخل إدارة الجودة الشاملة:

تسعى الحكومات اليوم في الحصول على شهادات الجودة العالميـة مـن أجل تدعيم موقفها الدولية وتحسـين الخدمات المقدمـة، مثال ذلـك حصـول دائرة الامتحانات العامة في وزارة التربية الأردنية على شـهادة الأيـزو مـن أجل تدعيم الثقة بمخرجات التعليم الثانوي الأردني.

الفصل الرابع
التنمية البشرية
(الادارية) والاقتصادية

التنمية البشرية (الادارية) والاقتصادية

تعريف الموارد البشرية (27)

هـي أداء الفعاليات والأنشطة والتي تتمثل في التخطيط والتنظيم والتطوير والقيادة وهـي الإدارة المعنيـة بتحفيز المـوظفين للوصول إلى أعلـى مستوى من الإنتاجية بكفاءة وفاعلية والجمع بين الشركة والموظف في الاتجاه، والمساهمة في تحقيق أهداف كل منهم، وكـذلك المسـاهمة في زيادة حصـة الشركة في السوق والمحافظة عليها.

وتمثل عملية إدارة الموارد البشرية جزءاً هاماً من عملية التخطيط في الشركات، حيث ان مسؤوليتها الرئيسية هي التأكد من وجود الأفراد المناسبين في الوقت المناسب لتحقيق أهداف الشركة.

تعتبر من أهم الوظائف الإدارية في المنشـاة وهـي لا تقـل أهميـة عـن باقي الوظائف الأخرى: كالتسـويق والإنتاج والماليـة، وكذلك لأهميـة العنصر ـ البشري وتأثيره على الكفـاءة الإنتاجيـة للمنشـأة، وكـذلك اتسـع مفهـوم إدارة الموارد البشرية ليشمل أنشطة رئيسية من أهمها تحليل وتوصيف الوظائف، تخطيط الموارد البشـرية، جذب واستقطاب المـوارد البشرية، تحفيـز المـوارد البشرية، تنمية وتدريب الموارد البشرية، بالإضافة إلى النشاط التقليدي المتعلق بشؤون الموارد البشرية في المنشأة.

مفهوم التنمية البشرية (28)

هي تغير حياتك من الأشياء السلبية الى الايجابية، وتحديد اهدافك بكل سهولة ووضع نفسك فى الاطار الايجابي، وتوقع الايجابية عشان تقدر تحقق

لحياتك افكار اكتر ايجابيـة و تقـدر تنظـيم وقـت تقـدير والـتحكم في المشاعر والحساس، والتعلم لكيفية أتخاذ القرارت الحاسمة والصحيحة بشـكل أيجابي.

او هي كل ما تنمي قدراتنا وامكانياتنا او ما تجعلنـا نكتسـب مهـارات جديدة بأي شكل من الاشكال.

إن مصطلح التنميـة البشرـية يؤكـد عـلى أن الإنسـان هـو أداة وغايـة التنمية، حيث تعتبر التنمية البشرـية النمـو الاقتصـادي وسـيلة لضـمان الرفـاه للسكان، وما التنمية البشرية إلا عملية تنمية وتوسـع للخيـارات المتاحـة أمـام الإنسان باعتبـاره جـوهر عمليـة التنميـة ذاتهـا أي أنهـا تنميـة النـاس بالنـاس وللناس.

ابعاد التنمية البشرية

للتنمية البشرية بعدين:

أولهما: يهتم بمستوى النمو الإنساني في مختلف مراحل الحيـاة لتنميـة قـدرات الإنسان، طاقاته البدنية، العقلية، النفسية، الاجتماعية، المهارية، الروحية .

البعد الثاني: فهو أن التنمية البشرية عملية تتصل باستثمار المـوارد والمـدخلات والأنشطة الاقتصادية التي تولد الثروة والإنتاج لتنميـة القـدرات البشرـية عـن طريق الاهتمام بتطوير الهياكل والبنية المؤسسية التي تتيح المشاركة والانتفاع بمختلف القدرات لدى كل الناس.

أهمية إدارة الموارد البشرية (26)

تنبع أهمية الموارد البشرية في التنظيم من كونها أهـم عنـاصر العمليـة الإنتاجية فيه، ولا بد من توفر الكفـاءات الجيـدة القـادرة عـلى الأداء والعطـاء المتميز، لذلك يمكن القـول أن توسـع الإنتـاج لا يكـون بالتوسـع الأفقـي فقـط (زيادة عدد الموظفين وتقنية عالية من الآلات والمعدات) بل أن التوسع

الرأسي للإنتاج هو مكمل للتوسع الأفقي، وذلك برفع مستوى الكفاءة الإنتاجية عن طريق توفير الموارد البشرية المتحفزة والقابلة لعمليات التشكيل والتأهيل والتدريب، الوظائف الرئيسية لإدارة الموارد البشرية: وضع إستراتيجية Strategy لإدارة الموارد البشرية (على أن تكون مستمدة ومتماشية مع الاستراتيجية العامة للمنظمة و متماشية مع رؤيا Vision ورسالة Mission وأهداف Objectives المنظمة) بحيث يتضمن عمل وتطوير أنظمة إدارة الموارد البشرية والتي تشتمل على القيام بالوظائف والمهام التالية:

ث- التحليل الوظيفي.

ج- الوصف الوظيفي.

ح- نظام الاختيار والتعيين.

خ- نظام تقييم الأداء.

د- نظام التعويض والمكافأة .

ذ- تطوير الموارد البشرية.

ر- نظام تحفيز الموظفين.

ز- تخطيط الموارد البشرية.

س- وضع الصلاحيات والمسؤوليات.

ش- وضع وتحديث الهياكل التنظيمية.

ص- وضع أنظمة السلامة.

ض- دراسة مشاكل العاملين ومعالجتها.

أهداف إدارة الموارد البشرية

1- زيادة الرضا الوظيفي وتحقيق الذات عند الموظفين إلى أعلى قدر ممكن.

2- توظيف المهارات والكفاءات عالية التدريب والمتحفزة.

3- حيث أن زيادة المقدرة يتمثل في برامج تدريب وتطوير العـاملين وأمـا زيادة الرغبة فيتمثل في أنظمة الحوافز وبرامج الصحة والسلامة.

4- إيصال سياسات الموارد البشرية إلى جميع الموظفين في المنظمة.

5- المساهمة في تحقيق أهداف الشركة.

6- المساهمة في المحافظة على السياسات السلوكية وأخلاقيات العمل.

7- إدارة وضبط عمليـة "التغيـير" لتعـود بـالنفع عـلى كـل مـن المنظمـة والموظف.

8- السعي إلى تحقيق معادلة مستوى الأداء الجيد وهي المقدرة والرغبة.

الأنشطة المتضمنة في الموارد البشرية (25)

1- سياسة الموارد البشرية: •

سياسة الموارد البشرية هي نتاج المستوى الإقتصادي الوطني والمستوى التنظيمي، وإذا أخذنا في إعتبارنا العلاقات المتبادلة بين القطاعـات الإقتصاديـة الكبرى والأولويات المقررة عـلى المسـتوى الحكـومي، فـإن الوضع الإقتصادي لدولة ما سيوفّر توجيهات وطنية تتضمن سياسة الموارد البشرية .

وسوف تعطي مثل هذة النتائج عـلى سـبيل المثـال- فرصاً تعليميـة في التخصصات العلمية وخاصة في علـوم الحسـابات والألكترونيـات، وييسِّرـ هـذا المثال النوعى سياسة مـوارد بشـرية وطنيـة للتعيـين ويحسِّـن كفـاءة العـاملين الفنيين في القطاع الفرعي للإتصالات.

ومن ناحية أخرى، ستعتمد إمكانيات مؤسسات الإتصالات على الوضع المالي الداخلي وعلى الإدارة الداخلية للموارد البشرية، وبوجه عام

فإن مستويات التعيين يتم تحديدها بواسطة القيود المالية على الرواتب، بينما تُحدِّد السياسات الداخلية لحركة العاملين القيود الكمية على التعيينات .

2- تنمية الموارد البشرية:

إن الهدف العام من أنشطة تنمية الموارد البشرية هو تحديد إستراتيجيات تحسين إدارة الموارد البشرية، بغرض الحصول على توازن دقيق بين تنمية الأفراد وإدارة شؤون الأفراد، في محيط المؤسسة، مع الأخذ في الإعتبار القيود الخارجية .

وجوهر إدارة الموارد البشرية هو أن جميع أعضاء المؤسسة يُعتبرون "موارد" متاحة للمؤسسة تحت ظروف معينة، وتنمية الموارد البشرية هي إستثمار يجب تحقيقه إقتصادياً وإجتماعياً، وقد تكون أنواع مخارج تنمية الموارد البشرية كما يلي:

- جودة أو كفاءة بيئة العمل .
- الإنتاجية .
- الرضا عن العمل .
- تنمية الأفراد .
- الإستعداد للتغيير .

3- إدارة الموارد البشرية:

تعتبر إدارة الموارد البشرية المجال الأساسي الثالث من المجالات المسؤولة عنها الإدارة، بالإضافة إلى المجالَيْن المالي والفني، ويمكن النظر إلى مجال التنظيم والمناهج على أنه أداة ربط بين إدارة الموارد البشرية والإدارة الفنية.

وتوفِّر سياسة الموارد البشرية الإستراتيجيات، بينما تصف تنمية الموارد البشرية الأهداف قصيرة وطويلة المدى التي يجب تحقيقها حتى يتم تحسين النظام، كما

يجب على إدارة الموارد البشرية تحديد الأنشطة الخاصة بمداخل ومخارج النظام التي تحتاجها لتدير العاملين طبقاً لسياسة المؤسسة.

وظائف ادارة الموارد البشرية (29)

1) تحليل العمل:

يتم اداء هذه الوظيفة من خلال التعرف على الانشطة والمهام المكونة للوظيفة والقيام بتوصيفها، وتحديد المسؤوليات الملقاة على عاتقها، بالاضافة الى تحديد مواصفات الشخص المرشح لهذه الوظيفة.

2) تخطيط الموارد البشرية:

وتنصب هذه الوظيفة على القيام بحصر احتياجات المنظمة من القوى العاملة من حيث الكمية والنوع من خلال تحديد طلب المنظمة من العاملين، وتحديد ما هو معروض وما هو متاح من تلك الموارد واجراء مقارنة بين المطلوب والمعروض لتحديد العجز او الفائض وكيفية التصرف في الفائض ومصادر تغطية العجز.

3) الاختيار والتعيين:

وتتمثل في البحث عن الموارد البشرية المتاحة في سوق العمل، واختيار الفئة المناسبة اعتمادا على طلبات التوظف والاختيار والمقابلات الشخصية وغيرها من اساليب الاستقطاب المناسبة، وذلك لكفالة وضع الشخص المناسب في المكان المناسب.

4) تصميم نظام الاجور:

تحديد فئات اجرية للوظائف مع توجيه الاهتمام الكافي لضمان وجود نظام ملائم للاجور يكفل العدالة والموضوعية لقيمة واهمية الوظائف المختلفة بالمنظمة.

5) تصميم انظمة الحوافز:

وتركز هذه الوظيفة على مكافاة الاداء المتميز سواء كان اداء فردي او اداء جماعي من خلال وضع انظمة الحوافز الفردية وانظمة الحوافز الجمكاعية، بالاضافة الى تقدير حوافز على اساس الاداء الكلي للمنظمة بما يكفل اشباع حاجات العاملين في اطار تحقيق اهداف المنظمة.

6) وضع انظمة خدمات ومزايا للعاملين:

توفير سبل الرعاية الصحية والاجتماعية للعاملين بالاضافة الى منح العاملين مزايا معينة كالمعاشات والتامينات الخاصة بالمرض، والعجز، والبطالة،وقد تمتد الى تقديم المنظمة بعض الخدمات للعاملين كالاسكان والمواصلات وبعض الخدمات المالية كالاعانات والقروض بدون فوائد وغيرها من الخدمات.

7) تقييم الاداء:

تتولى ادارة الموارد البشرية في كل المنظمات مهما اختلفت اشكالها مهمة تقييم اداء العاملين ويتم هذا التقييم لغرضين، الاول الوقوف على كفاءة الاداء للعامل، والثاني التعرف على جوانب القصور في هذا الاداء.

8) التدريب والتنمية الادارية:

بهدف رفع الكفادة للعاملين من خلال تنمية معارفهم ومهاراتهم وتنمية الاتجاهات الايجابية لدى العاملين نحو اعمالهم، والتدريب لايهتم بتنمية الاداء فقط بل يمتد ليشمل الاهتمام بتحسين سلوك العاملين خلال الاداء.

9) تخطيط المسار الوظيفى:

ويتم من خلال تصميم ووضع سياسة النقل والترقية بالاضافة الى التعرف على نقاط القوى والضعف لدى الفرد العامل باستثمار مواطن القوة وعلاج

مواطن الضعف من خلال اخذها بعين الاعتبار عند تصميم وتنفيذ سياسة التدريب والتنمية الادارية.

تعريف تخطيط الموارد البشرية

هي العملية التي تسعى المنظمة من خلالها إلى الحصول، وفي الوقت المناسب على احتياجاتها من العاملين القادرين والمؤهلين على تنفيذ المهام الموكلة إليهم لتحقيق أهداف المنظمة.

أهمية تخطيط الموارد البشرية (34)

- يساعد تخطيط الموارد البشرية على منع ارتباكات فجائية في خط الإنتاج والتنفيذ الخاص بالمشروع.

- يساعد تخطيط الموارد البشرية في التخلص من الفائض وسد العجز.

- يتم تخطيط الموارد البشرية قبل الكثير من وظائف إدارة الأفراد.

- يساعد تخطيط الموارد البشرية على تخطيط المستقبل الوظيفي للعاملين، حيث يتضمن ذلك تحديد أنشطة التدريب والنقل والترفيه.

- يساعد تحليل قوة العمل المتاحة على معرفة أسباب تركهم للخدمة أو بقائهم فيها ومدى رضائهم عن العمل.

العوامل المؤثرة في تخطيط الموارد البشرية (30)

هناك مجموعتان من العوامل التي يجب أن تؤخذ بعين الاعتبار عند تخطيط الموارد البشرية، وهما المؤثرات الداخلية والمؤثرات الخارجية:

أولاً: المؤثرات الداخلية:

المؤثرات الداخلية هي عبارة عن مجموعة من العوامل المؤسسية المتصلة بالبيئة الداخلية للمنظمة المؤثرة في تحديد حجم الموارد البشرية المطلوبة مستقبلاً ومن أهم تلك العوامل.

1) أهداف المنظمة:

حيث تشكل أهداف المنظمة القاعدة الأساسية التي تحدد حاجة المنظمة من القوى البشرية ونوعيتها ومن الصعب على إدارة الموارد البشرية أن تخطط لنفسها بمعزل عن فهم أو إدراك الأهداف العامة وقدرة المنظمة على تحقيقها.

2) الوضع المالي:

الوضع المالي للمنظمة والذي يتمثل في قدرتها على تخطيط وتحديد الموارد البشرية، والوضع المالي يؤثر على أنشطة أخرى مثل استقطاب الكفاءات المؤهلة وإبقاءها على رأس العمل وكذلك التأثير على برامج التدريب والحوافز ... الخ.

3) التغيرات التنظيمية:

تعتبر التغيرات التنظيمية كإعادة توزيع العاملين على الوظائف أو أحداث تغيير في الهيكل التنظيمي من المؤثرات الداخلية في تحديد طلب الموارد البشرية، خاصة فيما يتعلق بتدريب وتنمية العاملين، وكذلك في حالة إعادة توزيع الأفراد والذي بدوره قد يتطلب إلى تدريب وتطوير الموارد البشرية .

4) حجم العمل:

يعتمد حجم الموارد البشرية المطلوبة لأداء عمل معين على حجم ذلك العمل ونوعيته .

ثانياً: المؤثرات الخارجية:

يتأثر حجم الموارد البشرية المطلوبة لأي منظمة بمجموعة من المتغيرات التي تحدث في بيئة المنظمة الخارجية، ومن أهم تلك العوامل:

1- عوامل اقتصادية:

تتأثر المنظمة بالأوضاع الاقتصادية الخارجية المحيطة بها كالتضخم الاقتصادي، ومعدل البطالة ومعدل أسعار الفائدة، فارتفاع معدل البطالة يؤدي إلى وجود فائض في سوق العمل مما يعني توفر فرصة أكبر للاختيار من الموارد البشرية المطلوبة .

2- سياسة العمالة في الدولة:

وتتضمن هذه التشريعات القانونية التي تضعها الدولة مثل وضع سياسات عمالية أو وضع حد أدنى من الأجور ... الخ.

3- عوامل تقنية:

يقصد بذلك نوع وحجم التكنولوجيا المستخدمة مما قد يؤثر على حجم الموارد البشرية المطلوبة، وكذلك نوعيتها واثر ذلك على برامج تدريب العاملين وتطويرهم.

4- أوضاع سوق العمل:

ويتمثل هذا في التغيرات التي تطرأ على سوق العمل من حيث الفائض أو العجز، وما ينتج عن ذلك من إمكانية توفر الاحتياجات المطلوبة من الموارد البشرية.

5- عوامل تنافسية:

ويتمثل هذا في أنه كلما ازدادت المنافسة بين الشركات تصبح حاجة المنظمة اكبر لكفاءات بشرية مدربة وماهرة .

6- العوامل الاجتماعية السكانية:

ويتمثل هذا في حركة السكان وانتقالهم من منطقة جغرافية إلى أخرى أو الهجرة العائدة أو الخارجة، واثر ذلك على سوق العمل من حيث الفائض أو العجز.

خطوات عمليه التخطيط للموارد البشرية (32)

تختلف خطوات تخطيط الموارد البشريه وتتعدد وفق لمجموعه من المتغيرات التي ترافق هذه العمليه مثلاً شموليتها، اهميتها، علاقتها بالتخطيط الاستراتيجي العام للمنظمه، لذلك أختلف الباحثون والكتاب في تحديد عدد هذه الخطوات وأهميتها من حيث الاولويات، لذلك نحاول أن نحصر ـ أهم هذه الخطوات والتي تتمثل بما يلي:

1. وضع الأهداف: تحديد الأهداف المستقبلية.

2. تحليل وتقييم البيئة: تحليل الوضع الحالي والموارد المتوفرة لتحقيق الأهداف.

3. اختيار الحل الأمثل: اختيار الاحتمال صاحب أعلى مزايا وأقل عيوب فعلية.

4. تحديد البدائل: بناء قائمة من الاحتمالات لسير الأنشطة التي ستقودك تجاه أهدافك.

5. تقييم البدائل: عمل قائمة بناءً على المزايا والعيوب لكل احتمال من احتمالات سير الأنشطة.

6. إعداد ألخطه: من خلال التحديد النهائي للافراد المطلوبين ونوعيه الاختصاصات المطلوبه، حجم الوظائف،.....الخ .

7. تنفيذ الخطة: تحديد من سيتكفل بالتنفيذ، وما هي الموارد المعطاة له، وكيف ستقيم الخطة، وتعليمات إعداد التقارير.

8. مراقبة وتقييم النتائج: التأكد من أن الخطة تسير مثل ما هو متوقع لها وإجراء التعديلات اللازمة لها.

أن هناك تكاليف تتحملها المنظمة في حالة الخطأ في الاختيار الذي يتمثل في فصل الموظف أو تركه للخدمة، وقد يكون من الصعب قياس هذه التكاليف على وجه الدقة، ومع ذلك يمكن إبراز بعض هذه التكاليف كما يلي:

أ- تكاليف التعيين بما في ذلك الوقت والتسهيلات اللازمة للتجنيد أي البحث عن الأفراد المرتقبين والمقابلات والاختبارات.

ب- تكاليف التدريب بما في ذلك الوقت الضائع لإدارة الأفراد.

ج- الأجر الذي يحصل عليه الفرد الجديد (المتدرب) عادة يفوق ما يقدمه من إنتاج.

د- ارتفاع معدلات الحوادث في الغالب بالنسبة للموظف الجديد.

هـ- فقدان الإنتاج في الفترة ما بين فصل الفرد القديم وتعيين فرد جديد.

و- عدم استخدام معدات الإنتاج بالكامل خلال فترتي التعيين والتدريب.

ع- ارتفاع معدلات الضياع والفاقد في حالة الفرد الجديد.

غ- دفع أجور إضافية في حالة زيادة حالات الفصل، وما قد ينجم عن ذلك من تأخير في مقابلة مواعيد التسليم.

ل- تكلفة البحث عن فرد بديل واختياره (المقابلات والاختبارات واستيفاء النماذج وغيرها) وتدريبه (الوقت غير المنتج للفرد البديل والإنتاج المرفوض ووقت المدرب، وما إلى ذلك).

ي- تكلفة إنهاء خدمة الفرد مثل التعويضات والتقارير الكتابية والمقابلة النهائية.

موقع إدارة الموارد البشرية في الهيكل التنظيمي للمؤسسة (33)

إن الهيكل التنظيمي يعني الصرح الرسمي المقرر من قبل إدارة المؤسسة بحيث أنها تبين جميع النشاطات والعمليات التنسيقية والمهام المختلفة التي يوكل بها أعضاء المؤسسة، ومن هنا فإن كل زيادة في حجم الأعمال والنشاطات التي تتطلبها المشاريع عادة ما يتبعها تعديل في الهيكليات، وأحياناً تغيير في تصميمها، فالمالك الوحيد لا يحتاج لهيكلة إدارية لأنه باستطاعته أن يقوم لوحده بكافة العمال الإدارية التي تتطلبها نشاطات مشاريعه الصغيرة، سواء إنتاجية أو تسويقية أو ماليا، لكن مع زيادة حجم المشاريع وكميات الإنتاج، ويتعذر على صاحب العمل أن يؤدي لوحده الوظائف الإدارية ومنها وظيفة إدارة الأفراد .

ومن هنا بدأ التفكير جدياً في تحديد وخلق إدارة الأفراد وتحديد موقعها من الهيكل التنظيمي للمؤسسة، كنتيجة لتطور إدارة المؤسسات وتعدد أنواع المؤسسات وازدياد أحجامها وتعدد مالكيها وانتشارهم في كل مكان، وثم رافق هذا التطور لإدارة الموارد البشرية تطوراً في صلاحياتها، وكان من بين غاياتها دعم الإدارات عن طريق تزويدها بالموارد البشرية الفاعلة والقادرة على تحقيق الأهداف المرجوة، بالرغم من تعدد الهياكل في المؤسسة.

مصادر الموارد البشرية

تنحصر مصادر الموارد البشرية بعد تحديدها كماً ونوعاً بمصدرين أساسيين:

1- الاختيار من داخل المنظمة أو ما يعرف بالمصادر الداخلية

InternalSources:

إن سياسة الترقية المتبعة في المنظمة تعني إتاحة الفرصة لجميع أفراد التنظيم

للترقي إلى المستويات العليا، مع الأخذ في الاعتبار عدم التميز في تطبيق هذه القاعدة، ويترتب على هذا التطبيق المزايا التالية:

- رفع الروح المعنوية لأفراد التنظيم وازدياد الشعور لـديهم بالأمـان عـلى مستقبلهم الوظيفي في المنظمة.

- الاستفادة من كافة الكفاءات المتوفرة داخل المنظمة.

- إلمام الأفراد بكافة ظروف المنظمة، وبالتالي تستمر عملية التكيف مع بيئة التنظيم.

- القدرة على تامين التعاون الاختياري والتنسيق مع كافة أفراد التنظيم.

- خلق سمعة ممتازة للمنظمة تمكنها مـن جـذب الأفـراد الـذين يتمتعـون بالطموح الوظيفي.

- تمكن المنظمة من امتصاص مقاومـة التغيـير في سياسـة الاختيـار والترقيـة. ولكن بمقابل هذه المزايا تتعرض المنظمة من اتباع هذه السياسة لمجموعة من المخاطر أهمها:

أ- إن الاختيار على أساس الترقية قد يسبب جواً من الغيرة بين المرؤوسين الذين لم يتم ترقيتهم، وبالتالي يفقد الفرد الجديـد القـدرة عـلى التعـاون مـع زملائـه نتيجة الغيرة أو عدم استعدادهم لذلك.

ب- حرمان المنظمة من الاستفادة من أفكار وآراء جديدة التي قـد تتـوفر مـن المصادر الخارجية مما يخلق جموداً في ديناميكية التنظيم.

ج- سيطرة مكونات الوظيفـة السـابقة عـلى الوظيفـة الحاليـة ممـا يحـد مـن انطلاقتها.

د- احتكار المناصب الأمامية، قد يحرم المنظمة في كثير مـن الأحيـان مـن مزايـا المنافسة بين سوق العمل والمنظمة.

هـذا مع التسـليم بأهميـة المصـادر الداخليـة في تـولي المناصب الأساسية في المنظمة، إنما يجب أن لا يطلق العنان لهذه السياسة وغلق الأبواب أمام مرونة المنظمة في الاعتماد على المصادر الخارجية لجذب الكفـاءة المطلوبـة لتفعيل التنظيم، لأنها قد تشكل خطراً حقيقياً عـلى مسـتقبل المنظمـة، فالديناميكيـة تستوجب ضخ دم جديد للتنظيم يستطيع أن يزيد من ديناميكيته في الاتجاه الصحيح،ويمكن للمنظمة استخدام كافة الطرق لعدم الربط بين اختيار الأفراد وسياسـة الترقيـة وأن يكـون واضحـاً لأفراد التنظيم، أن المنظمـة ستلجأ إلى الاختيار مـن الخـارج طالما هنـاك خلافاً في التـوازن بـين الكفـاءة الداخليـة والخارجية، ويصبح للمنظمة الحرية الكاملـة في توفير الأفراد الأكفاء لشـغل المناصب الأساسية من المصادر الخارجية المناسبة.

3- الاختيار من خارج المنظمة أو ما يعرف بالمصادر الخارجية: ExternalSources

تلجأ المنظمة إلى هـذا المصـدر بسبب اقتناعها بضرورة تفعيل ديناميكيـة التنظيم عن طريق كفاءات تستطيع أن توفر للتنظيم قوة الدفع الجديدة، ولا شك أن المنظمات الكبيرة خاصة في قطاعات الصناعة المتطورة تلجأ إلى المصادر الخارجية نظراً لقوة المنافسة لجذب الأفراد المميزين القادرين على تـأمين قـوة الدفع المميزة والمطلوبة، إن هذا الأسلوب في الاختيار قد يحقق مزايا كثيرة كما أوردناها إلا أن له انعكاسات سلبية وآثاراً قد تختلق مشكلات تنظيميـة وأيضاً مشكلات سلوكية أهمها:

أ- انخفاض الروح المعنوية لأفراد التنظيم نتيجـة عـدم ارتيـاحهم أو اقتنـاعهم بهذه السياسة.

ب- في منظمات العالم الثالث، ينظر دائماً إلى الفرد الجديد الآتي من خارج المنظمة على أنه دخيل سقط على التنظيم من السماء.

ج- ظهور نوع من المقاومة للفرد الجديد وهذا أمر طبيعي يتبلور في عدم التعاون معه أو وضع كافة الصعوبات أمامه لعدم نجاحه في وظيفته.

إدارة وتنمية الموارد البشرية (35)

كما يجب أن يتسق المجال الفني ومجال الموارد البشرية معاً وأن يكونا نافعين على قدم المساواة للمؤسسة وللموظفين، وبناء على ذلك، يجب على الإدارة السليمة أن تتبع التسلسل المنطقي في إحداث تنمية متناسقة في جميع القطاعات الثلاثة، وعلى كلٍ منها أن يعينّ جميع التسهيلات اللازمة لتشغيله السلس.

وتغطي إدارة الموارد البشرية (HRM) عدداً من المجالات التخصصية التي تبحث في إستراتيجيات، والأهداف، والأنشطة اللازمة للمحافظة على وتحسين إنتاجية العاملين والتي تحقِّق تنمية الفرد داخل المؤسسة.

والتخصصات الخمسة التي قد تنقسم إليها إدارة الموارد البشرية HRM هي (38):

1. إدارة الموارد البشرية HRM الإستراتيجية .
2. تخطيط القوى البشرية أو تخطيط العاملين .
3. إدارة العاملين .
4. التدريب .
5. تنمية الأفراد.

ويشكِّل كـلَّ مـن تلـك الأقسـام نظامـاً فرعيـاً مركبـاً مـن نظـام المـوارد البشرية، وله عناصره الداخلية بأهدافها وأنشطتها النوعية الخاصة والتي يجب أن تكون متناسقة إذا مـاأردنـا للنظام أن يُنتج نتائج جيدة .

النظام الفرعي للتدريب وعناصره (25)

الغرض مـن النظـام الفرعـي للتدريب بمؤسسـة مـا هـو تزويـد الأنظمـة الفرعية الأخرى للمؤسسة بالعاملين المـدرَّبين في الوقت المناسب وفي المكـان المناسب .

ويشتمل الصندوق الأسـود على سلسلة كاملة من الأنشـطة التـي يجـب أن تؤدِّي لتوفير العمالة المدربَّة والتي تتضمن المراحل التقليدية التالية:

1- التحليل (أو التشخيص).

2- التصميم.

3- الإنتاج.

4- التنفيذ.

5- التقويم والرقابة.

وفيما يختص بالتدريب، فإن كل مرحلة من تلك المراحـل تتضـمن سلسـلة من المفاهيم والتي تنتناولها بالشرح قبل الإنتقال إلى الوصف الـداخلي للنظـام الفرعي للتدريب ذاته .

1- التحليل (أو التشخيص) ANALYSIS (OR DIAGNOSIS):

تهدف هذه المرحلة إلى تحديد إحتياجات التدريب الظاهرة والخفية للمؤسسة، وإحتياجات التدريب "الظاهرة" MANIFEST هي تلك التي يستطيع جميع موظفي المؤسسة الإداريين أن يكتشفوها بسهولة، من المعلومات

الروتينية التي ترد إليهم من القطاعات المختلفة عن مستوى العمل بهذه القطاعات والعاملين بها .

أما إحتياجات التدريب "الخفية" HIDDEN فهي تلك الإحتياجات التي تظهر عند تحليل المشكلات والتعرف على أسبابها والحلول الممكنة لها، والبدائل والأولويات، والخطط اللازمة لتنفيذ تلك الحلول، وقد يكون التدريب أحد هذه الحلول.

وفي هذه المرحلة يتم تحديد أولويات التدريب، ومتطلبات التنفيذ والبدائل والإستراتيجيات الواجب إتباعها، ومن ذلك كله يمكن إنتاج وتحديث مايعرف بخطة التدريب الرئيسية MASTER TRAINING PLAN والتي تحوي التفاصيل الخاصة بالخطة السنوية الواجب إتباعها.

2- التصميم DESIGN:

يتم تنفيذ منهاج لتصميم البرامج التدريبية كلما تطلبت حاجة المؤسسة إنتاج برنامج تدريبي جديد أو مراجعة، وتحديث البرامج التدريبية المتوفرة بالفعل، وفي هذا الشأن أوصى الإتحاد الدولي للإتصالات ITU بإتباع دليل "تطوير البرامج في مجال الإتصالات" CODEVTEL والذي يضمن تصميم برامج تدريبية تتميَّز بالجودة العالية وتضمن للمؤسسة تحقيق أفضل النتائج المرجوة منها .

وتتضمن هذه المرحلة تحليلاً للمهام ولمجموعات المتدربين المستقبلية التي ستدرس البرنامج والمعرفة - المهارات التي يحتاج إليها لأداء المهام، وكتابة أهداف التدريب وإنتاج المواد التدريبية اللازمة لتنفيذ وإدارة البرنامج التدريبي.

3- الإنتاج PRODUCTION:

وفي هذه المرحلة يتم إنتاج المواد التدريبية الكاملة، كما يتم إعادة إنتاجها بكميات كافية لإدارة البرنامج، ويجب أن تضمن هذه المرحلة أن جميع المواد التدريبية الضرورية متوفرة عند البدء في تنفيذ البرنامج.

4- التنفيذ IMPLEMENTATION:

وفي هذه المرحلة يتم تنفيذ البرامج والأنشطة طبقاً لجداول زمينة، ووفقاً للإستراتيجيات التي تم تحديدها فإنه يمكن تنفيذ مجموعة من البرامج التدريبية أو برنامج فردي واحد أو إرسال متدربين بمراكز تابعة لمؤسسات أخرى داخل الدولة أو خارجها .

وقد تستخدم المؤسسة مدربيها أو مدربين من الخارج، أو آخرين معارين من أي مكان في المؤسسة أو من مؤسسات أخرى، كما يتم مراقبة النتائج، وهذه هي المرحلة "الإكاديمية" للعمل مع المتدربين داخل مراكز التدريب، وتقييم تقدمهم وملاحظة جميع التفاصيل الأخرى اللازمة لتنفيذ البرامج التدريبية .

5- التقييم والرقابة: EVALUATION AND CONTROL

وفي هذه المرحلة يتم قياس النتائج وإتخاذ الإجراءات التصحيحية والتحقق من الأنشطة التدريبية وتحسينها، ويجب تقييم كل برنامج تدريبي عند مستويات أربعة هي رد فعل المتدرب، والتعلُم، والأداء في موقع العمل، وتأثير التدريب على المؤسسة . والمستويان الأول والثاني يتم التحقق منهما أثناء مرحلة التنفيذ ويستخدمان كنقطة إنطلاق في التعامل مع المستوييْن الأخريْن .

كما يتم في هذه المرحلة أيضاً قياس تقييم كل نشاط في النظام الفرعي للتدريب، ليس فقط بمفرده بل أيضاً ككل، وعلى نحو متصل مع محتوى مناهج البرامج، وأداء المدربين، ومصممي البرنامج

ومع متخصصي إنتاج وسائل الإيضاح السمعية والبصرية والموظفين الإداريين ومديري التدريب، ويتم إجراء الإحصائيات الدقيقة والتي على أساسها يتم إتخاذ القرارات حتى يمكن إعطاء دفعة قوية للعملية التدريبية ذاتها .

وفي كل من المراحل السابقة يلزم الحصول على نتائج محددة وواضحة بحيث يمكن الإستفادة منها مجتمعة في دفع العملية التدريبية للوفاء بأهدافها.

تدريب الموارد البشرية (36)

يقصد بتنمية الموارد البشرية زيادة عملية المعرفة والمهارات والقدرات للقوى العاملة القادرة على العمل في جميع المجالات، والتي يتم انتقاؤها واختيارها في ضوء ما أُجري من اختبارات مختلفة بغية رفع مستوى كفاءتهم الإنتاجية لأقصى حد ممكن.

أنواع التدريب

أولاً: التدريب أثناء الخدمة (40):

يقوم هذا النوع من التدريب على فكرة قديمة فكرة التلمذة المهنية التي تعني أساساً أن تلقي الموظف الجديد التعليمات والتوجيهات التي تبين له أسلوب العمل من رئيسه الذي يتولاه بالرعاية خلال الفترة الأولى فيبين له الصواب من الخطأ والحقوق والواجبات، وأفضل أسلوب لأداء العمل وآداب السلوك الوظيفي.

ولا يستطيع أحد أن ينكر أن أول واجبات الرئيس المباشر ما زالت تكمن في توجيه من يعملون معه لأفضل الأساليب لأداء العمل، وللسلوك الوظيفي الإيجابي، بل ويستمر هذا الدور ليس فقط في فترة التواؤم مع متطلبات الوظيفة ولكن أيضًا خلال الحياة الوظيفية للموظف، فهو يحتاج باستمرار للتنمية وتطوير قدراته ومهاراته واستعداداته حتى يتقن ما يقوم به

من عمل ويكون مستعدًا للترقية لأعـمال ذات مسـئولية أكـبر وأخطـر مـن مسئولياته الحالية.

ولهذا النوع من التدريب وسائل مختلفة تتم أثناء الخدمة وفي نفس مكان العمل منها:-

1- تضـاء فـترة تسـمى (فـترة التجربـة) تمتـد لعـدة أشـهر قبـل أن يصـبح الموظف الجديد مسؤولاً تمامًا عن عمله.

2- الدوران بـين عـدة وظـائف أو نشـاطات فيعـرض فيهـا المتـدرب لرؤيـة مختلفة لشتى الوظائف التي يحتاج إلى الإلمام بها.

3- المكتب المجاور، حيث يوضع مكتب الموظف الجديـد إلى جـوار مكتـب رئيسه مباشرة، أو إلى جوار مكتب زميله القديم الذي سوف يقوم بتدريبه، فيلاحظ سلوكه وتصرفاته وقراراته، ويسند إليه المدرب بعض الأعمال بالتدريج فيقوم بها في البداية تحت إشرافه ثم يبدأ في الاستقلال بإنجاز أعماله كاملة.

4- شغل وظائف الغائبين، حيث يمكن التدريب عمل طريق تكليف الزملاء بالقيام بـأعمال رؤسـائهم أو مـدربيهم أو زملائهـم القـدامى لفـترة محـدودة أثنـاء غيابهم، مع الرجوع إلى المدير المسؤول في حالة مواجهة صعوبات.

5- توجيه الأسئلة، حيث يمكن للرئيس أو الزميل القديم أن يدرب الموظف الجديد عن طريق سؤالين بين الحين والآخر عما يمكن فعله في بعـض المواقـف، ثـم يبدأ يحيل إليه بعض الأمور ويراقبه فيها.

6- المشاركة في أعمال اللجان، وذلـك عـن طريـق تعـرض المتـدرب لخبرات وأراء أفراد آخرين، ويحـاول المتـدرب المتمـرس عـلى عـرض وجهـة نظـره بأسـلوب منطقي مقنع يعرض فيه لكل الجوانب، وهذا الأسلوب يصلح

للمرشحين لوظائف إدارية أو قيادية وإن كان يعاني من عيوب اللجان المعروفة.

7- الوثائق والنشرات، حيث توزع تعليمات على الموظفين الجدد كل فترة من الزمن تشمل تعليمات وتوجيهات حول أفضل الأساليب لأداء العمل والواجبات والمسؤوليات والسلوكيات الوظيفية، ووظائف المنظمة وفرص الترقي، وكيفية تحسين الأداء إلى جانب معلومات متخصصة في وظيفته الجديدة.

وبهذا يمكن أن تساهم إدارة التدريب وتنمية الموارد البشرية بالتعاون مع الرئيس المباشر لكل قسم في وضع أحسن الأساليب لتدريب الموظفين الجدد، أو القدامى المرشحين للترقية، أو الذين يعانون من ضعف الأداء بهدف زيادة كفاءتهم ورفع قدراتهم عن طريق التنمية والتدريب المستمرين.

ثانياً: التدريب الرسمي خارج العمل (39):

ونقصد بالتدريب الرسمي أن يكون التدريب استعدادات وإجراءات وشهادات حيث يدور في أماكن خارج العمل إما في قسم مستقل تابع لمنشأة نفسها، أو خارجها في جهات متخصصة مثل معاهد الإدارة أو مراكز التدريب الجامعات أو بعض الجهات أو المكاتب المتخصصة.

ولهذا النوع من التدريب وسائل وأساليب متنوعة منها: المحاضرات، والحلقات الدراسية، والمؤتمرات، والمناقشات الجامعية، والحوار المفتوح، ودراسة الحالة، وتمثيل الأدوار، وسلة القرارات، والمباريات الإدارية، والزيارات الميدانية.

والمفاضلة بين أسلوب وآخر تركز على اعتبارات وعوامل عديدة يجب مراعاتها قبل عملية اختيار الأسلوب التدريبي الملائم، ومن أهم هذه الاعتبارات:

1- مدى ملاءمة الأسلوب التدريبي للمادة التدريبية وللأفراد المتدربين.

2- طبيعة المتدربين واتجاهاتهم ومستوياتهم العلمية والتنظيمية.

3- إمكانية توافر التسهيلات المادية للتدريب، مثل القاعات والأجهزة والمعدات اللازمة لإنجاز العملية التدريبية.

4- نفقات استخدام كل وسيلة تدريبية وملاءمتها مع موازنة التدريب.

5- مدى ملاءمة الوقت والمكان المتاح لكل وسيلة تدريبية.

6- درجة إلمام المدرب نفسه بالأسلوب التدريبي.

7- عدد المشتركين في البرنامج التدريبي، فكلما كان عدد المشركين قليلاً كلما أمكن استخدام الأساليب القائمة على المناقشة.

التدريب والتنمية البشرية والاقتصادية (37)

تتجه غالبية دول العالم الآن نحو الأخذ بوسائل التدريب المتقدِّمة؛ لرفع وزيادة الكفاءة الإنتاجية؛ والتي تمثل إحدى الأهداف الرئيسية للتنمية البشرية، وإن اختلفت درجات هذا التوجُّه بين العالم المتقدم، والعالم الذي يقف على أبواب التقدم، والعالم النامي، فمعظم الدول أصبحت تعي أهمية التدريب؛ لما له من دور فعَّال في المحافظة على مكتسباتها الحالية، والمساعدة في تحقيق استراتيجياتها المستقبلية.

وهناك علاقة وطيدة بين التدريب وتنمية الموارد البشرية؛ حيث ترتكز تنمية الموارد البشرية فيما ترتكز على:

1) وجود كفاءات منتقاة من المديرين، تـم صـقلها بأسـاليب تدريبيـة عاليـة، أكسبتهم مهارات خاصة، وخبرات كبيرة.

هؤلاء المديرين تعقد عليهم شركاتهم آمالاً عريضة في الانتقال بها نحـو مصاف الشركات الناجحة؛ بل والمتميزة، فالمدير الناجح يعمـل دائمـاً عـلى رفـع مستوى أدائه، ورفع مستوى أداء وتنمية مهارات العاملين معه تحت إدارته. **وتظهر كفاءة المديرين من خلال نتائج عدة، أهمها:**

1- استمرار جودة المنتج وتطوره، مع خفض التكـاليف، وخلـق أسـواق جديدة للمنتج، مع المحافظة عـلى حصـة شركاتهم، والعمـل عـلى زيادتها في الأسواق الموجودة بها، مما يساهم في تحقيق التنمية الاقتصادية فيهـا، ويكـون له مردوده الإيجابي والمباشر على التنمية البشرية للعاملين في هـذه الشركات، وعـلى التنميـة الاقتصادية للصـناعة التي تنتمـي إليهـا، فضـلاً عـن التنميـة الاقتصادية للمجتمع والدولة ككل.

2- العمل على توافر وامتلاك المهارات المكتسبة، عن طريـق التـدريب، وتنمية هذه المهارات واستغلالها الاستغلال الأمثل، فالمهارات يمكـن إكسابها للأفراد عن طريق الخطط التدريبية ذات الكفاءة العالية، والمخطط لها بشكل علمي سليم، مع الحفاظ في ذات الوقت على المهارات الموهوبـة للأفراد بعـد اكتشافها، بالعمل على تنميتها وصقلها بـبرامج تدريبيـة خاصـة، وتـوفير البيئـة الصحيحة المساعدة على تأصيل هذه الموهبة.

3- وجود خطط تدريبية عامـة وخاصـة؛ فتـدريب العـاملين أمـر هـام وضروري، خاصةً العاملين أصحاب المهن الفنية المعقَّدة، باتباع طرق التـدريب الأساسي، والتدريب التخصصي.

فالصناعات الدقيقة والمعقدة تتطلب دائما عمالة فنية ذات مهارات عالية، وهذه العمالة تحتاج أيضاً وبشكل مستمر برامج تدريبية متخصصة؛ لكي تؤهلهم وتمكنهم من التعامل مع الصناعات القائمة، وما يستجد عليها من تطور وتقنيات حديثة.

ولا يخفى على أحد أن العمالة الماهرة المدربة، تتهافت عليها كبريات الشركات العالمية، ولها كادر مميز من حيث الرواتب والمكافآت والحوافر لا يتوافر لغيرها، فالتدريب المتخصص يساعد على تنمية الموارد البشرية.

4- انفتاح العمالة (المدرِّب والمتدرِّب) على العلم في مجال التخصص، والثقافة بشكل عام، والعمل على اكتساب لغات الدول المتقدمة صناعياً وتكنولوجياً؛ حتى تتمكن هذه العمالة من مسايرة كل جديد في مجال تخصصها، فضلاً عن فتح فرص عمل ذات مميزات خاصة لها، عن طريق الالتحاق بالوظائف المميزة في الشركات متعددة الجنسيات، التي أصبحت منتشرة حول العالم كمظهر من مظاهر العولمة، أو ترغيب هذه الشركات في الاستثمار في بلدان هذه العمالة الماهرة، مما ينعكس بدوره على إنعاش اقتصاديات أوطان هذه العمالة، وخلق فرص عمل جديدة، وبالتالي تنمية الموارد البشرية والاستثمار فيها، وهذا كله يصب في تقدم بلدانهم صناعياً، واجتماعياً، وثقافياً.

إن الاهتمام بالفكر والتخطيط الاستراتيجي يساعد كلاًّ من الشركة أو المنظمة أو الدولة على الوصول إلى ما تصبو إليه من تقدم، ونموٍّ مطَّرد؛ ومن ثَمَّ الازدهار والرفاهية، وصولاً إلى الحياة الكريمة.

ويعد الاهتمام بالتنمية البشرية حجر الزاوية، وأساساً جوهرياً لتأكيد التنمية بمفهومها الشامل لكل المجالات، سواء كانت اقتصادية، أم اجتماعية، أم سياسية، أم ثقافية... إلخ.

والأخذ بالتطوير الشامل المدعوم بالتدريب العام والمتخصص يمكّن الدولة، والشركة، والمنظمة، والفرد، من مواكبة التغيُّرات السريعة التي يشهدها عالم اليوم.

والتدريب هو استثمار حقيقي ومباشر يؤدي إلى تنمية الموارد البشرية؛ فكلما زاد استثمار الدولة - أو الشركة أو... في تنمية مهارات الأفراد، ورفع مستوى كفاءتهم العلمية والعملية، ومن ثَمَّ الإنتاجية، مما يصب في النهاية في مجرى رفع مستوى معيشتهم؛ كلما ملكت عليهم أفئدتهم وعقولهم، وولائهم وانتمائهم، فضلاً عن امتلاكها لمهاراتهم التي أكسبتهم إياها ببرامج التدريب المدروسة والمفيدة.

الفصل الخامس
الشفافية و كيفية تطبيقها
في الوطن العربي

الشفافية و كيفية تطبيقها في الوطن العربي

مفهوم الشفافية

يقصد بالشفافية مبدأ خلق بيئة تكون فيها المعلومات المتعلقة بالظروف والقرارات والأعمال الحالية متاحة ومنظورة ومفهومة، وبشكل أكثر تحديد ومنهج توفير المعلومات وجعل القرارات المتصلة بالسياسة المتعلقة بالمجتمع معلومة من خلال النشر في الوقت المناسب والانفتاح لكل الأطراف ذوي العلاقة .

او هي توفير بيئة عمل جذابة يسهل من خلالها التنبؤ بالتغييرات الحاصلة فيها وبالتالي تحديد اتجاهاتها المستقبلية.

أهمية الشفافية (41)

1- إتاحة المعلومات تمكن المواطن من الاعتراض المبرر و الموثق على أعمال الحكومة التي لا يوافق عليها للمصلحة العامة أو الخاصة .

2 – إتاحة المعلومات تمكن المواطن من طلب التعويض عما يلحقه من ضرر بسبب أعمال الحكومة .

3 – إتاحة المعلومات تجعل الموظف العمومي أكثر حذراً و حرصاً في أعماله خشية المساءلة من المواطنين.

4 – إتاحة المعلومات هي جزء مما يسمى الحكومة المفتوحة والتي تبغي التواصل الدائم و المستمر مع المواطنين .

5 – إتاحة المعلومات تجعل المواطن في وضع أفضل لتخطيط نشاطاته وإجراء حساباته، و بالتالى يكون سلوكه أكثر رشداً لمصلحته و لمصلحة المجتمع .

6 – إتاحة المعلومات يوسع فرص المشاركة في صنع قواعد المجتمع و تشريعاته من كل الأطراف ذات العلاقة، و ينتهي إلى الأبد " تشريع الغرف المغلقة " بكل مساوئه.

7 – إتاحة المعلومات يقلل المخالفة عن جهل بالقواعد، و يقلل المخالفة أيضاً حال معرفتها و إدراك العواقب الوخيمة المترتبة على المخالفة .

8 – تمتد الشفافية أيضاً إلى الأنشطة الاقتصادية المختلفة و أسواق المال والرقابة على الشركات وتقارير تقييم الأصول و مراجعة الميزانيات ونشرها والبورصات و إسناد الأعمال و تقديم العطاءات و ترسية المناقصات أو المزايدات وكل ذلك في صالح كل الأطراف، و لا يسمح لأحد أن ينتفع بمعلومات أتيحت له دون غيره بغير مبرر .

9 – نشر الشكاوي و ما تم بشأنها أولاً يرفع درجة مصداقية النظام، و ثانياً يضع المسؤول في وضع استعداد دائم لحل مشاكل الناس، و ثالثاً يؤكد للمواطن أن طريق الحصول على الحق مفتوح على الدوام .

10 – إن نشر المعلومات عن أعمال الحكومة الحالية المستقبلية يسهم في تحقيق درجة أعلى من الاحاطة و بالتالي الارتباط و الانتماء .

أهداف الشفافية

أ- محاربة الفساد بكافة صوره وأشكاله.

ب- إنعاش السوق المالي من خلال تحقيق المصداقية في توفير المعلومات المالية.

ج- منع الممارسات الإدارية الخاطئة.

ء- جذب الاستثمارات الأجنبية والمحافظة على الاستثمارات الوطنية.

هـ- تعزيز الرقابة الإدارية وزيادة كفاءتها من خلال الدقة والوضوح في الإيرادات والممارسات الإدارية المعمول بها.

و- توفير الوقت والتكاليف وتجنب الإرباك والفوضى في عمل العاملين.

ي- ترسيخ قيم التعاون وتضافر الجهود ووضوح النتائج، إذ يكون أداء الأعمال جماعياً والمحاسبة تكون بشكل جماعي.

ح- إغلاق الأبواب أمام الروتين .

ز- تعزيز الدور الرقابي.

ط- زيادة الثقة بنظرة العاملين والمواطنين للتنظيم الإداري.

اساليب دعم وتحسين الشفافية (42)

وهناك عدة أساليب وإجراءات لتحسين رفع مستوى الشفافية في أداء الوحدات والمؤسسات السياسية والاقتصادية في مجتمع ما طالما توافرت الإرادة الحقيقية لتحقيق ذلك لدى الجهات المعنية، ونبرز أهمها فيما يلي:

1- دعم وتطوير النظام القانوني والجهاز القضائي بالمجتمع، وذلك بتفعيل مواد القوانين الموجودة والعمل على القيام بالدراسات المقارنة والتوصيات بإصدار قوانين جديدة بشأن محاربة للفساد وتضمن المزيد من الشفافية وضرورة تطوير آليات واضحة يتم بمقتضاها تطبيق تلك القوانين من خلال الجهاز القضائي الفعال .

2- تكوين لجان للنزاهة في المؤسسات المختلفة، وذلك من خلال تنمية الممارسات الإدارية الأخلاقية والالتزام بالقيم في أداء الوظائف المختلفة التي تقوم بها مؤسسات الدولة، كما تهدف هذه اللجان إلى التغلب على

المشاكل المالية والتصدي لها في حال حدوثها بالإضافة إلى معالجة الحالات التأديبية المختلفة، وكذلك حالات سوء استخدام السلطة والفساد الإداري .

3- إنشاء وكالات لمحاربة الفساد وذلك بأن تكون قوانين الدولة تسمح بإنشاء وفتح الهيئات والمؤسسات والجمعيات الحكومية والأهلية المختصة في مكافحة الفساد ومنحها الصلاحيات التي تمكنها من القيام بمهامها أو على أن ينصب جوهر عمل هذه الوكالات في الحصول على المعلومات وإجراء التحريات اللازمة، وإعطاء التوصيات الخاصة بتوجيه الاتهام للأفراد المسؤولين عن الفساد الإداري في المؤسسات فضلاً عن تقديم النصح لرؤساء الإدارات والأجهزة المختلفة فيما يتعلق بالتغيرات التي تطرأ على الأداء المؤسسي ـ التي يمكن أن تساعد في القضاء على وقوع الفساد الإداري مستقبلاً .

4- تنمية القيم الدينية والتركيز على البعد الأخلاقي في محاربة الفساد، وذلك لأن معظم حالات الفساد تتم بسرية وبطرق عالية المهارة فيكون من الصعب وضع تشريعات وقوانين تقضي على أنماط الفساد بصورة تامة في ظل هذه السرية واستغلال التقدم التقني في تغطية الفساد، وبذلك يتضح جلياً دور القيام الدينية في مكافحة الفساد والقضاء عليه، فلا شك أن القيم الدينية في جميع الديانات السماوية تدعو إلى الفضيلة والالتزام بالأخلاق في جميع نواحي السلوك البشري، ويقوم جوهر تلك القيم على فرض رقابة ذاتية على الفرد في كل أعماله، ففي حال التزام كل فرد بهذه الرقابة الذاتية والتي تقوم على الخوف من الله سبحانه وتعالى، فأن ذلك يعد الأسلوب الأمثل لمنع حدوث الفساد بكل صوره وأنواعه .

5- تهيئة بيئة عمل صحية حيث تقوم بيئة العمل الصحية على محاورهي:

1) أرضاء العاملين المتابعة الموضوعية .

2) بث روح الجماعة، فلا شك أن الموظف الذي يتحقق لـه الرضـاء الـوظيفي سوف يكون أكثر حرصاً من غـيره عـلى الالتـزام بالممارسـات الإداريـة السـليمة والابتعاد عن الممارسات الفاسدة، كـما أن المتابعـة المسـتمرة لأداء العـاملين في المراحل المختلفة تساعد على اكتشاف الانحرافات أولاً بـأول قبـل تفـاقم تلـك الانحرافـات، وكـذلك التـزام العـاملين داخـل مؤسسـة معينـة بـروح الجماعـة والعمل معاً كفريق واحد يكون من الصعب معه انتشار الفساد فيما بينهم .

6- دراسة وتطبيق آليات المكاشـفة والمصـارحة مـن خـلال التأكـد عـلى التـزام موظفي القطاع الحكومي بمسـؤولياتهم عـن نشرـ المعلومـات للمـواطنين عـبر آليات منظمة قانوناً والرد على استفساراتهم .

7- تبني برنامج لتنمية ثقافة حق المعرفة والإطلاع وحق الحصول على البيانات والمعلومات لدى الموظفين في كل ما يتعلق بمجتمعهم .

8- تنمية وعي موظفي القطاع العام والمتعاملين معه بمختلف أشكال الفسـاد ومعرفة الأدوات والأساليب اللازمة لمكافحة، وأهمية بناء الشفافية في الأنظمـة الإدارية والمالية، وكذلك فوائد تطبيق قيم الشفافية والنزاهـة ونظـم المحاسـبة في محاربة الفساد .

تطبيق الشفافية في بعض الدول العربية

1- الأردن (43):

نظام الحكم في الأردن نظام ملكي دستوري، يمارس فيه الملك بموجب الدستور السلطات التنفيذية والتشريعية، جرى تغيير الحكومة ثلاث مرات خلال العام: في يوم 27 تشرين الثاني / نوفمبر وافق الملك عبد الله بن الحسين على تشكيل حكومة برئاسة معروف البخيت الذي خلف رئيس الوزراء عدنان البدران وتكلف الملك عبد الله الحكومة الجديدة بالمضي ـ قدماً في تنفيذ الإصلاحات والشفافية، وتعزيز أمن الأردن في نفس الوقت في أعقاب التفجيرات التي وقعت في فنادق عمان يوم 9 تشرين الثاني / نوفمبر، وأودت بحياة 60 شخصاً، كانت الحكومة تحترم حقوق الإنسان في عام 2005 وإن كان السجل العام في هذا المقام يبين وجود مشاكل فقد أصدر المركز الوطني لحقوق الإنسان (NCHR) وهو هيئة معنية بحقوق الإنسان أسسها الملك عبد الله عام 2003، تقريره الأول خلال العام هو وصف وضع الأردن على مستوى التخطيط والسياسة " بالجيد " ورأي التقرير أن وضع الأردن في مجال الحقوق الاقتصادية والاجتماعية والثقافية " مقبول ".

أما الوضع بالنسبة للحقوق المدنية والسياسية فقد وصفه التقرير بأنه " سيء "، ففيما سعت الحكومة إلى تعزيز الإصلاح السياسي والاجتماعي كان التقدم بطيئاً في بعض المجالات، فقد ظل حق المواطنين في التغيير الحكومي التي تحكمهم مقيداً وظلت القيود الرسمية على حقوق المرأة قائماً وكذلك التمييز الاجتماعي ضدهم، كما استمرت القيود مفروضة على حرية التعبير والصحافة وحرية التجمع وتشكيل الجمعيات والانضمام إليها، وعلى الحرية الدينية شارك المواطنون في العملية السياسية عبر انتخاب ممثليهم في البرلمان،

فقد أنجزت اللجنة الملكية جدول الأعمال الوطني خطة عشرية شاملة للإصلاح وتدرس الحكومة الآن الخطة لتعد التشريع القاضي بتنفيذها .

2- السعودية (43):

تحسن الوضع بالنسبة لحرية الصحافة، إذ نشرت تقارير صحفية عديدة حول قضايا مثيرة للجدل، وكذلك مقالات عديدة تتضمن انتقاداً للحكومة، وبالرغم مما تحقق من تقدم هام في هذا المجال ظل سجل الحكومة في مجال حقوق الإنسان سيئاً، إذ استمرت قوات الأمن في إساءاتها للموقوفين والمعتقلين وفي ممارساتها العشوائية المتمثلة في القبض على الأشخاص واحتجازهم، ومنعهم من الاتصال بذويهم أو بأي شخص آخر، وتمتع " المطوعون " (الشرطة الدينية) بالحصانة من محاسبة القانون لهم في ممارستهم لترهيب المواطنين والأجانب وإساءة معاملتهم واحتجازهم، ويذكر مع ذلك أن هذه الممارسات كانت أقل مما كانت عليه في الماضي .

وما زالت القيود الصارمة مفروضة على حقوق المرأة، بما في ذلك المضايقات التي تتعرض لها والمبالغة في التشدد فيما ترتديه المرأة من ملابس، والقيود المفروضة على سفرها، بما في ذلك حرمانها من حقها في قيادة السيارات، والتمييز الحاد بين الرجل والمرأة في قانون الأسرة وفي العديد من الإجراءات القانونية، والفصل غير العادي بين الجنسين في المدارس، وفي معظم أماكن العمل، وفي المرافق العامة من جميع الأنواع .

كما استمرت أعمال العنف ضد المرأة والطفل، وكذلك التمييز ضد الأقليات العرقية والدينية، وكانت معظم المحاكمات مغلقة، وكان المهتمون لا يحصلون عادة على أي مشورة قانونية، وواصلت الحكومة تعديها على الحقوق الخصوصية وتقييدها لحرية التعبير والصحافة، ولم يكن للحرية الدينية

أي وجود في المملكة العربية السعودية، وفرضت الحكومة القيود على حرية التجمع وحرية تأسيس الجمعيات والانضمام إليها، وكذلك حرية الحركة .

في تشرين الثاني / نوفمبر من عام (2005) اتخذت وزيرة الخارجية الأمريكية الخطوة الأولى في سبيل إجراء الحوار الاستراتيجي الأمريكي السعودي الذي أعاد النشاط والحيوية إلى العلاقات الثنائية بين البلدين، وأبرز القضايا الرئيسية التي حظت بالاهتمام من خلال الحوار، تم بموجب هذا الحوار تأسيس مجموعة عمل حول التعليم، وبرامج التبادل، والتنمية البشرية، بغية العمل على تحسين مشاركة المواطنين في عمليات اتخاذ القرارات، وفي قضايا حقوق الإنسان كالحرية الدينية، والاتجار بالأفراد (TIP)، والدعوة إلى التسامح .

3- البحرين:

في عام 2002، أصبحت البحرين مملكة، وتبنت دستوراً أعاد تفعيل الجهاز التشريعي المكون من مجلسين: مجلس الشورى الذي يتألف من أربعين عضواً، وهو مجلس استشاري يعين الملك أعضاءه، ومجلس النواب يتألف من أربعين عضواً يتم انتخابهم، وللبرلمان سلطة اقتراح التشريعات والمراجعة عليها، لكن الملك يحتفظ بمعظم السلطات التشريعية بصفته رئيس السلطات الثلاث، التشريعية والتنفيذية والقضائية، لجميع المواطنين الذين تتجاوز أعمارهم واحد وعشرين عام حق الاقتراع . ولقد اعتبرت الانتخابات التشريعية التي أجريت عام 2002، وهي أول انتخابات شهدتها البلاد منذ نحو ثلاثة عقود، انتخابات حرة ونزيهة بشكل عام بالرغم من مقاطعة أربع من القوى السياسية المعارضة لها . (الأحزاب السياسية محظورة بموجب القانون، لكن في تموز من عام 2005 أصدرت الحكومة تشريعاً يعتبر

الجمعيات السياسية قانونية) إن المواطنين الشيعة والسنة ممثلون في الحكومة، إلا أن الأقلية السنية من السكان تسيطر على النشاط السياسي والاقتصادي في حياة البلاد، لقد رشحت النساء أنفسهن لانتخابات 2002 لكن وللأسف لم يكتب لهن النجاح .

ستة من أعضاء مجلس الشورى الأربعين المعنيين وعضوان من جلس الوزراء البالغ عدد أعضائه عشرين وزيراً، هم فقط من لنساء، لا زالت الحكومة تعاني من مشاكل احترام حقوق الإنسان، بما في ذلك حصانة مسؤولي الحكومة من العقاب في حال انتهاكهم لحقوق الإنسان . وتعاني الحكومة من مشكلة التمييز ضد السكان الشيعة، وضد النساء، وضد مواطني دول أخرى ممن يقيمون بالبحرين . لا يتمتع القضاء بالاستقلال التام . كما كانت الحكومة تتعدى على خصوصية المواطنين، وفي بعض الحالات فرضت قيوداً على حرية التعبير، وعلى حرية الصحافة، وحرية التجمع، وحرية تأسيس الجمعيات والانضمام إليها .

كان تحقيق التقدم في مجال الديمقراطية وحقوق الإنسان في البحرين يعتبر أحد أولويات الولايات المتحدة، حيث عملت الولايات المتحدة على دعم سيادة القانون، وتوسيع المشاركة السياسية وحرية الصحافة، وإصلاح الجهاز القضائي، وتطوير المجتمع المدني، وحماية حقوق العمال والعمال الأجانب الوافدين، واتخاذ الإجراءات لمحاربة الاتجار بالأشخاص (TIP) . ولقد التقى مسؤولون من الولايات المتحدة مراراً بالمسؤولين البحرينيين للدعوة إلى احترام حقوق الإنسان واعتماد منهج نشط لعملية التحول الديمقراطي .

وكان المسؤولون الأمريكيون يتحاورون كثيراً مع نشطاء المجتمع المدني والمعتدلين من صفوف المعارضة السياسية ويشجعونهم على المشاركة في العملية السياسية، دعمت الولايات المتحدة الإصلاحات الاقتصادية من خلال تفعيل دورها الدبلوماسي وإشراك قطاع الأعمال والعمال والمجتمع المدني في المفاوضات التي أدت إلى التوقيع على اتفاقية التجارة الحرة والمصادقة عليها.

4- مصر (45):

أدخلت الحكومة المصرية بعض الإصلاحات الهامة خلال العام، كان من بينها التقرير السنوي الأول للمجلس الوطني لحقوق الإنسان، والتعديل الدستوري الذي يسمح للشعب بانتخاب رئيس الجمهورية مباشرة عبر انتخابات تشارك فيها أحزاب متعددة، وذلك بدلاً من استفتاء يعبر فيه الناخبون عن موافقتهم أو رفضهم لمرشح واحد لمنصب رئيس الجمهورية .

وأصدرت الحكومة كذلك مرسوماً رئاسياً لتخفيف القيود على إصلاح الكنائس وترميمها . ولكن احترام الحكومة لحقوق الإنسان والوضع العام لحقوق الإنسان لا يزال سيئاً .

وتشمل انتهاكات حقوق الإنسان الهامة القيود القائمة على قدرة المواطنين على تغيير الحكومة والاستعمال الواسع لقانون الطوارئ الساري في البلاد منذ عشرات السنوات، بما في ذلك لجوء الحكومة لمحاكم الطوارئ واعتقال الأشخاص إدارياً لفترات زمنية غير محددة . وقد أثيرت تساؤلات حول التزام الحكومة بحماية حقوق الإنسان وتوسيع هذه الحماية إثر محاكمة وإدانة أيمن نور، أحد قادة المعارضة . وبرزت هذه التساؤلات نتيجة استمرار ورود التقارير ذات المصداقية حول الانتهاكات والتعذيب، بما في ذلك ما ورد

عن وفيات وقعت في أقسام الشرطة والسجون، وما مارسته الشرطة من عنف ضد اللاجئين السودانيين والمتظاهرين من المعارضة والناخبين خلال الانتخابات البرلمانية .

وأدت ثقافة الحصانة من العقاب إلى إحباط أي محاولات منهجية لمحاكمة المسؤولين الأمنيين الذين ارتكبوا انتهاكات لحقوق الإنسان، وكانت هناك عمليات اعتقال واحتجاز عشوائية وأحياناً اجتماعية، وكانت الظروف سيئة في السجون، وكان الجهاز التنفيذي يمارس النفوذ على القضاء، وكانت هناك بعض القيود على الحرية الدينية، وكان وافتقار الشفافية، وتمييز في المجتمع ضد النساء والأقليات الدينية، بما في ذلك المسيحيين الأقباط والبهائيين.

5- اليمن:

ركزت إستراتيجية الولايات المتحدة لحقوق الإنسان والديمقراطية في اليمن على دعم جهود الحكومة الرامية لتقوية سجلها الخاص بحقوق الإنسان ولتطبيق إصلاحات ديمقراطية إضافية وتحسين إدارة القضاء . كما دفعت الولايات المتحدة الأمريكية حكومة اليمن من أجل تقوية المجتمع المدني ومنح المرأة صوتاً أكبر في الحكومة ودفع عملية التنمية الديمقراطية إلى الأمام .

6- ليبيا:

قامت الولايات المتحدة في عام 2004 برفع جميع العقوبات المفروضة على ليبيا عدا تلك المرتبطة بوجودها على قائمة الدول الراعية للإرهاب . وفي الثامن والعشرين من حزيران / يونيو 2004، فتحت الولايات المتحدة مكتب ارتباط في طرابلس، وأعادت بذلك رسمياً العلاقات الثنائية المباشرة مع ليبيا . وظل تشجيع ليبيا على تحسين احترام حقوق الإنسان وتطبيق

الإصلاحات السياسية جزءاً أساسياً من عملية تطبيع العلاقات بين الولايات المتحدة وليبيا . وقد كانت قدرة الولايات المتحدة على دعم البرامج الكفيلة بمعالجة الوضع في ليبيا محدودة جداً، إذ لم تتم بعد إقامة العلاقات الدبلوماسية الكاملة بين البلدين . ولم يحدث أي تغيير كبير في مجال حقوق الإنسان في ليبيا على الرغم من التصريحات التي أدلى بها مسؤولون ليبيون كبار، بما فيهم معمر القذافي، أقروا فيها بالحاجة لتحسين مستوى احترام حقوق الإنسان في البلاد .

طالبت الولايات المتحدة ليبيا في السنوات الأخيرة بإغلاق المحاكم الشعبية، وهي مؤسسات تعمل في إطار تدرج مستويات الجهاز القضائي، ويعرف عنها عدم الالتزام بضمانات اتباع الإجراءات القضائية المشروعة .

وقد ألغى المؤتمر الشعبي العام هذه المحاكم الشعبية في كانون الثاني / يناير عام 2005، وأشارت الحكومة إلى وجود خطط لديها لإعادة محاكمة أعضاء في جماعة الإخوان المسلمين كانت هذه المحاكم قد أصدرت في السابق أحكاماً بحقهم. ومع ذلك، لم تحاكم الحكومة أي منهم بحلول نهاية العام .

كانت الولايات المتحدة تثير قضايا حقوق الإنسان بشكل منتظم على أعلى المستويات مع المسؤولين الليبيين، وكانت تحثهم على الالتزام بمواثيق وبروتوكولات حقوق الإنسان الدولية، كما كانت تدين علانية انتهاكات ليبيا لحقوق الإنسان، وقد عمل الدبلوماسيون الأمريكيون في طرابلس مع نظرائهم مع الاتحاد الأوروبي لتشجيع المحاكمات العادلة، والمعادلة الإنسانية، وإطلاق سراح خمس ممرضات بلغاريات وطبيب فلسطيني . وكانت محكمة إقليمية ليبية قد حكمت على هؤلاء بالإعدام عام 2004 بعد إدانتهم بتهمة التسبب في إصابة أكثر من 400 طفل ليبي بمرض الإيدز نتيجة نقل دم ملوث بفيروس المرض في أحد مستشفيات مدينة بني غازي .

الفصل السادس

الخصخصة ودورها في التنمية الادارية والاقتصادية
في الوطن العربي

الخصخصة ودورها في التنمية الادارية والاقتصادية
في الوطن العربي

نشأة الخصخصة (48)

يمكن إرجاع فكـرة تطبيـق الخصخصـة والتي تهـدف إلى نمـط الإنتـاج الخاص إلى العالم ابن خلـدون، عنـدما تحـدث في مقدمتـه عـن أهميـة إشراك القطاع الخاص بالإنتاج، وذلك منذ أكثر من ستمائة عام 1377م .

نادى كذلك بالخصخصة ؛ العالم آدم اسمث أبـو الاقتصاد في كتابه الشهير " ثروة الأمم " الـذي نشره عـام 1776م، وذلك بـالاعتماد علـى قوى السوق والمبادرات الفردية، وذلك من أجل التخصص وتقسيم العمـل، وبالتـالي تحقيق الكفاءة الاقتصادية سواء على المستوى الكلي أو الجزئي .

وقد ظهر بالفعل عبر التـاريخ الاقتصادي عمليـات تحـول إلى القطـاع الخاص في مناطق متفرقة، وفي أوقات متباينة نتيجة عجز الملكيـة العامـة في تحقيق الأهداف المرسومة، ولكن ظلت هـذه النـماذج في نطـاق ضيـق، فعلـى سبيل المثال، في العصر الأموي كثيرا مـا تـدخل المشـروع الخـاص لتنفيـذ بعـض الأشغال العامة بدلا من الحكومة المركزية ؛ وذلك لارتفاع تكلفة قيام الحكومة بالتنفيذ أو لافتقار الحكومة إلى الخبرة الإدارية .

أما في العصر الحديث فإن الموجه الأولى للخصخصة قد بـدأت في عهد مارجريت تاتشر في بريطانيا في الفترة مـا بـين 1979و1982م، بحجمها الكبير والزخم الإعلامي حولها والصراع المرير والمؤثر مع طبقة العمال فيها . وبـالرغم من المعارضة العمالية لتاتشر، إلا أنها وبإرادة حديديـة اسـتطاعت أن تمضي ـ في تطبيق سياستها الاقتصادية . وكانت الخصخصة أحد الأدوات الهامة

التي اتخذتها، ذلك بأنها إنما تمت في إطار توجه فكري وفلسفي يتبنى أفكار الاقتصاديين الكلاسيكيين الجدد الداعين إلى اقتصاد السوق، وإفساح المجال أمام القطاع الخاص للقيام بالدور الأساسي في الانفتاح والازدهار الاقتصادي، وبذلك سعت حكومة تاتشر في إحداث انكماش في دور الدولة في القطاعات الإنتاجية والخدمية والخدمة نفقات التعليم العام، وطلبت من الجامعات تمويل نفسها . وكذلك خفضت نفقات الصحة، ونفقات الرعاية الاجتماعية .

مفهوم الخصخصة (46)

الخصخصة هي مجموعة السياسات والإجراءات المتكاملة التى تستهدف الاعتماد الأكبر علي نظام السوق وآلياته في تحقيق التنمية والعدالة"، ومعنى هذا التعريف أننا بإزاء الخصخصة أمام إعادة نظر شاملة للاقتصاد القومي وأدواته ومؤسساته، وخاصة فيما يتعلق بدور كل من الدولة والسوق في تسيير شؤنه.

وهي جزء من عملية الإصلاحات الهيكلية للقطاع العام في البنيان الاقتصادي، تستهدف رفع معدل النمو الاقتصادي، من خلال تحسين وكفاءة المؤسسات والأداء السياسي. وفي الإطار الضيق نجد هذه المفاهيم، هي تحويل بعض المشروعات العامة الى مشروعات خاصة من حيث الملكية أو من حيث الإدارة، وهي إدارة المنشأة على أساس تجاري من خلال نقل ملكيتها كلها أو بعضها للقطاع الخاص، أو تأجير خدمات محترفة تضطلح بمهمة تسير المنشأة على هذا الطريق.

ومن الناحية الواقعية نجد المفهومين يسيران سوياً، فتجري عملية تحويل بعض المشروعات العامة الى مشروعات خاصة في ركاب عملية واسعة

تستهدف تغير المسار الكلي للاقتصاد وتعديل النظام الحاكم له، ولم نجد فيما أطلعنا عليه من تجارب من يقف عند حد تحويل بعض المشروعات العامة إلى مشروعات خاصة، ودونما تغيير جوهري هيكلي في بنيان الاقتصاد ونظامه.

أهداف الخصخصة(50)

أن الاندفاع نحو تبني سياسات الخصخصة في السنوات الأخيرة جاء بهدف تحقيق عدد من الأهداف من أبرزها :

1 - رفع كفاءة الاقتصاد القومي وزيادة قدرته التنافسية من خلال تحفيز القطاع الخاص على الاستثمار والمشاركة الفاعلة في عملية التنمية.

2- معالجة العجوزات المزمنة في الميزانيات الحكومية والتوقف عن دعمها للمنشآت الخاسرة.

3- تطوير السوق المالية وتنشيطها .

4- خلق مناخ الاستثمار المناسب، لتشجيع الاستثمار المحلي واجتذاب الاستثمار الأجنبي .

5- تحسين كفاءة استخدام الموارد الاقتصادية النادرة، من خلال التسعير الملائم لتلك الموارد ولعناصر الإنتاج وبخاصة النقد الأجنبي ومصادر الطاقة ورأس المال.

6- تحقيق التشغيل الأمثل للقوى الوطنية العاملة و زيادة فرص العمل.

7- زيادة ايرادات الدولة عن طريق عائد المساهمة في النشاط المراد تحويله للقطاع الخاص عن طريق ما تحصل عليه من مقابل مالي مثل ما تحصل عليه عند منح الامتيازات، وكذلك عن طريق الايراد المحصل من بيع الدولة لجزء من حصتها.

أساليب الخصخصة

1- خصخصة الملكية (47):

ومؤداها تحويل ملكية المشروع كلياً أو جزئياً إلى ملكية خاصة، ويمكن أن يتم ذلك من خلال البورصة أو المزايدة أو إلى العاملين فيه، كما يمكن أن يتم من خلال بيع المشروع أو جزء منه كأصول، وبالطبع فإن بعض هذه الصور لا تصلح لخصخصة ملكية كل المشروعات، وإنما قد يصلح هذا الأسلوب لمشروع ولا يصلح لمشروع آخر، واختيار الأسلوب المناسب ويقلل من التحديات الكبيرة أمام نجاح الخصخصة.

5- **خصخصة الإدارة:**

ومؤداها عدم طروء أي تغيير في نمط ملكية المشروع، فيظل المشروع مملوكاً ملكية عامة لكن الذي يحدث تغيير أسلوب ونمط إدارته، وهناك صور عديدة لخصخصة الإدارة، منها عقود الإدارة، وبمقتضاها تحتفظ الدولة بالملكية وتوكل إدارة المشروع إلى القطاع الخاص على أن توفر له كل الأموال اللازمة.

وذلك نظير عائد محدد. وأكثر ما يكون ذلك في المشروعات الخدمية، ومنها عقود التأجير، حيث تبقى ملكية المشروع للدولة ويؤجر للقطاع الخاص، والفرق بين هذه الصورة وسابقتها أنه في حال التأجير يدفع المستأجر الإيجار، بغض النظر عن نتيجة المشروع، ويستخدم ذلك بكثرة في المشروعات ذات الطبيعة الخاصة ومنها عقود الإنشاء والتشغيل والتحويل والمعروفة باسم (Bot).

التحول من القطاع العام إلى القطاع الخاص (52)

يشار إلى هذا التحول بالخصخصة، وقد حظي هذا الموضوع بعناية شديدة حتى ليبدو كإجراء رئيسي في عملية الإصلاح الاقتصادي بالرغم من أنة برنامج ضمن برامج " التكييف "الكثيرة المتكاملة، فلا أن هذا الاهتمام الشديد له ما يبرره بحكم دور القطاع العام في اقتصاديات البلاد.

أهمية القطاع العام

تولت الحكومة قيادة التنمية من خلال مشاريع القطاع العام وقد توسع هذا القطاع ليكون معه نشاط القطاع الخاص استثناء، وعملت أهمية هذا القطاع هذا القطاع في البلاد التي دأبت على تبنى اقتصاد السوق وكان هذا القطاع في نفس الوقت أكبر مشغل خارج الزراعة.

ولكن يؤخذ على هذا القطاع بشكل خاص بأنة المسئول عن تدهور الإنتاجية وزيادة تكلفة الإنتاج وضعف تلاؤمه مع التطور التكنولوجي، ولذلك كان الهدف الرئيسي لمختلف مراحل الإصلاح الاقتصادي.

أسباب انتهاج سياسة الخصخصة (56)

إن العامل الأساسي الذي دفع بعض حكومات الدول النامية لتبني سياسة الخصخصة هو المشاكل التمويلية الناتجة من تحقيق عجز مزمن في الموازنات العامة والعجز الكبير في موازين المدفوعات.

لقد تحولت بعض وحدات القطاع العام إلى وحدات تمتص موارد الموازنة العامة وأصبحت مصدر الضياع واستنزاف الموارد المحدودة في معظم هذه الدول، وبالإضافة إلى ما تقدم نجد أن كثيراً من وحدات القطاع العام في الدول النامية قد أصبحت أيضاً تمثل مؤسسات لتشغيل القوى العاملة، ومكان

لتسكين خريجي المدارس والجامعات التي تم التوسع فيها بأسلوب لا يناسب متطلبات واحتياجات التنمية الاجتماعية والاقتصادية.

إن كثيرا ًمن هذه الوحدات العامة يعتمد بصفة أساسية على الدعم المقدم من الحكومة، ولكن نجد في ذات الوقت أن سياسة التسعير والتشغيل المفروض على القطاع العام من قبل الحكومة يمثل صعوبة في تحقيق فائض في هذه القطاعات، ولكن هذا لم يكن العامل الوحيد بل وجدت عوامل أخرى ومن أمثلتها انخفاض أساليب التنظيم ومعدلات الكفاءة في القطاع العام.

كذلك نجد أن امتصاص القطاع العام للإمكانيات التمويلية والائتمانية الداخلية والخارجية طويلة الأجل قد أبعد القطاع الخاص عن المشاركة في عمليات التنمية الاجتماعية و الاقتصادية في كثير من الدول، وبالإضافة إلى ما تقدم نجد أن الاعتماد المتزايد على القطاع الحكومي والقطاع العام في عملية التنمية يحد من القدرة على الابتكار والتجديد ومشاركة القطاع الخاص ورجال الأعمال.

أثار و نتائج تطبيقات الخصخصة

ان الخصخصة مستحيلة وفقاً للظروف الحالية لأغلب الدول العربية، وذلك بسبب تفشي- الفساد و بسسب تطور جوهري تمثل في فشل أغلب الدول النامية أو ما أطلق عليه العالم الثالث اصطلاحاً في ظل تعايش النظامين - الرأسمالي و الشيوعي- و صراعهما في الانتقال المتوازن خلال التحول الأول، و في إدراك بواكير التحول الثاني و يرجع ذلك وفقاً لوجهة نظرنا بشكل أساسي للنجاح السلبي لغالبية الدول النامية و منها الدول العربية بالانتقال بالنظام الإقطاعي من المستوى الجغرافي المكاني للمستوى القطاعي الاقتصادي, حيث سيطر الاقطاع فيما سبق على منطقة جغرافية و على ما

يقوم عليها، و لكن نظراً للتطورات الفكرية المتسارعة و الاندماج في الفكر الاقتصادي العالمي.

فقد أصبحت هذه السيطرة غير مقبولة اجتماعيا طبقاً لنظريات الحقوق المدنية و حقوق الإنسان، فعمل هذا النظام الممثل لمصالح حفنة من كبار الملاك و أصحاب الثروات الجدد المرتبطين شخصياً بمراكز اتخاذ القرار ضمن الدول النامية للتخلي عن السيطرة المكانية الجغرافية و الاتجاه نحو السيطرة القطاعية، و قد نجحوا بذلك نسبياً حيث يلاحظ وجود أفراد يسيطرون على قطاعات اقتصادية كاملة- بالرغم من عدم وجود كفاءة اقتصادية لهم و لمشاريعهم – ضمن الدول النامية مستغلين أنظمة الحصر ـ والسيطرة على الشركات الحكومية العاملة في القطاع أو المسؤولة عن السلعة ومستندين على ارتباطهم بمراكز إتخاذ القرار و بما يكفل لهم فرض جملة من الشروط النوعية التي تحدث فجوة هائلة بين العرض و الطلب أو تحقق عملية إذعان و خلال فترة زمنية معينة بما يكفل لهم الحصول على أرباح إحتكارية خيالية مع الإشارة لأن العمليسة السابقة ديناميكية و حركية خلال الزمن.

هذا مع الإشارة لغياب المصلحة الحقيقية لهؤلاء في التطور و الارتقاء بمستوى الأداء الاقتصادي و مستوى الكفاءة الإنتاجية و جودة السلعة أو الخدمة خلال التحول الأول و ذلك لغياب المنافسة الحقيقية، فكيف يمكن للخصخصة ان تنجح في ظل الفساد المستشري.

دور الخصخصة كسياسة اقتصادية للإصلاح المالي (51)

لا يُنْكر دور الخصخصة إذا توخِّيَت شروط نجاحها في تقليل عدم التوازن المالي الذي تعاني منه معظم الدول النامية، ويمكن أن تدلنا أرقام

العائدات المالية من عمليات الخصخصة، على أن العديد من الدول بدأت تجني ثمار الخصخصة في الفترة من 1990 -1996، ومثال ذلك البرازيل التي حققت 22.4 مليار دولار، والأرجنتين 16.3 مليارًا، والمكسيك 24.9 ملياراً كنتيجة لعملية الخصخصة، وكذلك الاقتصاديات الصغيرة مثل بيرو التي حققت مليار دولار، والفلبين 3.7 مليارات، وبولندا 3.8 مليارات، إن عملية التخصيص في ضوء الدروس المستفادة لا بد منها لإطلاق المبادرة الفردية في مجتمعات الدول النامية، ليس على الصعيد الاقتصادي فقط، وإنما لتشمل النواحي الاجتماعية والسياسية، وبغير إزالة القيود أمام إطلاق المبادرات الفردية والخاصة التي في مجموعها تشكل المبادرات الجماعية، ولا سبيل لهذه المجتمعات في الوصول إلى مراقي التحضر، إلا عندما تسود قيم العدل والمساواة والحرية .

أهداف الخصخصة الاقتصادية

أولاً: زيادة المنافسة وتحسين الأداء أو الكفاءة الاقتصادية:

فزيادة الكفاءة يستند إلى عاملين هما: زيادة المنافسة وتغير نمط الملكية والمنافسة، كذلك تقترن بعوامل أخرى تعمل على زيادة الكفاءة الاقتصادية للمنشآت مثل:

- تضاؤل التدخل الإداري من قبل الدولة في قرارات المنشأة .
- وجود إطار تنظيمي توفره الدولة لحماية المنافسة .

ثانياً: تنشيط وتطوير أسواق المال:

فسوق المال يتكون من سوقين هما: سوق النقد تتداول من خلاله النقود والسندات قصيرة الأجل، وسوق رأس المال تتداول فيه الأوعية طويلة الأجل والأسهم والسندات .

فالعلاقة بين الخصخصة وأسواق المال علاقة مزدوجة، فهي توفر المال للمنشآت التي تخضع للخصخصة، ثم تساعد رأس المال في عملية تقيم المنشأة من خلال تحديد قيمة الأسهم المطروحة وفقا للعرض والطلب في البورصة .

ثالثاً: توسيع قاعدة الملكية:

يمكن للخصخصة أن تؤدي إلى توسيع قاعدة الملكية لأفراد الشعب من خلال طرح أسهم الاكتتاب العام في البورصة، وهذا يشجع صغار المستثمرين على شراء الأسهم، والتي تزيد الدخل والثروة وتطالب بالخصخصة .

رابعاً: خفض العجز المالي للحكومة:

إن سبب العجز المالي هو القطاع العام الذي تتولى أمره الدولة التي تلجأ لمصادر مختلفة لسد هذا العجز، فتطبيق الخصخصة يعنى توقف الحكومة عن تحمل أي خسائر نتيجة بيع الشركات الخاسرة، زيادة حصيلة الضرائب بنفس زيادة حجم الشركات الرابحة الخاضعة للضريبة . والخصخصة تؤثر على ميزات المدفوعات من خلال شراء مستثمرين أجانب لأصول محلية، وهذا تحويل موارد مالية خارجية لداخل الدولة، وإمكانية تحسين الصادرات للدولة، وتوفير العملات الأجنبية لها، نتيجة زيادة الكفاءة الإنتاجية للشركات التي تم خصخصتها، الأمر الذي يعني زيادة الموارد المالية المتدفقة لداخل الدولة، وبالتالي تحسين ميزان المدفوعات .

إيجابيات الخصخصة (57)

1 - إجراء عملية إصلاح تنظيمي يغطي كلاً من الهياكل التنظيمية واللوائح المختلفة الخاصة بنشاط المؤسسات الإنتاجية العمومية، مع المؤسسات الحكومية المسؤولة عن سياسات الاستثمار، ثم السياسات المالية والنقدية.

2 – رفع كفاءة المؤسسات الخاصة من خلال تحقيق الحجم الأمثل للإنتاج الذي يؤمن للمنتجين أقصى ربح ممكن.

3 – تشجيع المنافسة وفق مفهوم اقتصادات السوق الذي تتوسع قاعدة الملكية الخاصة من خلاله، وذلك عن طريق التخلص من جميع أشكال الاحتكار التي تكونت في ظل التخطيط المركزي للحكومة.

4 – تركيز الضوء على نمو القطاع الخاص ودعم مؤسساته الإنتاجية باعتبار أن هذا القطاع تتوفر فيه عناصر الكفاءة الاقتصادية ومقوماتها، كما حدث لدى البلدان المتقدمة عندما سرّع قطاعها الخاص عمليات النمو الاقتصادي المتطورة فيها.

5 – تنمية وتنشيط أسواق رؤوس الأموال (بورصة الأوراق المالية) التي لم تكن سائدة في ظل هيمنة القطاع العام أو نظام التخطيط المركزي الذي أغلق البورصات المالية أو قيد أعمالها بشكل عام.

6 – خلق وظائف ومجالات عمل جديدة، حيث إن أحد الأهداف الرئيسة للبرنامج الوطني لتوسيع قاعدة الملكية الخاصة هو إضافة فرص عمل جديدة والتخفيف قدر الإمكان من نسبة البطالة المنتشرة في فئات المجتمع بتخصصاتهم وخبراتهم في مختلف المجالات.

الآثار السلبية للخصخصة (55)

أن نجاح عملية الخصخصة سيتوقف على مدى مراعاة صانع القرار للآثار السلبية التي يمكن أن ترافق تلك العملية وفي مقدمتها:-

1- ضعف فعالية الآليات والمعايير التي تنظم عمليات نقل الملكية، وفي مقدمتها الأسواق المالية الفعالة.

2- نقص الدراسات الفنية اللازمة لتقييم الأصول وتحديد الأسعار، مما يعرض إجراءات نقل الملكية للبيع المباشر وبأسعار زهيدة.

3- ضعف القطاع الخاص المحلي، الذي سيفتح الباب أمام الشركات الأجنبية، التي قد لا تلتزم بتنفيذ خطط وبرامج التنمية.

4- أن تطبيق برنامج الخصخصة سترافقه حتماً زيادة في معدلات البطالة.

5- أن البيع المباشر للمؤسسات العامة سيؤدي الى بيع المؤسسات الناجحة، ويبقي على المؤسسات الخاسرة، مما يفقد الدولة الإيرادات التي كانت تحصل عليها من المؤسسات الناجحة والاستمرار في تكبد الخسائر من المؤسسات المتعثرة مما يزيد من أعباء الخزينة العامة.

دور الخصخصة في التنمية الإدارية (51)

1) تساعد التخاصية على تعزيز دور الرقابة الإدارية، وبذلك تساعد على تفعيل السلوك والاتجاهات والعمل على تثبيت الأسعار للسلع والمواد الاستهلاكية وتقديمها بمواصفات عالية ومحاربة الفساد وتعميق الشفافية وتقليل نسبة العجز في الموازنة بشكل مباشر أو غير مباشر.

2) تلعب الخصخصة مكاناً مهماً في التقليل من العبء المالي على ميزان المدفوعات، نتيجة لتناقص أوجه الإنفاق الحكومي على القطاعات التي تم تحويل ملكيتها إلى القطاع الخاص وهذا يساعد على تحقيق هذه الأهداف:

أ- تحويل الدعم المالي إلى أوجه إنفاق أخرى بعد إثبات ضعف القطاعات العامة في أدائها.

ب- توفير مبالغ مالية كبيرة على خزينة الدولة، نتيجة لتناقص الإنفاق الحكومي ونتيجة لبيع بعض القطاعات إلى القطاع الخاص.

ج- تحقيق إيرادات ضريبة إضافية، نتيجة لتغيير أولويات الإنفاق الحكومي، ونتيجة لتغيير بعض السياسات المالية.

د- تقليل حاجة الحكومات إلى طلب القروض، وتساعد هذه المفاهيم على تطوير إجراءات لمكافحة التضخم المالي.

3) إن التخاصية كأسلوب ومدخل لزيادة كفاءة وفعالية أداء التنظيمات الإدارية في المشروعات الاقتصادية، وهذا يعني اتخاذ القرار الرشيد أي ترشيد النفقات والحصول على أفضل المنتجات والخدمات المقدمة للمواطنين وإعادة المنافسة الحرة بين الوحدات الإنتاجية المتعددة مما يعني جودة السلعة أو الخدمة المقدمة.

4) تساعد الخصخصة على تشجيع فرص الاستثمار، حيث تقدم بعض الحكومات وعلى رأسها حكومات الدول النامية تسهيلات وقروضاً مالية لجذب رؤوس الأموال وإنشاء المشاريع، فالاستثمار والتنمية وجهان لعملة واحدة، حيث يعتبر الاستثمار وإقامة المشروعات التي تساعد على التنمية الإدارية وإقامة المشروعات التي تراعي المفاهيم الإدارية الحديثة واستخدام التكنولوجيا المتطورة العاملة على الإسراع في التنمية.

5) تعمل الخصخصة على إعادة توزيع الدخل القومي من خلال ما يصاحب الخصخصة من سياسات مالية واستثمارية تشجع على تقديم القروض، كتجربة اليابان حيث تبنت الحكومة إنشاء مشروعات صناعية

وبعد تشغيلها يتم بيعها إلى جهات خاصة، ثم تقوم الحكومة بإعادة تشغيل الأموال أثمان هذه الشركات من جديد.

6) تعمل الخصخصة على اتباع سياسات إدارية حديثة، تراعي عملية إعادة توزيع الموارد البشرية، أو اتباع السياسات المتطورة في استقطاب قوة العمل الفعلية، كما تشجع على تطوير مهارات وقدرات العاملين من خلال اتباع برامج تدريبية تساهم في تحقيق الكفاءة وزيادة الإنتاجية.

7) تساهم التخاصية كمفهوم اقتصادي في تطوير وتحديث الأسواق المالية، الأمر الذي يساعد على إسراع العملية التنموية.

8) إن التخاصية تعطي اعتباراً وأهمية لعامل الوقت وإدارته، ويمكن ملاحظة قدرات القطاع الخاص في استغلال الوقت وإدارته بكفاءة وفعالية أكثر من القطاع العام.

9) تساعد الخصخصة على تنمية البنية التحتية، من خلال تشجيع القطاع الخاص على الاستثمار في مشاريع البنية التحتية اللازم لدعم النمو الاقتصادي.

10) تساعد الخصخصة الحكومات على تركيز جهودها على الإدارة العامة، والعمل عن طريق أجهزتها على مكافحة الفساد والفقر والبطالة والجهل.

11) احتل موضوع الخصخصة أهمية كبيرة على مستوى الجهود العملية وعلى مستوى اهتمام الحكومات بصفة خاصة في تعزيز المحاور الرئيسية للسياسة الاقتصادية لمعظم دول العالم المتقدمة والنامية، وهذا يساعد على تعزيز التنمية.

12) تساعد الخصخصة على تحقيق التنمية الاقتصادية والاجتماعية وإشباع حاجات ورغبات المواطنين من خلال إيجاد فرص عمل في المشروعات التنموية وتحسين الدخول عن طريق السياسات التشغيلية وتوزيع الموارد البشرية وفقاً لمعايير علمية وليس بناءً على أسس اجتماعية.

13) تساهم الخصخصة في بلورة التنمية الإدارية من خلال رفع الكفاية الإدارية والتشغيلية للمؤسسات التي تعمل على تقديم خدمات وسلع للمواطنين الأمر الذي يؤدي إلى تحقيق الأرباح، وتقليل التكاليف ومن ثم العمل على تخفيض الأسعار، وبالتالي فإن هذه المساهمة تعمل على تحسين المستويات المعيشية للأفراد، وتوفير سلع تعليمية وصحية وغذائية وثقافية عالية بشكل يؤدي إلى توفير قوة عمل فعلية.

14) تساعد الخصخصة على تخفيض الأعباء المالية على ميزانية الدولة عن طريق تقليل أوجه الإنفاق الحكومي، إضافة إلى تقليل الدعم المالي لبعض أجهزة الدولة، والعمل على تقليل الدعم المالي لبعض أجهزة الحكومة، والتقليل من طلب القروض أو المساعدات من المؤسسات المالية الدولية، وتساعد على زيادة الإيرادات للدولة من خلال ما توفره من بيئة استثمارية ناجحة.

فوائد الخصخصة في التنمية الإدارية

أولاً: تصفية وحدات القطاع العام ذات الكفاءة المنخفضة وإصلاح الوحدات الباقية في نطاق القطاع العام أو الحكومي (58):

تعتبر هذه الأداة من اصعب الأدوات التي يمكن أن تستخدم في سياسة الإصلاح الاقتصادي، ذلك أن بيع وحدات القطاع العام تعتبر عملية ليست بسيطة أو سهلة من حيث إقناع شرائح المجتمع التي تستفيد من هذه المشروعات

المدعومة من الحكومة أو من حيث تقييم أصول وحدات القطاع العام وتحديد سعر مناسب وسليم لها وعدم المضاربة في أسعارها.

ولذلك يجب أن تكون سياسة بيع القطاع العام ذات ضوابط ومعايير دقيقة لتجنب هذه المشاكل التي أن ظهرت قد تحتاج مرة أخرى إلى تدخل حكومي مما قد يؤدى إلى حدوث انتكاسات في سياسة الاصطلاح الاقتصادي.

ثانياً: تشجيع القطاع الخاص:

إن تشجيع القطاع الخاص يمكن أن يتحقق بداية من زيادة الأهمية النسبية في مجال الإنتاج والخدمات والعمالة وذلك بإزالة الاحتكارات الحكومية في هذه المجالات، ولكن هذا لا يعنى التخلي عن الأدوات الرقابية من قبل أجهزة الدولة للتأكد من المواصفات العامة والجودة وحماية القاعدة العريضة من فئات الشعب وحماية البيئة.

ولا ريب أن التخفيض من القيود في دخول القطاع الخاص إلى مجال النشاط الإنتاجي والخدمي وبيع وحدات بعض وحدات القطاع العام ومنع تشوهات الأسواق وتحرير الأسعار باستخدام آليات السوق الحر تساهم في أن تعكس أسعار المنتجات والخدمات مستويات الأسعار الدولية وإيجاد قاعدة سلمية للتبادل الدولي على أساس تكلفة الإنتاج الحقيقية.

ثالثاً: تشجيع التخصيص والتوزيع السليم للموارد الاقتصادية في المجتمع (54):

إن استخدام أدوات اقتصادية تحد من التضخم هو أداة لتوزيع الموارد على قطاعات الاقتصاد، وفي ذات الوقت يتطلب التخصيص السليم للموارد الاقتصادية أداة استخدمت في تشجيع القطاع الخاص وهي تحرير الاقتصاد القومي من التحكم والتدخل الحكومي في الأسعار والأجور، وعلى هذا

الأساس يمكن حساب التكلفة والعائد بأساوب أكثر دقة الأمر الذي يساهم في تخصيص الموارد على أساس معدلات الأرباح الحقيقية.

رابعاً: منع رأس المال وهروبه خارج حدود الدولة:

إن اجتذاب رأس المال الأجنبي يعتمد وبالدرجة الأولى على وجود فرص جيدة لعمليات الاستثمار الأجنبي بالإضافة إلى تمتع الدولة بالاستقرار الاقتصادي والسياسي والاجتماعي . وهنا نجد أن تحديد سعر الصرف على أسس سليمة ومستقرة تمنع الهزات الكبيرة التي يمكن أن تحدث في تقييم رأس المال بالعملات المختلفة ويؤدى ذلك إلى استقرار الأحوال الاقتصادية مما يؤدى إلى شعور المستثمرين بانخفاض المخاطرة، وهذا يؤدى إلى الشعور بالأمن والاستقرار.

خامساً: تحرير التجارة الدولية وتشجيع الصادرات:

يتضح أن معظم الدول بقطاعيها العام والخاص تسعى ألى تحقيق معدلات مرتفعة للتنمية بمساعدة قطاع التجارة الخارجية، والتي في الدول النامية تعتب ر كمولد للنمو وأداة لإحداث التغيرات الهيكلية وتشجيع عملية التصنيع ويمكن أن تستخدم هذه الدول بعض القيود أو الدعم بطريقة أو بأخرى لتشجيع عملية التنمية.

سادساً: تشجيع الصادرات:

إن خفض سعر الصرف إلى حدود واقعية يمكن أن يشجع زيادة الصادرات من خلال خفض الأسعار وإن كان هذا يعتمد أيضا على مرونة الطلب السعرية على سلع التصدير في الأسواق العالمية، كما يتطلب الأمر أيضا

إلى إزالة عقبات حصص التصدير والاستيراد في الدولة التي تدخل في إطار التجارة الدولية الحرة.

ومما لا شك فيه أن إصلاح هياكل الإنتاج، والاعتماد على الميزات النسبية، وإزالة الدعم يمكن أن يحقق هيكل إنتاجي كفئ، ويزيد من عمليات التبادل الدولي على أساس الكفاءة الإنتاجية والميزات النسبية.

سابعاً: إصلاح القطاع النقدي:

إن بداية عملية الإصلاح الاقتصادي في هذا المجال هو تحرير الفائدة، وتحرير سعر الفائدة في هذه الحالة وإن كان ينحقق من خلال السوق إلا أنه يمكن أن يدار بوساطة أدوات سياسية نقدية مناسبة للوصول إلى السعر المرغوب لتحقيق أهداف التوازن الاقتصادي، وحث النشاط الاقتصادي لتحقيق النمو الاقتصادي المطلوب، وبحيث يصبح سعر الفائدة معبراً عن السعر الحقيقي في السوق.

كذلك يتطلب الأمر إزالة القيود المفروضة على تحديد الائتمان ومحاولة إزالة القواعد التحكمية والمستخدمة في تخفيض الائتمان وإزالة الدعم عن وحدات الإنتاج العامة والخاصة، هذا الاتجاه يجب أن يقترب بتوحيد سعر الصرف وإزالة أسعاره المتعددة.

المنظور الاقتصادي للخصخصة

هناك رؤيتان لهذا المنظور، رؤية كلية ورؤية جزئية، فالرؤيا الكلية تفترض أن هناك قيوداً بنيوية تحد من حجم القطاع العام وقدرته على التدخل، وأن التحرك خارج تلك القيود غير قابل للاستمرار سوى لفترة قصيرة، وأن أية جهود لتحدي هذه الحقيقة الاقتصادية تؤدي لا محالة إلى الركود والانحدار، ويتردد هذا التبرير في حجج كل من اليمين واليسار،

فاليمين يرى دائماً أن نفقات الدعم الحكومي تؤدي إلى فرض ضرائب قاسية، مما يخفض هوامش الربح ويثبط الاستثمارات الخاصة.

هذا ويميل المنظور الاقتصادي إلى تصنيف مبادرات الخصخصة حسب ثلاث قيم رئيسة: الملكية، والمنافسة، والربط بين المنفعة والثمن.

فمن ناحية (الملكية) ينظر إلى عملية بيع الأصول والمؤسسات على أنه أكثر أساليب الخصخصة تطرفاً (وأفضلها في هذا الإطار)، مادام سيؤدي في الوقت ذاته إلى تخفيض العجز المالي للقطاع العام، وتقليص حجم الجهاز الحكومي، وتحويل عملية صنع القرار إلى فعاليات القطاع الخاص، التي يفترض أن تكون أكثر انسجاماً مع مؤشرات السوق، وتعطي لعدد أكبر من الناس دوراً مادياً مباشراً في الارتقاء بالنمو الاقتصادي.

ومن ناحية المنافسة، فإن الاعتماد المتزايد على قوى المنافسة من دون تغيير الملكية مثلما يحدث عندما تتعاقد الحكومة مع متعهدين لتقديم الخدمات العامة لا يترك للقطاع العام إلا مسؤولية وضع الأهداف وتعزيزها، ولكن مع اكتساب مزايا تطوير الكفاءة وتخفيض البيروقراطية.

أما الربط بين الثمن والمنفعة مثلما يحدث عندما يجري تمويل الخدمات عن طريق فرض رسوم الاستخدام، أكثر من تمويلها عن طريق إيرادات الضريبة العامة (مثل حق شركة ما بجباية رسوم الاستخدام لأوتستراد، أو جسر، أو مشروع ما بنته بنفسها لعدة سنوات) فمن المفترض أن يؤدي ذلك إلى تراجع التوسع الحكومي بشكل غير مباشر، وذلك بميل الحكومات لتزويد بعض المواطنين بقدر أكبر من الخدمات، يفوق حجم طلبهم منها طالما يدفعون الثمن من جيوبهم، والاعتماد على الخصخصة كخطوة مهمة في توسيع

القطاع الخاص ودوره في التنمية، وستضمن الخصخصة استعمال الموارد النادرة في عملية الإنتاج التي تعطي أعلى مردود ممكن.

الآثار الاقتصادية للخصخصة (41)

هي الآثار التي تحدث سواء رغبت فيها الدولة أو لم ترغب فهي مرتبطة بالتلقائية وتقسم هذه الآثار إلى:

أ) الآثار الإيجابية:

هناك آثار إيجابية اقتصادية مترتبة على الخصخصة وهي:

1. تغير أيدلوجية النظام الاقتصادي والاجتماعي: ما دامت الخصخصة أداة هامة ورئيسة في تحول النظم الاقتصادية السائدة، سواء اشتراكية أو مختلطة إلى نظم رأسمالية، فنمط الإنتاج السائد داخل النظام هو الذي يشكل أيدلوجية النظام، فكلما ازدادت الملكية الخاصة كلما أصبح النظام الرأسمالي هو السائد، وأصبح النظام الاقتصادي نظام رأسمالي قائم على سيادة نمط الملكية الخاصة .

2. زيادة سيطرة الدولة على الموارد المالية: تنطوي عملية تنفيذ الخصخصة على عملية تبادل الموارد الفنية التي تملكها الدولة بما يقابلها من موارد مالية من القطاع الخاص، سواء كانت هذه الموارد من داخل الدولة . وتكون هذه الموارد على أنواع: أسهم، وسندات، و شيكات، و ائتمان، و تتمتع بحركة والاستخدام . وهذه الموارد التي يملكها القطاع الخاص عدم القدرة على نقلها أو إزاحتها خارج حدود الدولة .

ب) الآثار السلبية للخصخصة:

إن سياسة الخصخصة لها بعض الآثار الاقتصادية السلبية التي تؤثر على المستهلك وعلى العمالة بالشركات التي يتم إخضاعها للخصخصة، ومن هنا

تزداد مخاوف البعض من جراء تطبيق تلك السياسة، وللدولة دوراً في تخفيـف من هذه الآثار السلبية، والتي تتمثل أهمها في احتمالات ارتفاع الأسعار لبعض المنتجات واحـتمالات الاسـتغناء عـن العمالـة الفائضـة بالشركـات التـي تحـول للقطاع الخاص .

الخصخصة في بعض الدول العربية

أولاً: الاردن (53):

تم تشكيل اللجنة الوزارية العليا للتخاصية وإنشاء الوحدة التنفيذية للتخاصية، ويترأس اللجنة الوزارية العليا للتخاصية دولة رئيس الوزراء وعضوية الوزراء الاقتصاديين ومحافظ البنك المركزي والمدراء العاملين للدوائر والمؤسسات للاستثمار وسوق عمّان المالي، ولإضفاء مزيد من الشفافية على العملية فإن عطوفة رئيس ديوان المحاسبة وعطوفة المستشار القانوني في رئاسة الوزراء عضوان في هذه اللجنة. وتمثل هذه اللجنة سلطة اتخاذ القرارات المتعلقة بسياسة وأهداف برنامج الحكومة في التخاصية، حيث تقوم هذه اللجنة بدراسة واستعراض برنامج التخاصية والمصادقة عليه بناء على توصيات الوحدة التنفيذية للتخاصية واللجان التوجيهية في القطاعات الاقتصادية المختلفة.

مرتكزات التخاصية في الأردن

1) توسيع قاعدة الملكية.
2) منح الإدارة قدراً من الاستقلال الإداري والاستثماري وحرية الحركة بعيداً عن المركزية والبيروقراطية.
3) تفعيل حواجز الربح وتشجيع المنافسة.
4) تخليص المؤسسات الإنتاجية من البيروقراطية والروتين.
5) تجيير اتخاذ القرارات الاستثمارية إلى القطاع الخاص، وبالتالي تفعيل دوره في عملية التنمية الاقتصادية الشاملة.
6) تحقيق الجودة والشفافية في الأداء.

7) توفير أنظمة للرقابة والمساءلة والحواجز.

تحسين وضع ميزان المدفوعات

أ- عدم حاجة الحكومة لمزيد من الاقتراض.

ب- مساهمة التخاصية في زيادة حجم الاستثمارات الخاصة في قطاع التصدير ومجالات إنتاجية أخرى مما قد يسهم في خفض الواردات، وزيادة الصادرات.

ج- إنهاء مزاحمة القطاع العام للقطاع الخاص في نشاطات عديدة منها على سبيل المثال مزاحمة وزارة التموين في استيراد العديد من السلع ومزاحمة مؤسسة النقل العام على بعض الخطوط، ومزاحمة الحكومة ومؤسساتها للقطاع الخاص على المدخرات الوطنية من خلال الاقتراض من الجهاز المصرفي.

ه- تحسين أداء الاقتصاد الوطني: إن تحسن الوضع المالي للحكومة وميزان المدفوعات وتفرغ القطاع الخاص لإدارة النشاطات الاقتصادية في ظل أهداف واضحة ومعايير الكفاءة والأداء .

تجربة خصخصة قطاع الاتصالات في الأردن

بُنية الخصخصة لقطاع الاتصالات ترجع إلى أهمية هذا القطاع في حياة المجتمع بكافة جوانبه

إضافة إلى الجانب التقني العالمي فيه.

مراحل خصخصة القطاع

1- الإطار التشريعي: حيث تم تعديل القانون ليسمح للقطاع الخاص بالإستثمار في مشاريع الاتصالات، ثم إصدار قانون الإتصالات رقم (13)

لعام (95)، وإنشاء هيئة تنظيم قطاع الإتصالات وتحويل مؤسسة الإتصالات إلى شركة مملوكة بالكامل للحكومة الأردنية.

2- بتاريخ 2000/1/23 تم بيع (40%) من أسهم الشركة إلى شركة الاستثمار المشترك للاتصالات التي تملكها شركة فرانس تلكوم والبنك العربي مقابل مبلغ (508) مليون دولار، تلاها بيع (8%) للمؤسسة العامة للضمان الإجتماعي مقابل مبلغ (72) مليون دينار، تلاها في 2002/10/30 بيع (10.5%) من حصة الحكومة في أول عملية طرح عام لأسهم شركة تمت خصخصتها لتصبح الشركة بعد الخصخصة شركة مساهمة عامة يتم تداول أسهمها في سوق عمان المالي.

3- تم التركيز في إدارة الشركة بعد خصخصتها على الجانب الفرنسي- في الأمور التقنية.

النتائج حتى الآن:

على الرغم من أن خصخصة الملكية الأردنية ما زالت مستمرة حتى الآن، إلا أن بعض النتائج قد ظهرت وأهمها:-

1- معالجة مديونية الشركة.

2- بدأت الشركات التي انبعثت عنها تشير إلى تحقيق أرباح.

3- تهيئة الظروف التي تمكنها من المنافسة القادمة مستقبلاً.

4- العمل كأي شركة تجارية مهمتها القيام بعملياتها الأساسية وتحقيق الأرباح لتستمر وتتطور.

ثانياً: السعودية:

قررت الحكومة السعودية معالجة مشكلة العجز في الموازنة والدين العام البالغ (44) مليار ريال سعودي في سنة (1999)، كما جاء في إعلان صادر عن

جهات رسمية سعودية بنهاية عام (1999)، وذلك باللجوء إلى برنامج مـدروس لتخصيص بعض الشركات في شركات القطاع العام.

ثالثاً: الكويت:

من جراء حرب الخليج عام (1991) أصبحت الكويت تعاني اليـوم مـن عجز مالي حقيقي في أرقام الموازنة بعدما كانت قبل الحـرب تتمتع باحتيـاط مالي يتجاوز (12) مليار دولار. فأصبحت تعـاني مـن ديـون داخليـة وخارجيـة تقترب من مجمل الاحتياطي العام، بسبب ارتفاع تكـاليف الإدارة والتكـاليف الدفاعية، لذلك سعت الحكومـة إلى خفض عجز الموازنة والـدين العـام عـن طريق برنامج موسع للخصخصة في القطاع العام عـن طريـق بيـع أسـهم مـن شركاته أو سندات في الشركات الرئيسية.

رابعاً: سلطنة عُمان:

جاءت الخصخصة في عُمان في إطار التوجهـات والاسـتراتيجيات العامـة للاقتصاد العماني، ومع أن الدولة قد بدأت في عمليات الخصخصة في عدد من ا لمشروعات مثل شركة التأمين الوطنيـة وشركـة فنـادق عُمان، وشركة أسـمنت عُمان، إلا أن عدم توفر موارد كافية لتنفيذ مشاريع خـدمات الكهربـاء والميـاه خلال الخطة الخمسية (1991-1995) جعلها تتجـه لأفكـار الخصخصـة وقـوّى ذلك اتجاه الدولة للاحتفـاظ بسـقف محـدد للمديونيـة الحكوميـة واتجاههـا لموازنة المصروفات والإيرادات في الخطة المقبلة.

خامساً: مصر (45):

بدأت مصر رحلتها مع الخصخصة من عـام (1991) بـالإعلان عـن بيـع الشركات العامة إلى القطاع الخاص، وذلك من أجل إصلاح الوضع الاقتصادي في الدولة وسداد ديون القطاع العام التي وصلت إلى (170) مليار

جنيه نهاية أبريل (1998)، عرضت الحكومة المصرية للبيع (290) شركة من شركات القطاع العام منها (163) شركة خاسرة أو متعثرة أو طاقاتها معطلة.

سادساً: لبنان:

بدأت عملية الخصخصة عام (1992) بتشكيل لجنة تخصص لدراسة أوضاع المؤسسات وإمكان تلزيمها إلى القطاع الخاص لعلها تساعد في خفض مستويات الدين العام الذي بلغ (16) مليار دولار حتى أكتوبر عام (1998)، وقد بدأت الخصخصة بالهاتف الخلوي عام (1994) وسيعقبه الهاتف العادي ومرافق خدمية أخرى.

هوامش و مراجع الباب الثالث

1- المليحي، إبراهيم، (2000). الإدارة ومفاهيمها، دار المعرفة للنشر والتوزيع، مصر.

2- القريوتي، محمد، (2001). مبادئ الإدارة - النظريات والعمليات في الوظائف، (ط1). دار وائـل للنشر والتوزيع ودار صفاء للنشر والتوزيع، عمان، الأردن.

3- Stephen Robbins and Mary Coulter, (1999). Management, Practice Hall, New Jersey.

4- Algar, Sep,(1993). Creating Government Control the Works Better & Cost Less", Accompanying Report of the National Performance Review.

5- Kotter, (2004). Marketing Management, Analysis Planning Implemeation and contro.

6- الصيرفي، محمد عبد الفتاح، (2003) . مفاهيم إدارية حديثة، (ط) الدار العلمية الدولية للنشر والتوزيع ودار الثقافة للنشر والتوزيع عمان – الأردن.

7- العميان، محمود، مرجع سابق.

8- عبد الوهاب، محمد، مرجع سابق.

9- Snoddy Raymond, (1990). The World in 2005, Us News and World Report.

10- Lethem, f.and cooper,l. (1999). managing proted – related technical assislance. Weshington, D.C.

11- الدهان، أميمة، مخامرة، محسن وآخـرون، (2005). المفـاهيم الإداريـة الحديثـة، (ط8). مركـز الكتب الأردني. عمان – الأردن.

12- مرزوق، يوسف، (1998). مدخل إلى علم الاتصال. دار المعرفة الجامعية، الإسكندرية.

13- أبو عرقوب، إبراهيم، (1993). الاتصال الإنساني ودوره في التفاعـل الاجتماعـي، دار مجـدلاوي للنشر والتوزيع. عمان – الأردن.

14- Snoddy Raymond, (1990). The World in 2005, Us News and World Report.

15- Bennis , W,. and naus , B ., (1985) . Leaders: The stratgies for takinig charge . New york: harper collins.

16- Melvin Defleur , and Sandra Ball – Rokeach , (1989). Theories of Mass Communication, 5th. Ed. Longman, New York.

17- Anttner and Plunkett, (1991). Introduction to Management Boston, Pwskent Publishing.

18- Digman, Lester A. (1995). Strategic Mauagement: Concepts, Decisions, Cases . Richard D-IRWIN.Inc.

19- higgins & Vincze, (1993). strategic Management. Text & Cases (Fortworth: harconct Brace Javanorich college publisher.

20- اللوزي، موسى، مرجع سابق.

21- عواملة، نائل، مرجع سابق.

22- عريقات، حربي، مرجع سابق.

23- Rondineli, D and Cheema, G, (1985). Gecentalization in Developing Countries, World Bank Paper, No 581, Washington.

24- Thill, John and Cortland Bovee, (2002). Excellence in Business Communication , 5th .ed. New Jersey. Prentice Hall.

25- شاويش، مصطفى، (2005). إدارة الموارد البشرية، (ط3). دار الشروق للنشر والتوزيع. عمان – الأردن.

26- السالم، مؤيد، صالح، عادل، (2002). إدارة الموارد البشرية: مدخل استراتيجي، (ط1). عالم الكتب الجديد للنشر والتوزيع، اربد – الأردن.

27- www.ibtesama.com/vb/showthread.

28- www. my-goo.net/montada-f56/topic-t2473 boss.

29- عليوة، السيد، (2001). تحديد الاحتياجات التدريبية، (ط1). اتيراك للنشر والتوزيع . القاهرة.

30- عليوة، السيد، (2001). تحديد الاحتياجات التدريبية، (ط1). اتيراك للنشر والتوزيع. القاهرة.

31- UNDP . (1997). Human Development Report. Oxford, University Press.

32- Torrington, Derek & Hall Loura, (1998). Human Resource Management, 4th ed, England.

33- Derek, T., and Laura H., (1998). Human Resource Management, 4th ed., London.

34- www.kantakji.com/fiqh/Files/Manage/90087.doc .

35- www.hrm group.com/vb/showthread.php?t=104.

36- الدرادكة وآخرون، (2001). إدارة الجودة الشاملة، (ط1)، عمان: دار الصفاء للنشر.

37- Gary Dass Ler, (2003) . Humman Resource Management , USA: Prenbice Hall , athed .

38- www.iraqstudent.net/friendly_print.php?recordID.

39- www.annabaa.org/nbanews/60/002.htm.

40- www. hrdiscussion.com/hrhtm2085.

41- المدهون، موسى، مرجع سابق.

42- خرابشة، عبد، (1997) . الشـفافية في الخدمـة المدنيـة (تجربـة ديـوان المحاسـبة)، الأسـبوع العلمي الأردني الخامس، المجلد الثاني، الجمعية العلمية الملكية .

43- www.seddikaffifi.com/artical_11.doc.

44- James, Brien , (1994) . Introduction to Information , 7th Ed . Boston: Rwin.

45- نـور اللـه، كمـال، (1992) . وظـائف القائـد الإداري، دار طـلاس للدراسـات والترجمـة والنشـر. دمشق – سوريا .

46- عباس، صلاح، (2003) الخصخصة، المصطلح – التطبيق. مؤسسة شباب الجامعة الإسكندرية.

47- هندي، منير، (1995).أساليب و طرق خصخصة المشروعات العامة – خلاصة الخبرات العالميـة، المنظمة العربية للتنمية الإدارية، مصر.

48- كامل، صالح، (1993). مفهوم وأهداف وسياسات عمليـة الخصخصـة، نـدوة المصارف العربيـة ودورها في التخصيصية وتطوير الأسواق المالية، بيروت.

49- عطية، عبد القادر، مرجع سابق.

50- www.alolabor.org/nArabLabor/images/stories/magazine.

51- Anttner and Plunkett,مرجع سابق.

52- الحناوي محمد، ماهر، أحمد، (1995). الخصخصة بين النظرية والتطبيق المصري، الإسكندرية، الدار الجامعية للطباعة والنشر.

53- الناشف، انطون، (2000). الخصخصة (التخصيص مفهوم جديد لفكرة الدولة ودورها في إدارة المرافق العامة)، منشورات الحلبي الحقوقية – بيروت – لبنان.

54- قندح، عدلي شحادة، (2003). التخاصية . أحدث نماذج التنمية الاقتصادية، تقييم لتجربة الأردن، (ط1) دار مجدلاوي للنشر والتوزيع. عمان – الأردن.

55- الظاهر، محمد عبد الله (2004). الضرورات التي تفرضها سياسة الخصخصة في مجال علاقات العمل. (ط1). بيروت.

56- www.moe.gov.jo/school/hamza/kssptha.htm.

57- يحيى، أنيس حسن، (1999). الخصخصة والبلدان النامية، مقالة منشورة في جريدة الاتحاد الإماراتية.

58- الحسن، عبد، (1998). الخصخصة في البلدان النامية، إيجابياتها وسلبياتها، مجلس دراسات العلوم الإدارية (م25)، ع(1).

قائمة المراجع

-المراجع العربية

1) الدهان، أميمة، مخامرة، محسن وآخرون، (2005). المفاهيم الإدارية الحديثة، (ط8). مركز الكتب الأردني. عمان – الأردن.

2) المليحي، إبراهيم، (2000). الإدارة ومفاهيمها، دار المعرفة للنشر والتوزيع، مصر.

3) القريوتي، محمد، (2001). مبادئ الإدارة – النظريات والعمليات في الوظائف، (ط1). دار وائل للنشر والتوزيع ودار صفاء للنشر والتوزيع، عمان، الأردن.

4) الصيرفي، محمد عبد الفتاح، (2003) . مفاهيم إدارية حديثة، (ط1) الدار العلمية الدولية للنشر والتوزيع ودار الثقافة للنشر والتوزيع عمان – الأردن

5) عبد الوهاب، محمد، (2000). أساسيات الإدارة العامة، دار المطبوعات الجامعية.

6) شاويش، مصطفى، (2005). إدارة الموارد البشرية، (ط3). دار الشروق للنشر والتوزيع. عمان – الأردن.

7) السالم، مؤيد، صالح، عادل، (2002). إدارة الموارد البشرية: مدخل استراتيجي، (ط1). عالم الكتب الجديد للنشر والتوزيع، اربد – الأردن.

8) عليوة، السيد، (2001). تحديد الاحتياجات التدريبية، (ط1). اتيراك للنشر والتوزيع . القاهرة.

9) العميان، محمود، (2004). السلوك التنظيمي في منظمات الأعمال، (ط2). دار وائل للنشر والتوزيع. عمان – الأردن.

10) اللوزي، موسى، (2000). التنمية الادارية. (ط1). دار وائل للنشر والتوزيع، عمان.

11) سلامة، رمزي، (1991). ادارة التنمية، (ط1). منشأة المعارف، الاسكندرية.

12) الصرن، رعد، (2002). صناعة التنمية الادارية في القرن الحـادي والعشـرـين، (ط1). دار الرضا للنشر والتوزيع، دمشق.

13) مهدي، زويلف، اللوزي، سـليمان، (1993). التنميـة الإداريـة والـدول الناميـة، (ط1): عمان، دار مجدلاوي للنشر.

14) عواملة نائل، (1992). ادارة التنميـة- الاسس النظريـة وتطبيقاتها في الاردن، دار زهران للنشر والتوزيع، عمان.

15) عريقـات، حـربي، (1997). مقدمـة في التنميـة والتخطـيط الاقتصـادي. دار الكرمل للنشر والتوزيع، عمان.

16) الصايغ , ناصر محمـد , (1986) . الإدارة العامـة والإصلاح الإداري في الـوطن العربي , منشورات المنظمة العربية للعلوم الإدارية , (ط 1) عمان - الأردن.

17) حلمي، يوسف، (2001). إدارة التنميـة، (ط1). دار المنـاهج للنشرـ والتوزيع. عمان-الأردن.

18) عبد الرحيم، مسعد، محمـد المـومني وأخـرون، (1995). التنميـة في الـوطن العربي. دار الكندي للنشر والتوزيع، اربد.

19) المـومني، قيس، حسين حريم، واخرون، (1997). التنمية الادارية. دار زهـران للنشر والتوزيع، عمان.

20) الهمدان، عبد الهـادي، (1994). التنميـة الاداريـة: دراسـة نظريـة تطبيقيـة، (ط2). مطابع دار العلم، دمشق.

21) عبـد الفضـل، سـعد الـدين، (1989). التنميـة العربيـة: مشرـوع استشرـاق مستقبل الوطن العربي. مركز دراسات الوحدة العربية.

22) يول، صمويل، (1985). الادارة الاستراتيجية لـبرامج التنميـة: ترجمـة محمـد برهوم. المنظمة العربية للعلوم الادارية. ادارة البحوث والدراسات، عمان.

23) المرسي، جمال الدين، (2006). إدارة الثقافة التنظيمية والتغيير، الأسكندرية: الدار الجامعية.

24) المدهون، موسى، (1999). الاستراتيجية الحديثة للتغيير والإصلاح الإداري. المجلد (15). (ع3).

25) عامر، سعيد يسن، (1992). استراتيجيات التغيير وتطوير المنظمات الأعمال. مركز سيرفيس للاستشارات والتطوير الإداري، القاهرة.

26) عباس، صلاح، (2003) الخصخصة، المصطلح – التطبيق. مؤسسة شباب الجامعة الإسكندرية.

27) هندي، منير، (1995). أساليب و طرق خصخصة المشروعات العامة – خلاصة الخبرات العالمية، المنظمة العربية للتنمية الإدارية، مصر.

28) عطية، عبد القادر، (1999). أتجاهات حديثة في التنمية، الاسكندرية: الدار الجامعية للنشر.

29) كامل، صالح، (1993). مفهوم وأهداف وسياسات عملية الخصخصة، ندوة المصارف العربية ودورها في التخصيصية وتطوير الأسواق المالية، بيروت.

30) الحناوي محمد، ماهر، أحمد، (1995). الخصخصة بين النظرية والتطبيق المصري، الإسكندرية، الدار الجامعية للطباعة والنشر.

31) الناشف، انطون، (2000). الخصخصة (التخصيص مفهوم جديد لفكرة الدولة ودورها في إدارة المرافق العامة)، منشورات الحلبي الحقوقية – بيروت – لبنان.

32) قندح، عدلي شحادة، (2003). التخاصية . أحدث نماذج التنمية الاقتصادية، تقييم لتجربة الأردن، (ط1) دار مجدلاوي للنشر والتوزيع. عمان – الأردن.

33) الظاهر، محمد عبد الله، (2004). الضرورات التي تفرضها سياسة الخصخصة في مجال علاقات العمل. (ط1). بيروت.

34) يحيى، أنيس حسن، (1999). الخصخصة والبلدان النامية، مقالة منشورة في جريدة الاتحاد الإماراتية.

35) الحسن، عبد، (1998). الخصخصة في البلدان النامية، إيجابياتها وسلبياتها، مجلس دراسات العلوم الإدارية (م25)، ع(1).

36) المنظمـة العربيـة للتنميـة الإداريـة، (1999). الإدارة الإسـتراتيجية لمعاهـد الإدارة: أوراق ووثائق ندوة الإدارة الإستراتيجية لمعاهد الادارة , القاهرة.

37) الركابي , كاظم نزار , (2004). الإدارة الإسـتراتيجية , العولمـة والمنافسـة , (ط1). دار وائل للنشر والتوزيع , عمان - الأردن.

38) مـرزوق، يوسـف، (1998). مـدخل إلى علـم الاتصـال. دار المعرفـة الجامعيـة، الإسكندرية.

39) أبو عرقوب، إبراهيم، (1993). الاتصال الإنساني ودوره في التفاعـل الاجتماعـي، دار مجدلاوي للنشر والتوزيع. عمان – الأردن.

40) خرابشة، عبد، (1997) . الشفافية في الخدمـة المدنيـة (تجربـة ديـوان المحاسبة)، الأسبوع العلمي الأردني الخامس، المجلد الثاني، الجمعية العلمية الملكية .

41) زويلف، مهدي، (1993) . التنمية الإدارية في الدول النامية، (ط1) . دار مجدلاوي للنشر والتوزيع . عمان – الأردن .

42) القريوتي، محمـد قاسـم، (1996). التطويـر الإداري، المفهـوم والمعوقـات وآليـات التنفيذ مع إشارة خاصة للأردن، دار الفارس للنشر والتوزيع. عمان – الأردن.

43) توفيق، عبد الرحمن، (2002). أسـاليب أحـداث التغير التنظيمـي، مركز الخبرات المهنية للإدارة. الأردن.

44) عبد الرحمن، توفيق، (2002). أساليب أحـداث التغـير والتطـوير والتنظيـم، مركـز الخبرات المهنية للإدارة . عمان – الأردن .

45) نور اللـه، كمال، (1992) . وظائف القائد الإداري، دار طلاس للدراسات والترجمـة والنشر . دمشق – سوريا .

46) اللوزي , موسى , (2003) . التطوير التنظيمـي - أساسيات ومفاهيم حديثة , دار وائل للنشر والتوزيع , (ط2) , عمان - الأردن.

47) الدرادكـة، وآخـرون، (2001). إدارة الجـودة الشـاملة، (ط1)، عـمان: دار الصـفاء للنشر.

48) عمل المؤلف، (2009).

-المراجع الاجنبية

1) Richard, L., Daft, (2003). Organizational Theory and Design, Eighth edition.

2) Stephen Robbins and Mary Coulter, (1999). Management, Practice Hall, New Jersey.

3) James.Simon, Nobes, (2001). Christopher – The Economics of Taxation: Principles, Policy and Practice, Seventh Edition Updated Financial Times/Prentice Hall.

4) G. March, James and A. Simon Herbet, (1993). Organizations, U.S., 2nd. Ed.

5) Alsayeg, Naser, (1986). Public Administration and Administrative Reform in the Arab Countries.

6) Randalkfiller, (1999). Markets Development Economic, Growth London.

7) Ballow Ronald, (1987). Basic Business Logistic, Prenticehall in USA.

8) Jones.Sally M., (2004).   Principles of Taxation for Business and Investment Planning, the MC Graw Hill Irwin Companies.

9) Algar, Sep,(1993). Creating Government Control the Works Better & Cost Less", Accompanying Report of the National Performance Review.

10) Kotter, (2004). Marketing Management, Analysis Planning Implemeation and contro.

11) Snoddy Raymond, (1990). The World in 2005, Us News and World Report.

12) UNDP , (1997). Human Development Report. Oxford, University Press.

13) Poole, Andrew, (1996). Training and Jobs, The Economist.

14) Torrington, Derek & Hall Loura, (1998). Human Resource Management, 4th ed, England.

15) Derek, T., and Laura H., (1998). Human Resource Management, 4th ed., London.

16) Gary Dass Ler, (2003) . Humman Resource Management , USA: Prenbice Hall , athed .

17) Bennis , W,. and naus , B ., (1985) . Leaders: The stratgies for takinig charge . New york: harper   collins.

18) Daft, RL and Noe, (2001). Organizational Behavior, South-Western, USA.

19) Alsaigh, Nassir M, (1986). Administrative Reform in the Arab World.

20) Rondineli, D and Cheema, G, (1985). Gecentalization in Developing Countries, World Bank Paper, No 581, Washington.

21) Guislian pieers, (1997). the privatization challeng , astrategic legal & institutional analysis of inter national expeience, the wold bank, wahington D.C.

22) Lethem, f.and cooper,l, (1999). managing proted – related technical assislance. Weshington, D.C.

23) Anttner and Plunkett, (1991). Introduction to Management Boston, Pwskent Publishing.

24) Digman, Lester A, (1995). Strategic Mauagement: Concepts, Decisions, Cases . Richard D-IRWIN.Inc.

25) higgins & Vincze, (1993). strategic Management. Text & Cases (Fortworth: harconct Brace Javanorich college publisher.

26) Melvin Defleur , and Sandra Ball – Rokeach , (1989). Theories of Mass Communication, 5th. Ed. Longman, New York.

27) Thill, John and Cortland Bovee, (2002). Excellence in Business Communication , 5th .ed. New Jersey. Prentice Hall.

28) James, Brien , (1994) . Introduction to Information , 7th Ed . Boston: Rwin.

29) William G. Zikmund, (1991). Business Research Methods, 3rd Ed, Harcourt Brace College Publishers, Orlando.

- المواقع الالكترونية والانترنت

1) http://arohinabrodcast.CN42.

2) www.tkne.net/vb/t11913.html.

3) www.Mokarabat.com.

4) www.hrdiscussion.com/hr5829.htm.

5) www.iraqcenter.net/vb/16738.html.

6) www.cba.edu.kw/malomar/CH_8.doc.

7) www.mpicyemen.org/2006/nhdr/arabic/.../human_development.do.

8) www. forum.univbiskra.net/index.php?topic=5032.

9) www. ar.wikipedia.org/wiki.

10) www.social-team.com/forum/archive/.../t-2144.html.

11) www.marefa.org/index.php.

12) www.ibtesama.com/vb/showthread.

13) www.kantakji.com/fiqh/Files/Manage/90087.doc .

14) www.hrm group.com/vb/showthread.php?t=104.

15) www.iraqstudent.net/friendly_print.php?recordID.

16) www.seddikaffifi.com/artical_11.doc.

17) www.annabaa.org/nbanews/60/002.htm.

18) www.alolabor.org/nArabLabor/images/stories/magazine..

19) www. hrdiscussion.com/hrhtm2085.

20) www. my-goo.net/montada-f56/topic-t2473 boss.

21) www.moe.gov.jo/school/hamza/kssptha.htm.

قائمة المحتويات

الباب الثالث: التنمية الادارية والاقتصادية (تطبيقاً)
الفصل الاول: تطبيقات في علم الادارة

الفصل الثاني
تنمية وتطوير مهارات الاتصال تطبيقاً

الفصل الثالث

تطبيق مداخل التنمية الإدارية

T0299300

Printed in the United States
By Bookmasters